『十八史略』に学ぶリーダー哲学

竹内良雄
川﨑　享

東洋経済新報社

はじめに

『十八史略』の解題

竹内 良雄

現在、受験時に、「漢文」を課す大学は少なくなった。日本の文化に漢文の素養がほとんど必要なくなったという考えからであろう。

明治の開国以前は、素養の大部分が漢文だったが、西洋文化が流入し、さらに第二次大戦後、それが加速し、現在に至っていると言っていい。漢文を知らなくとも、英語の単語を少しでも多く覚えている方が、現代の日本人にとって重要であることは間違いない。

私もこのような環境で育ったが、中高で漢文を少し習い、大学で中国文学を専攻することになり、多くの人とは違って、漢文に慣れ親しむことになった。

ところで、つい最近のことになるが、著名な漢学の先生から、

「最近の日本語の文章を読むにつけ、余りにもひどい文章を見かける。大学の先生もひどい文章を書くね」

と言われた。かつて大学の教師をやっていた身としては、情けなく、穴があったら入りたいと思ったのは言うまでもない。その先生の批判の根拠となるのは、漢文を勉強しなくなって、日本語の文章にハリがなくなったということだ。

かつて私は、中学、高校で漢文を習った。文章に影響を与えるほど吸収はできなかったが、それでも漢文入門を終えたと思っている。

現在はますます漢文の授業数は少なくなっているはずだ。優秀な学生でも、漢学の先生を納得させることは、ますます難しくなっている。

さて、漢文の教科書に採用された作品にはこれまで多数あるが、その中で、幾度となく採用された作品があった。それは、『論語』『唐詩選』『十八史略』である。

調査はしていないが、考えてみれば妥当であろう。この三作品は、思想方面、感情・情緒方面、歴史方面をそれぞれカバーする作品だったからである。

『論語』は言うまでもなく、儒教の祖である孔子の言行録をまとめたもので、口ずさめる章句もあるに違いない。これまで日本人の精神に大きな影響を与えたと言っていい。

また、『唐詩選』は、多くの人が知っている李白、杜甫などの唐代の著名な詩人たちの詩を集めたものである。

『十八史略』は中国の宋代までの歴史を簡単にまとめたものである。これで中国の有名な故事などを知った人が多かった。かつての日本人はこれらの本から、中国というものを想像したりしていたのである。

本書は、『十八史略』に焦点をあわせ、そこに登場するリーダーたちの哲学を見ていこう、という主旨から作った。

『十八史略』とは

『十八史略』は元の曾先之《そうせんし》が編んだ歴史書である。曾先之は宋末元初の人で、廬陵《りょりょう》の出身、宋の地方官だったが、宋の滅亡とともに引退したという。著作として知られるのはこの『十八史略』だけである。

元はモンゴル人の帝国で、それまで漢民族の王朝が中国の領土から消えることがなかった。漢民族の知識人としては、完全に異民族に支配された時代を迎え、民族の滅亡という恐れを抱いたに違いない。

そこで、それまでの歴史を簡単に学べる歴史書を編集し、初学者たちに提供して、漢民族の文化の伝統を伝えておく必要を感じたはずだ。

曾先之は、その点、実に優れた編著者であったと言ってもいい。それまでの正史、歴史書のダイジェスト版を編集し、中国史の大きな流れを読者に伝えるとともに、当時の政治に対して密かに批判をすることも忘れていなかった。曾先之は次のような話を採用している。

話は神話時代とされる堯《ぎょう》帝の時代のことである。『十八史略』の中で、教科書などに一番引用されている「鼓腹撃壌《こふくげきじょう》」の一節である。

堯は天下を治めること50年、自分の政治が良く治まっているのかどうかを知りたく、お忍びで街に出て、様子を探る。そこで、老人が口に食べ物を含みながら、腹鼓を打ち（「鼓腹撃壌」)、歌をうたうのを聞く。

「日出でて作し、日入りて息《いこ》う、井を鑿《うが》ちて飲み、田を耕《たがや》して食らう、帝力何ぞ我に有らんや」

老人は政治の干渉をまったく感じず、自分たちだけで幸せに暮らしている、と歌い、逆に堯の政治を褒めたたえている歌とされている。しかし曾先之の生きた時代を考えると、また別の面も現れるのではないかと思う。

それは、元王朝がかつての南宋の人間（漢民族）に対して激しい弾圧、抑圧を加えていたからである。

亡国の民は新しい政権から激しい攻撃を受ける。しかし曾先之にとって理想的な世の中は、「鼓腹撃壌」のような、権力者が民に干渉しない世の中だ。このようなエピソードを読んで、南宋の知識人たちは溜飲を下げたに違いない。たとえ皇帝が異民族であってもだ。

この話は、資料のもとになる『史記』には無い。曾先之はあえてこれを書くことによって当時の政治を暗に批判したのではないかと思う。いわば春秋の筆法である。

ところで『十八史略』は、どのような歴史書をもとにして書かれているのであろうか。列記してみよう。

(1)『史記』百三十巻　司馬遷（前漢）著

(2)『漢書』百巻　班固（後漢）著

(3)『後漢書』百二十巻　范曄（南朝宋）著
(4)『三国志』六十五巻　陳寿（西晋）著
(5)『晋書』百三十巻　房玄齢（唐）著
(6)『宋書』百巻　沈約（梁）著
(7)『南斉書』五十九巻　蕭子顕（梁）著
(8)『梁書』五十六巻　姚思廉（唐）著
(9)『陳書』三十六巻　姚思廉著
(10)『後魏書』百十四巻　魏収（北斉）著
(11)『北斉書』五十巻　李百薬（唐）著
(12)『周書』五十巻　令孤徳棻（唐）著
(13)『隋書』八十五巻　魏徴（唐）著
(14)『南史』八十巻　李延寿（唐）著
(15)『北史』百巻　李延寿著
(16)『新唐書』二百二十五巻　欧陽脩（宋）著
(17)『新五代史』七十四巻　欧陽脩著
(18)『続資治通鑑長編』五百二十巻　李燾（宋）著
『続宋編年資治通鑑』十五巻　劉時挙（宋）著
（『宋史』が未完成だったため、この二書から引用した）

以上、十八の史書から、『十八史略』と名付けられたのである。

中国の歴史を学ぶにはあまりにも膨大で、宋代以前までであっても、正史が1524巻もあり、どのような事実が書かれているか知るには困難である。いわんや外国人にとっては、専門家を除けば困難であり、また不必要と言ってもいいであろう。

その点、『十八史略』は、中国の宋代までの歴史の流れを大きく捉えることができるとともに、中国の舞台で活躍したリーダーたちを知ることができ、また、人生の機微をうまく捉えた諺などを知ることができる。

「鶏鳴狗盗《けいめいくとう》」

本書でも、著名な諺を本文やコラムでいくつか紹介しているが、ここでは例として、「鶏鳴狗盗」をとりあげてみよう。

時代は戦国時代のことである。斉《せい》の孟嘗君《もうしょうくん》は、父から受け継いだ薛《せつ》の領主となり、食客数千人をかかえ、その名声は諸侯のあいだで広がっていた。

秦の昭王（在位前306〜前251）は、孟嘗君の賢人ぶりを聞き、斉に人質を送ったうえで、孟嘗君に会いたいと言ってきた。

孟嘗君が秦に赴くと、昭王は最初、宰相に任じようとしたが、重臣たちが反対したため、監禁し、機を見て殺そうとした。

中国歴代王朝

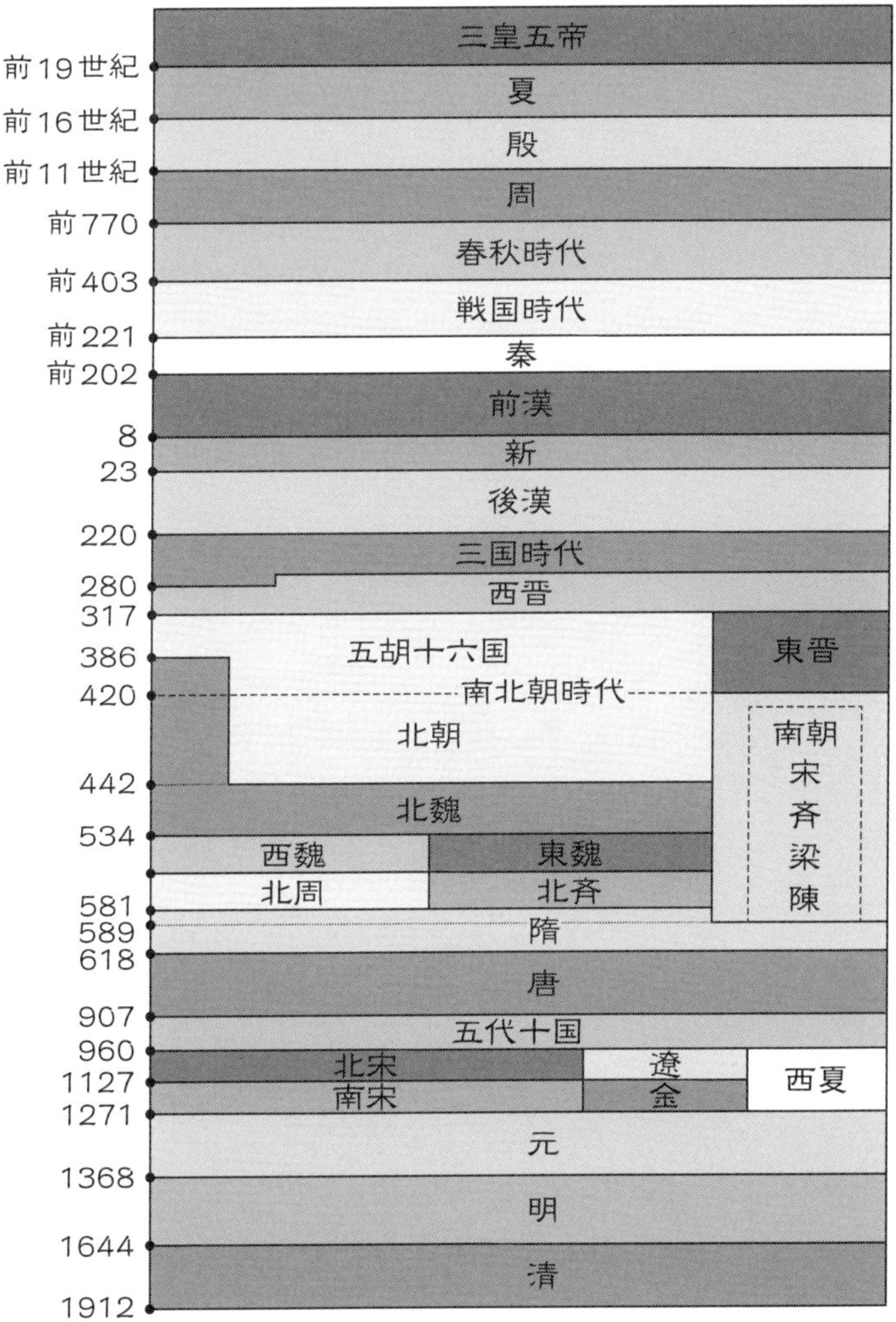
三皇五帝
前19世紀
夏
前16世紀
殷
前11世紀
周
前770
春秋時代
前403
戦国時代
前221
秦
前202
前漢
8
新
23
後漢
220
三国時代
280
西晋
317
五胡十六国
東晋
386
420
南北朝時代
北朝
南朝
宋
斉
梁
陳
442
北魏
534
西魏
東魏
北周
北斉
581
589
隋
618
唐
907
五代十国
960
北宋
遼
西夏
1127
南宋
金
1271
元
1368
明
1644
清
1912

危険を感じた孟嘗君は、昭王の愛妾のもとに使者を派遣して、釈放に協力してくれるよう頼んだ。すると愛妾は言った。

「あなたは狐の腋毛で作ったコートをお持ちと聞いています。もしそれをいただけるなら……」

しかし、そのコートは、孟嘗君が秦に来た時に昭王に献上したもので、もはや手もとにない。

連れてきた食客の中にコソ泥の名人がいた。かれはすぐさま秦の蔵に忍び込み、コートを盗んできた。孟嘗君がこれを愛妾に献ずると、まもなく彼女の尽力で、孟嘗君は許されるところとなった。

孟嘗君は急いで秦脱出をはかった。偽名を使って、真夜中に函谷関《かんこくかん》に到着した。しかし、関所の規則では、鶏が時を告げるまで門を開けないことになっている。孟嘗君は気が気ではない。秦王が孟嘗君を許したことを後悔し、追っ手をかけるかもしれないからだ。

連れてきた食客に鶏の鳴き声の名人がいた。かれが鶏の鳴き声のまねをすると、あたり一帯の鶏が一斉に時を告げる。そこで関所の役人は、門を開いて旅人を通した。

孟嘗君の一行が通過したあと、しばらくして追っ手が到着したが、時すでに遅かった。孟嘗君はこうして帰国することができた。

これが有名な「鶏鳴狗盗」の故事である。

さて、この故事をどう解釈するかである。コソ泥の名人や鶏の鳴き声の名人からすれば、一芸（?）に秀でていると、食客になることができるし、何かの時に役立つことができる。つまり、ふだん他人から「くだらない」とか「無意味だ」などと言われる技能でも、身につけていれば何かに役立つ時が来る。「芸は身を助く」というわけだ。

一方、孟嘗君の立場、言い換えればリーダーの立場からするとどうだろう。リーダーにとって、いざという時、起死回生の行動をしてもらえる部下をもつことになる。このような部下をもつとなれば、リーダー冥利に尽きると言えよう。

ところで、この「鶏鳴狗盗」は、『十八史略』をもとに訳しているが、『十八史略』が準拠している『史記』には、もともと次のような文がある。

孟嘗君が、最初、この二人を食客に迎えたとき、他の食客たちは、誰もが不満を漏らした。ところが、孟嘗君が秦で難に遭い、二人の働きで救われたことから、食客たちは、それからというもの孟嘗君に敬服した。

つまり、『史記』によれば、食客たちは孟嘗君の人を見る目に感服した、というわけだ。しかし、曾先之はこの部分を採用しなかった。書かなくともわかり、当然だったからであろう。優れたリーダーは、人を見る目ができている、というのが共通認識だったからである。

話を戻せば、リーダーは、ふだんは能力を発揮せず、「ただ飯」を食う部下を許容しなければならない。リーダーからすれば、ふだんも能力を発揮し、いざというとき、さらに能力を発揮してもらえば言うことない。だが、そのような部下は数少ないと認めざるを得ない。

現代のリーダーにとって、孟嘗君のように「食客数千人」と言われるような、自分の命令で自由に動かすことのできる部下をもつことは不可能であろう。ならば、どうするか。

リーダーはふだんから人を見る目を養い、同じ組織に属する人物を仲間に加えるときに、人財（このシリーズでは人材ではなく、人財という熟語を用いる。才能を有している人物を指す）を見つけ出さなければならない。その時、「一騎当千」の人財を見つけ出さなければ、孟嘗君の食客数千人に対抗できないであろう。つまり、リーダーは人を見る目を養うために、多くの人と出会い、多くの本を読んで作中の人物と出会い、人生を豊かにしておかなければなるまい。

「鶏鳴狗盗」を例にして述べたが、中国の宋代までの数千年の歴史を簡略にまとめた『十八史略』には、事ほどさように、現在のリーダーにも考えさせる事例が数多くある。リーダーとして行き詰まった時などには、ぜひ紐解いていただければ、何かの参考となるに違いない。

『十八史略』に学ぶリーダー哲学◉目次

はじめに……3

1 リーダーとして生きる

01 無為《むい》にして化《か》す。 太古……22

02 男子《だんし》多《おお》ければ則《すなわ》ち懼《おそ》れ多《おお》し。 帝堯陶唐……24

コラム 人物1 黄帝《こうてい》（?～?）……26

03 家門《かもん》を過《す》ぐれども入《い》らず。 夏……28

04 命《めい》を天《てん》に受《う》け、力《ちから》を竭《つく》して万民《ばんみん》を労《ろう》す。生《せい》は寄《き》なり。死《し》は帰《き》なり。 夏……30

05 左《ひだり》せんと欲《ほっ》せば左《ひだり》せよ。右《みぎ》せんと欲《ほっ》せば右《みぎ》せよ。命《めい》を用《もち》いざる者《もの》は、吾《わ》が網《あみ》に入《い》れ。 殷……32

コラム 故事成語1 後世必有以酒亡国者（後世《こうせい》、必《かなら》ず酒《さけ》を以《もっ》て国《くに》を亡《ほろ》ぼす者有《ものあ》らん）……34

06 妖《よう》は徳《とく》に勝《か》たず。君《きみ》、其《そ》れ徳《とく》を修《おさ》めよ。 殷……36

07 先王《せんおう》、徳《とく》を耀《かがや》かして兵《へい》を観《しめ》さず。 周……38

コラム 故事成語2 玉杯象箸（玉杯象箸《ぎょくはいぞうちょ》）……40

コラム 人物2 太公望《たいこうぼう》（紀元前11世紀頃）……41

08 民《たみ》の口《くち》を防《ふせ》ぐは、川《かわ》を防《ふせ》ぐよりも甚《はなは》だし。 周……42

09 久《ひさ》しく尊名《そんめい》を受《う》くるは不祥《ふしょう》なり。 春秋戦国 呉……44

コラム 人物3 伍子胥《ごししょ》（?～紀元前484）……47

10 天《てん》は高《たか》くして卑《ひく》きに聴《き》く。 春秋戦国 宋……48

11 夫《そ》れ政《まつりごと》は簡《かん》ならず易《い》ならずんば、民近《たみちか》づく能《あた》わず。 春秋戦国 魯……50

12 文事《ぶんじ》あるは必《かなら》ず武備《ぶび》あり。 春秋戦国 魯……52
13 容《い》れられざるを何《なん》ぞ病《うれ》えん。然《しか》る後《のち》に君子《くんし》を見《み》る。 春秋戦国 魯……54
14 良賈《りょうこ》深《ふか》く蔵《おさ》めて虚《むな》しきが若《ごと》くし、君子《くんし》は盛徳《せいとく》あって容貌《ようぼう》愚《おろ》かなるが若《ごと》し。 春秋戦国 魯……56
15 君子《くんし》は死《し》すとも冠《かんむり》を免《ぬ》がず。 春秋戦国 衛……58
16 聖人《せいじん》が人《ひと》を用《もち》うるは、猶《な》お匠《しょう》の木《き》を用《もち》うるがごとし。 春秋戦国 衛……60
17 天子《てんし》に戯言《ぎげん》なし。 春秋戦国 晋……62
18 龍《りゅう》あり矯矯《きょうきょう》たり、頃《しばら》く其《そ》の所《ところ》を失《うしな》う。 春秋戦国 晋……64
19 人情《にんじょう》に非《あら》ず。近《ちか》づく可《べ》からず。 春秋戦国 斉……66
コラム 故事成語3 三年不蜚不鳴（三年《さんねんと》蜚ばず鳴《な》かず）……69
20 将軍《しょうぐん》、死《し》するの心《こころ》ありて、士卒《しそつ》、生《い》くるの気《き》なし。 春秋戦国 斉……70
21 死《し》するは易《やす》く、孤《こ》を立《た》つるは難《かた》し。 春秋戦国 趙……72
22 千羊《せんよう》の皮《かわ》は一孤《いっこ》の腋《えき》に如《し》かず。 春秋戦国 趙……74
23 繭糸《けんし》を為《な》さんか、以《もっ》て保障《ほしょう》を為《な》さんか。 春秋戦国 趙……76
24 富貴《ふうき》なれば則《すなわ》ち親戚《しんせき》も之《これ》を畏懼《いく》し、貧賤《ひんせん》なれば則《すなわ》ち之《これ》を軽易《けいい》す。況《いわ》んや衆人《しゅうじん》をや。 春秋戦国 趙……78
コラム 故事成語4 完璧而帰（璧を完《まっと》うして帰る）……80
25 両虎《りょうこ》共《とも》に闘《たたか》わば、其《そ》の勢《いきお》いは倶《とも》には生《い》きず。 春秋戦国 趙……82
コラム 人物4 荘子《そうし》（紀元前369?～紀元前286?）……86

2 志を高く持て

26 徒《いたず》らに能《よ》く其《そ》の父《ちち》の書《しょ》を読《よ》んで、変《へん》に合《あ》うを知《し》らざるなり。 春秋戦国 趙……88

27 富貴《ふうき》なる者人《ものひと》に驕《おご》るか、貧賤《ひんせん》なる者人《ものひと》に驕《おご》るか。 春秋戦国 魏……90
28 若《も》し徳《とく》を修《おさ》めずんば、舟中《しゅうちゅう》の人皆敵国《ひとみなてきこく》なり。 春秋戦国 魏……92
29 明主《めいしゅ》は一嚬一笑《いっぴんいっしょう》を愛《お》しむ。 春秋戦国 韓……94
コラム 故事成語5 吮疽之仁（吮疽《せんそ》の仁）……97
30 先《ま》ず隗《かい》より始《はじ》めよ。 春秋戦国 燕……98
31 民《たみ》は与《とも》に始《はじ》めを慮《はから》しむべからず、而《しこう》して与《とも》に成《な》るを楽《たの》しましむべし。 春秋戦国 秦……100
コラム 人物5 孟嘗君《もうしょうくん》（?～紀元前279）……102
32 民《たみ》、公戦《こうせん》に勇《いさ》んで私闘《しとう》に怯《おそ》る。 春秋戦国 秦……104
33 法《ほう》を為《な》すの弊《へい》、一《いつ》に此《ここ》に至《いた》るか。 春秋戦国 秦……106
34 四時《しじ》の序《じょ》、功《こう》を成《な》す者《もの》は去《さ》る。 春秋戦国 秦……108
コラム 人物6 呂不韋《りょふい》（?～紀元前235）……110
35 泰山《たいざん》は土壌《どじょう》を譲《ゆず》らず、故《ゆえ》に大《だい》なり。河海《かかい》は細流《さいりゅう》を択《えら》ばず、故《ゆえ》に深《ふか》し。 秦始皇……112
コラム 故事成語6 焚書坑儒《ふんしょこうじゅ》（書を焚《も》やし儒を坑《あな》うめにす）……114
36 王侯将相《おうこうしょうしょう》、寧《いずく》んぞ種《しゅ》あらんや。 陳勝……116
37 書《しょ》は以《もっ》て姓名《せいめい》を記《き》するに足《た》るのみ、剣《けん》は一人《ひとり》の敵《てき》なり、学《まな》ぶに足《た》らず。 項羽……118
コラム 故事成語7 四面楚歌（四面楚歌《しめんそか》）……121
38 臣《しん》の言《い》う所《ところ》は能《のう》なり。大王《だいおう》の問《と》う所《ところ》は行《おこない》なり。 前漢高祖……122
コラム 人物7 張良《ちょうりょう》（?～紀元前186）……124
39 之《これ》を死地《しち》に陥《おとしい》れて而《しか》る後《のち》に生《い》き、之《これ》を亡地《ぼうち》に置《お》いて而《しか》る後《のち》に存《そん》す。 前漢高祖……126

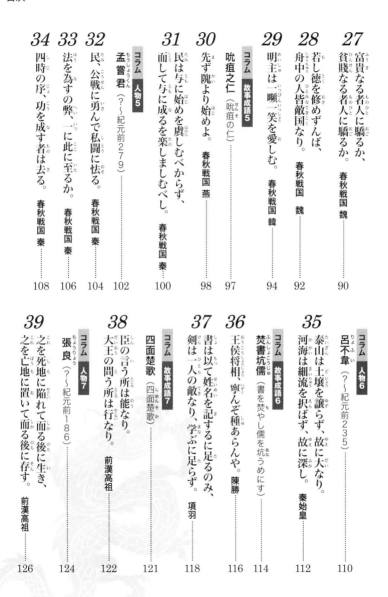

40 公《こう》、其《そ》の一《いち》を知《し》って、未《いま》だ其《そ》の二《に》を知《し》らず。 前漢高祖……130
41 獣《けもの》を逐殺《ちくさつ》する者《もの》は狗《いぬ》なり。発縦《はっしょう》して指示《しじ》する者《もの》は人《ひと》なり。 前漢高祖……132
42 一尺《いっせき》の布《ふ》も尚《な》お縫《ぬ》うべし。一斗《いっと》の粟《ぞく》も尚《な》お舂《うす》くべし。兄弟《けいてい》二人、相容《あいい》るる能《あた》わず。 前漢文帝……134
43 物盛《ものさか》んなれば衰《おとろ》う。固《もと》よりその変《へん》なり。 前漢景帝……136
44 事《こと》は強勉《きょうべん》に在《あ》るのみ。 前漢武帝……138
45 治《ち》を為《な》すは、多言《たげん》に在《あ》らず、力行何如《りっこういかん》を顧《かえり》みるのみ。 前漢武帝……140
コラム 人物8 張騫《ちょうけん》（紀元前164?～紀元前114）……142
46 声和《こえわ》すれば則《すなわ》ち天地《てんち》の和応《わおう》ず。 前漢武帝……144
47 人生《じんせい》、朝露《ちょうろ》の如《ごと》し、何《なん》ぞ自《みずか》ら苦《くる》しむこと此《かく》の如《ごと》き。 前漢武帝……146
48 曲突薪《きょくとつたきぎ》を徙《うつ》せというものに恩沢《おんたく》なし。 前漢宣帝……148
49 乱民《らんみん》を治《おさ》むるは、乱縄《らんじょう》を治《おさ》むるが如《ごと》し。急《きゅう》にする可《べ》からず。 前漢宣帝……150
50 賢《けん》にして財多《ざいおお》くすれば則《すなわ》ち其《そ》の志《こころざし》を損《そん》し、愚《ぐ》にして財多《ざいおお》くすれば則《すなわ》ち其《そ》の過《あやま》ちを益《ま》す。 前漢宣帝……152

3 ひたすらに王道を歩め

51 宰相《さいしょう》は細事《さいじ》を親《みずか》らせず。 前漢元帝……156
52 俗儒《ぞくじゅ》は時宜《じぎ》に達《たっ》せず。好《この》みて古《いにしえ》を是《ぜ》として今《いま》を非《ひ》とす。 前漢元帝……158
53 易《か》うること勿《なか》れ。因《よ》りて之《これ》を輯《あつ》めて、以《もっ》て直臣《ちょくしん》を旌《あら》わさん。 前漢成帝……160
コラム 人物9 王昭君《おうしょうくん》（紀元前52年?～紀元前19年）……162

コラム 人物10 王莽《おうもう》（紀元前45～23）……163

54 古《いにしえ》の興《おこ》りし者《もの》は、徳《とく》の厚薄《こうはく》に在《あ》って、大小《だいしょう》に在《あ》らざるなり。 後漢光武帝……164

55 赤心《せきしん》を推《お》して、人《ひと》の腹中《ふくちゅう》に置《お》く。 後漢光武帝……166

56 当今《とうこん》は但君《ただきみ》の臣《しん》を択《えら》ぶのみに非《あら》ず、臣《しん》も亦君《またきみ》を択《えら》ぶ。 後漢光武帝……168

コラム 故事成語8 糟糠之妻（糟糠《そうこう》の妻《つま》）……171

57 柔《じゅう》能《よ》く剛《ごう》に勝《か》ち、弱《じゃく》能《よ》く強《きょう》に勝《か》つ。 後漢光武帝……172

58 古《いにしえ》より明王聖主《めいおうせいしゅ》は必《かなら》ず不賓《ふひん》の士《し》あり。 後漢光武帝……174

コラム 故事成語9 不入虎穴、不得虎子（虎穴《こけつ》に入《い》らずんば、虎子《こじ》を得《え》ず）……177

コラム 故事成語10 水清無大魚（水清《みずきよ》ければ大魚《たいぎょ》無《な》し）……178

59 苟《いやしく》も其《そ》の人《ひと》に非《あら》ざれば、民《たみ》其《そ》の殃《わざわ》いを受《う》く。 後漢明帝……180

60 甑《こしき》已《すで》に破《やぶ》る。之《こ》れを視《み》るも何《なん》の益《えき》あらん。 後漢桓帝……182

61 聖人《せいじん》は能《よ》く世《よ》と推移《すいい》し、俗士《ぞくし》は変《へん》を知《し》らざるに苦《くる》しむ。 後漢桓帝……184

62 虎《とら》を縛《ばく》するは急《きゅう》ならざるを得《え》ず。 後漢献帝……186

63 聖人《せいじん》云《い》う、迅雷風烈《じんらいふうれつ》には必《かなら》ず変《へん》ず。 後漢献帝……188

64 時務《じむ》を識《し》る者《もの》は俊傑《しゅんけつ》に在《あ》り。 後漢献帝……190

コラム 故事成語11 髀肉之嘆（髀肉《ひにく》の嘆《たん》）……193

65 恐《おそ》らくは蛟龍雲雨《こうりゅううんう》を得《え》ば、終《つい》に池中《ちちゅう》の物《もの》に非《あら》ず。 後漢献帝……194

コラム 人物11 関羽《かんう》（?～219）……196

66 士《し》別《わか》れて三日《さんじつ》、即《すなわ》ち当《まさ》に刮目《かつもく》して相待《あいま》つべし。 後漢献帝……198

67 各々《おのおの》、分界《ぶんかい》を保《たも》つのみ、細利《さいり》を求《もと》むること毋《な》かれ。 西晋武帝……200
コラム 人物12 司馬懿《しばい》（179～251）……202
68 聖人《せいじん》に非《あら》ざるより、外《そと》、寧《やす》ければ、必《かなら》ず内《うち》の憂《うれ》いあり。 西晋武帝……204
コラム 故事成語12 竹林の七賢（竹林之七賢）……206
コラム 故事成語13 破竹之勢（破竹《はちく》の勢《いきお》い）……207
69 財《ざい》の禍《わざわい》たるを知《し》らば、何《なん》ぞ早《はや》くこれを散《さん》ぜざる。 西晋恵帝……208
70 大禹《たいう》は聖人《せいじん》なり。乃《すなわ》ち寸陰《すんいん》を惜《お》しめり。衆人《しゅうじん》は当《まさ》に分陰《ぶんいん》を惜《お》しむべし。 東晋明帝……210
71 大丈夫《だいじょうぶ》の事《こと》を行《おこな》うや、当《まさ》に磊磊落落《らいらいらくらく》、日月《じつげつ》の皎然《きょうぜん》たるが如《ごと》くなるべし。 東晋成帝……212
72 男子《だんし》、芳《ほう》を百世《ひゃくせい》に流す能《あた》わずんば、亦《ま》た当《まさ》に臭《しゅう》を万年《まんねん》に遺《のこ》すべし。 東晋帝奕《ていえき》……214
コラム 人物13 王羲之《おうぎし》（303?～361?）……216
コラム 故事成語14 旁若無人（傍若無人《ぼうじゃくぶじん》）……217
73 長星《ちょうせい》、汝《なんじ》に一杯《いっぱい》の酒《さけ》を勧《すす》めん。世《よ》、豈《あ》に万年《ばんねん》の天子《てんし》有《あ》らんや。 東晋孝武帝……218
74 吾《われ》、豈能《あによ》く五斗米《ごとべい》の為《た》めに腰《こし》を折《お》りて郷里《きょうり》の小児《しょうに》に向《む》かわんや。 南北朝 宋……220
75 畊《こう》は当《まさ》に奴《ど》に問《と》うべく、織《しょく》は当《まさ》に婢《ひ》に問《と》うべし。 南北朝 宋……222
コラム 故事成語15 不覚屐歯折（屐歯《げきし》を折《お》るを覚《おぼ》えず）……224

4 組織を未来につなげる覚悟

76 まさに黄金《おうごん》をして土《つち》の価《あたい》に同《おな》じからしむべし。 南北朝 斉高帝……226

77 読書万巻《どくしょまんかん》、猶《な》お今日《こんにち》あり。 南北朝 梁元帝……228
78 禍《わざわ》いを転《てん》じて福《さいわ》いと為《な》さん。 唐高祖……230
コラム 故事成語16 王佐之才（王佐《おうさ》の才《さい》）……232
79 唾《つば》は拭《ぬぐ》わざるも、自《おの》ずから乾《かわ》かん。当《まさ》に笑《わら》って之《これ》を受《う》くべきのみ。 周武則天……234
80 怒《いか》る者《もの》は常《つね》の情《じょう》なり。笑《わら》う者《もの》は測《はか》る可《べ》からざるなり。 唐代宗……236
コラム 故事成語17 伴食宰相（伴食宰相《ばんしょくさいしょう》）……238
コラム 人物14 安禄山《あんろくざん》（703～757）……239
81 正人《せいじん》は邪人《じゃじん》を指《さ》して邪《じゃ》と為《な》し、邪人《じゃじん》も亦正人《またせいじん》を指《さ》して邪《じゃ》と為《な》す。 唐武宗……240
82 遠《とお》しと謂《い》う勿《な》かれ。此《こ》の階前《かいぜん》は則《すなわ》ち万里《ばんり》なり。 唐宣宗……242
コラム 故事成語18 射人先射馬（人《ひと》を射《い》るに先《ま》ず馬《うま》を射《い》よ）……244
コラム 人物15 李克用《りこくよう》（856～908）……245
83 恐《おそ》らく異日大《いじつおお》いに中国《ちゅうごく》の患《うれい》を為《な》さん。 五代 後漢……246
84 天下《てんか》は須《すべから》く長槍大剣《ちょうそうだいけん》を用《もち》うべし。安《いずく》んぞ毛錐子《もうすい》を用《もち》いん。 五代 後漢……248
85 奈何《いかん》ぞ民《たみ》の膏血《こうけつ》を浚《さら》いて、此《こ》の無用《むよう》の物《もの》を養《やしな》う。 五代 後周……250
コラム 人物16 馮道《ふうどう》（882～954）……252
86 人生《じんせい》は白駒《はっく》の隙《げき》を過《す》ぐるが如《ごと》し。 北宋太祖……254
87 鼎鐺《ていとう》、尚《な》お耳《みみ》あり。 北宋太祖……256
88 臥榻《がとう》の側《かたわら》、豈他人《あにたにん》の鼾睡《かんすい》を容《い》れんや。 北宋太祖……258

89 若《も》し一《ひと》たび名姓《めいせい》を知《し》らば、則《すなわ》ち身《み》を終《お》わるまで忘《わす》れず。知《し》る無《な》きに如《し》かざるなり。 北宋太宗……260

90 恩《おん》を己《おのれ》に帰《き》せんと欲《ほっ》せば、怨《おん》は誰《だれ》をして当《あ》たらしめん。 北宋仁宗……262

91 衆賢《しゅうけん》の進《すす》むは茆《かや》の斯《ここ》に抜《ぬ》くるが如《ごと》く、大姦《たいかん》の去《さ》るは距《けづめ》の斯《ここ》に脱《だっ》するが如《ごと》し。 北宋仁宗……264

92 小人《しょうじん》は朋《ほう》なし、惟《た》だ君子《くんし》のみ之《こ》れあり。 北宋仁宗……268

93 君徳《くんとく》に三《さん》有《あ》り。曰《いわ》く仁《じん》、曰《いわ》く明《めい》、曰《いわ》く武《ぶ》なり。 北宋仁宗……270

94 大姦《たいかん》は忠《ちゅう》に似《に》たり、大詐《たいさ》は信《しん》に似《に》たり。 北宋神宗……272

95 吾《わ》れ人《ひと》に過《す》ぎたること無《な》し。但《た》だ平生《へいせい》の為《な》す所《ところ》、未《いま》だ嘗《かつ》て人《ひと》に対《たい》して言《い》う可《べ》からざる者《もの》あらざるのみ。 北宋哲宗……274

コラム 人物17 蘇軾《そしょく》（1037～1101）……277

96 偏重《へんちょう》ならば其《そ》れ行《や》る可《べ》けんや。或《ある》いは左《ひだり》し或《あるい》いは右《みぎ》するも其《そ》の偏《へん》は一《いち》なり。 北宋哲宗……278

97 為《た》めにする所《ところ》ありて為《な》すは利《り》なり。為《た》めにする所《ところ》なくして為《な》すは義《ぎ》なり。 南宋孝宗……280

98 一利《いちり》を興《おこ》すは一害《いちがい》を除《のぞ》くに若《し》かず。一事《いちじ》を生《い》かすは一事《いちじ》を減《げん》ずるに若《し》かず。 南宋理宗……282

99 国家《こっか》の権《けん》を事《こと》とするは、兵《へい》、民《たみ》、財《ざい》の三者《さんしゃ》のみ。 南宋度宗……284

100 人生《じんせい》古《いにしえ》より誰《た》れか死《し》なからん。丹心《たんしん》を留取《りゅうしゅ》して汗青《かんせい》を照《て》らさん。 南宋帝昺……286

コラム 人物18 岳飛《がくひ》（1103～1142）……288

おわりに……290

1 リーダーとして生きる

リーダーたる者の基本姿勢

01

無《む》為《い》にして化《か》す。

何も働きかけないで人々に気付かせる。

太古

『十八史略』の冒頭にある本項フレーズこそ、古代中国におけるリーダーたる者のあるべき理想の統治方法、即ちマネジメントの極意です。トップは細かなことにいちいち口を挟まずに泰然自若として、つまり、何もせず組織のメンバーに全て任せることこそが、最も優れた方法であるという訳です。

古代より遥か昔の時代である太古には、後に「三皇《さんこう》五帝《ごてい》」と呼ばれる八人の伝説的な統治者がいたとされています。その八名のメンバーについては、史書によって若干の違いがありますが、三人の神と五人の聖人が理想の政治を行っていたと古代中国の人々は信じていました。「三皇」とは、天皇《てんこう》氏、地皇《ちこう》氏、人皇《じんこう》氏（または泰皇《たいこう》氏）のことで、古代中国の神話にある伏羲《ふくぎ》、女媧《じょか》、神農《しんのう》を指すとも言われています。

世界中の神話と同じく、洪水を治めたとか、火を使うことや木材を加工して農具を使うことを発明したとか、種を播いて農耕することを教え広めたとかは、この「三皇」が始めたそうです。「三皇」の筆頭である天皇氏の時代は、木の徳を受け、寅の歳を紀元として、兄弟

漢文 無為而化。

子孫一二代、1万8000年も続いたそうです。

中華文明では国家のリーダー、即ち帝王には「五行《ごぎょう》」という五種類の徳（木火土金水《もっかどごんすい》）の気があり、それぞれの徳に従って特質のある治世を敷くという考え方がありました。

——**木は火を生じ、火は土を生じ、土は金を生じ、金は水を生じ、水は木を生ず。**

と五つの元素が互いに影響し合って、天地万物が変化して循環するという思想です。

中華文明の最初は、木の徳であったとされているのは、木の幹や枝葉に花や実が茂ることから、成長や繁栄する様子を表し、春の季節の象徴でもあるからです。つまり冬の大地に春が訪れ、何も無いところから芽が出たりすることに、太古の人は自然への畏敬の念を覚え、全ての物事の始まりとして「木」を第一の徳と見なしました。『老子』に次の言葉があります。

——**道常無為、而無不為。侯王若能守之、万物将自化。（道《みち》は常《つね》に無為《むい》にして、而《しか》も為《な》さざるは無《な》し。侯王《こうおう》若《も》し能《よ》く之《これ》を守《まも》らば、万物《ばんぶつ》は将《まさ》に自《みずか》ら化《か》せんとす）。**

「自然というものは自分から何かをすることは無いが、しかも全てが整然と行われている。リーダーたる者がこのことを心得ていれば、全てのことはうまく行く」

元々、自然というものは、人の手が加わるものでなく、あるがまま、なすがまま、そういった状態であることです。人間はその自然に抗《あらが》うことなく、状況や状態を受け入れることこそが、最善の生き方、在り方となるという訳です。

人とは無理に外部からの力で変化させたりするのではなく、自らが変わることを待つことが大切で、強制したりすることは全く意味がないというリーダーたる者への教えです。

英訳 One should trust the course of nature without influence.

宿命を生きるのがリーダーである

02

男子《だんし》多《おお》ければ則《すなわ》ち懼《おそ》れ多《おお》し。

男の子が多ければ心配事が多くなる。

帝堯陶唐

天皇《てんこう》氏の治世の後に火の徳を受けた地皇《ちこう》氏は、中国大陸を九つの州（冀《き》、兗《えん》、青《せい》、徐《じょ》、揚《よう》、荊《けい》、予《よ》、梁《りょう》、雍《よう》）に分け、４万５６００年も続いたとされています。そして有巣《ゆうそう》氏や燧《すい》人《じん》氏などの時代を経て、中華文明が理想とする「五帝《ごてい》」の時代になります。

司馬遷《しばせん》の『史記《しき》』は「五帝本紀《ごていほんぎ》」から始まっていますが（「三皇本紀」は唐代の加筆）、神話に若干の具体的な事実が伝わる歴史として、「五帝」の筆頭である黄帝《こうてい》について、

——**黄帝伝説のあるところに共通の民俗風土があり、いくらかの史実が紛れ込んでいることは否定することが出来ない。**

と本紀を立てた理由を司馬遷は説明しています。古代中国において文明の発展した中心、即ち先進的な地域を「中原《ちゅうげん》」と呼びましたが、黄帝はその領域を支配下においた開国の帝王とされ、漢民族の先祖であると中国大陸に住む人々は大昔から信じていました。

現代中国を統治する中国共産党も、中華民族の始祖はこの黄帝であると定めています。清朝末期に革命派と呼ばれた人たちによって、黄帝が即位した紀元前２６９７年という伝説の

漢文 多男子則多懼。

年を紀元とした「黄帝紀元」なるものが、西暦やイスラム歴と同じように提唱されてもいます。黄帝の後を継いだ帝顓頊《せんぎょく》、帝嚳《こく》、帝堯《ぎょう》、帝舜《しゅん》の四人の帝王、夏《か》、殷《いん》、周《しゅう》、秦《しん》の始祖は全て、この黄帝の子孫とされています。これはあたかも源平藤橘の四つの氏のいずれかの子孫と信じていた日本人が、神話的には神武天皇の子孫に繋がる伝説と似ています。

黄帝の時代には、宰相や将軍が置かれる政治体制が整えられ、文明も発達して舟や車輪が作られ、日月を観測して天文の書や暦、十干十二支が定められ、十二の音階も定められたりしたとされています。また黄帝の最期は、採掘した銅から「鼎《かなえ》」を作ると突如、龍が迎えに現れて、黄帝は天に帰って行ったと、SFファンが喜びそうな逸話も残っています。

しかしながら、黄帝の言葉というものは、実は残されていません。顓頊《せんぎょく》や嚳《こく》も同様ですが、50年間統治したと伝わる堯《ぎょう》の言葉が、本項フレーズとして記録されています。続けて、――**富則多事、寿則多辱。（富《と》めば則《すなわ》ち事多《ことおお》し。寿《いのちなが》ければ則《すなわ》ち辱多《はじおお》し）**。「金持ちになれば悩みも多くなる。長生きすれば恥も多くなる」とも述べています。人間の性《さが》や悩みは、何千年も前から全く変わらないようです。

この堯は仁徳と知徳を兼ね備えて太陽のように暖かく、風采も立派であったそうです。その堯が自らの政治が正しく行われているのか、本当に人々は幸せに暮らしているのかと疑問を抱きます。仕える者たちに問い質しても民情を知る者がいないことから、堯は一般人と同じ服装をして、お忍びで街中へ出て、子供や老人たちが平和に暮らしている様子を現地・現物で視察して確認したことが記されています。現場第一主義の経営者の元祖のようです。

英訳 More men there are, more fear there should be.

コラム　人物1

黄帝《こうてい》（？～？）

伝説上の人物で、「三皇五帝」の一人。『史記』では五帝の最初の帝、『十八史略』では三皇の一人となっている。姓は公孫、または姫《き》といい、名を軒轅《けんえん》という。

炎帝《えんてい》（神農氏《しんのうし》）の時代に、炎帝を「阪泉《はんせん》の戦い」で破り、また反乱者の蚩尤《しゆう》を「涿鹿《たくろく》の戦い」で破り、帝位に即いた。

舟、車、文字、音律、医学、天文学などを創始し、人類文化の創始者と言われ、文化的な生活を人類にもたらした最初の帝王とされている。

また、戦国時代、様々な思想集団がその始祖を特定したが、黄帝は道家により、老子に先だって始祖とされた。

黄帝が漢族最初の統一国家を創建したとも言われ、漢族の人々から崇められており、中国近代の文豪である魯迅《ろじん》も若いときに、「題自小像」（1903年）という詩を作って黄帝軒轅に言及し、漢民族の国家建設のために、革命に身を捧げる意気を歌った。

我以我血薦軒轅。

我は我が血を以って軒轅に薦めん（私は自分の血を軒轅に供えるつもりだ）

激しい気蓋を感じさせる詩句である。

黄帝は、龍が迎えに来て、天に昇ったと伝えられている。臣下は山のふもとに黄帝の衣服を埋めたが、そこが陝西省延安市黄陵県の橋山で、現在、黄帝陵がある。

▲黄帝陵（陝西省延安市）

▲黄帝像（河南省新鄭市・黄帝故里）

トップが担うべき重責とは

03 家門《かもん》を過《す》ぐれども入《い》らず。

自宅の前を通過しても立ち寄ろうとさえしなかった。

夏

夏王朝《か》の初代王である禹《う》は、帝堯《ぎょう》の時代に治水に失敗した鯀《こん》の息子です。禹は生活も質素で謙虚な人柄であることから評判も良く、舜に推挙されて黄河の治水を命ぜられます。父の汚名を挽回するべく禹は、24時間365日働き詰めで13年間一度も家に帰らず、仕事に専念した結果、治水に成功します。更に、

——九州の土地を開墾し、九州の道を整備し、九州の河川に堤防を築き、九州の山を測量した。

と中華文明の及ぶ九つの州全土において大土木工事を成し遂げ、多大な業績を讃えられます。まさに仕事人間の鑑《かがみ》である禹は、中国史上における理想のリーダーの筆頭とされています。

帝堯が帝位を息子の丹朱《たんしゅ》にではなく、舜に禅譲《ぜんじょう》（世襲ではなく、優れた人物に位を譲ること）したことに倣って、帝舜も息子の商均《しょうきん》ではなく、禹を後継者に指名して亡くなります。

3年の喪に服した後、禹は商均に帝位を譲りますが、諸侯は誰一人として商均に従う者はなく、禹は止むを得ず帝位に就き、「夏后《かこう》」と称します。「后」は皇后という単語を連想してしまいがちですが、古代中国では「王」と同じ意味でした。

漢文 過家門不入。

日本においても昭和の中期からの高度成長時代は、組織のトップから末端のメンバー一人ひとりに至るまで、家庭は二の次で「仕事第一主義」が普通でした。

しかしながら少子高齢化社会の現代において、「働き方改革」が声高に叫ばれ、従来のやり方や考え方では、社会や組織の存続が危ぶまれるようになりました。仕事の生産性を上げるためには「仕事第一主義」でなくては実現は難しいものですが、同時にゆとりある仕事の仕方や環境づくりを目指さなくてはならなくなりました。

組織のトップは常に「仕事第一主義」の姿勢がなければ務まりませんが、トップと同じことを組織のメンバー全員に求めるのは、過剰な要求であり容認されるべきではありません。

欧州や米国企業のトップには、禹王顔負けで仕事をするタフなリーダーがザラにいる一方で、一般労働者、即ち組織に属するメンバーは決して仕事第一でなく、プライベート優先で仕事をすることが善しとされています。

ここで大切なのは、人間は誰もが平等の権利を生まれながらに有しますが、組織のメンバーである一般労働者や職員たちと、組織のトップ、即ち重責を担いながら範を示すべきリーダーたる者とでは、組織における機能や役割を同列に扱ってはいけないということです。

重い職責を担うことを口実にして役得や特権を貪り、メンバーに犠牲を強いることなどを当然と考えているようなトップは、リーダーとして既に失格です。

禹王が尊敬されているのは、私利私欲なくリーダーの責務を全身全霊で全うしたからです。私心を持たない者がトップに立ち、それを慕う大勢の人々と一丸となる組織作りが肝要です。

英訳 You passed his home but not to enter.

全身全霊で働くという使命

04

命《めい》を天《てん》に受《う》け、力《ちから》を竭《つく》して万民《ばんみん》を労《ろう》す。生《せい》は寄《き》なり。死《し》は帰《き》なり。

夏

私は天の命を受けてリーダーとなり、力の限り組織のメンバーのために尽くした。人がこの世にあるのは旅の途中に立ち寄ったようなもので、死ぬのは家に帰るのと同じだ。

禹は10年に亘《わた》って帝位にあり、巡行中に会稽《かいけい》で崩じます。現在の浙江省紹興市には立派な大禹陵が残されています。

ある時、禹が揚子江を渡る際に黄金色の龍が現れて、その背中で一行が乗る船をひっくり返そうとしました。誰もが震え上がった時、禹は落ち着き払って天を仰いで、本項フレーズをつぶやいたそうです。自信溢れる達観した禹の言葉に、さすがの龍も感心して立ち去ったという逸話は、聖天子の真骨頂です。

この「生寄也。死帰也」、即ち人間は宇宙の本源から生まれてからしばらくの間、この世に仮に身を寄せて生きているのであって、死ぬのは元の本源に帰ることであるという死生観は、中国人の思想の根底に今日でも息づいています。

日本人から見れば、ややもすると拝金主義で、極めて現実的で合理的な行動をする中国人

漢文 受命於天、竭力而労万民。生寄也。死帰也。

は、今の瞬間を生き抜く力強さがあり、全く保証がない夢や来世に想いを馳せたり、現実逃避の心霊やオカルト世界に走ったりすることはあまりありません。

歴代の皇帝や知識人たちに、この死生観を旨としている者も多く、唐《とう》の太宗《たいそう》が同様の言葉を述べている話が『**貞観政要**《じょうがんせいよう》』にも記述されている程です。

禹は帝位を先代の帝舜と同じように、自分の息子ではなく右腕として活躍していた宰相の益《えき》に譲ると遺言していました。3年の喪が明けた後、益は禹の息子の啓《けい》に帝位を返上しますが、啓は人望も厚く諸侯が推戴したので、この時から帝位が世襲となりました。

禅譲ではなく世襲による王朝体制は、清朝が滅亡する1912年までの約4000年間も続くことになります。因みに「中国5000年」ではなく「中国4000年」とするのは、この夏王朝の始まりからカウントした場合です。

——**声**《こえ》**は律**《りつ》**と為**《な》**り、身**《み》**は度**《ど》**と為**《な》**り、準縄**《じゅんじょう》**を左**《ひだり》**にし、規矩**《きく》**を右**《みぎ》**にす。一饋**《いっき》**に十**《じゅう》**たび起**《た》**って、以**《もっ》**て天下**《てんか》**の民**《たみ》**を労**《ねぎら》**う。**

とあるように、禹の声は優しく丁重であり、その姿勢はきっちりとしていて、自らを戒めるために左手には基準とするための墨縄《すみなわ》（昔の大工が黒い線を引くために使った糸や縄）を持ち、行いを正すために右手には定規を持っているかのようで、一度の食事中に十回中断しても立ち上がって陳情や報告を聴く程の熱心さで政治に携わって人々を治めたそうです。

禹のような姿勢であれば、現代の組織においても理想のトップとして、メンバーを大いに心服させるに違いありません。

英訳 I bear the mandate of heaven. A such, I exhaust myself for the sake of people. To live is to experience a journey, but to die is to simply return home.

05

人徳こそが人を治める

左《ひだり》せんと欲《ほっ》せば左《ひだり》せよ。右《みぎ》せんと欲《ほっ》せば右《みぎ》せよ。命《めい》を用《もち》いざる者《もの》は、吾《わ》が網《あみ》に入《い》れ。

殷

左へ行きたければ左へ行け。右へ行きたければ右へ行け。私の命令に従わない者は網にかかれ。

紀元前1900年頃に禹によって建国された夏王朝は、一四世一七代、471年も続きます。

夏は『史記』に記されている最古の世襲王朝とされていましたが、20世紀の半ばの二里頭《にりとう》遺跡（河南省偃師《えんし》市）の発掘という考古学的発見があるまでは、神話や伝説として片付けられていました。それまで最古の遺跡とされていた「殷墟《いんきょ》」より古く、大規模な宮殿や住居跡や墓が見つかったのです。2万人以上が住んでいたと推定される大きな集落の跡です。

この夏の一七代目の桀王《けつおう》は、暴虐無道で末喜《ばっき》という美女に溺れて**「酒池肉林《しゅちにくりん》」**と放蕩に耽《ふけ》ります。酒の池に舟を浮かべ、肉を串に刺して林のように並べるような豪華な宴会を毎晩開いたそうです。その宴で桀王は人を馬の代わりにしてその背に跨がり、太鼓を一度鳴らせば同時に3000人の女たちが一斉に牛が水を飲むように酒池の酒を飲み、浪費の限りを尽くしたりしたので、財政危機と人心の離反を招きました。

漢文 欲左左。欲右右。不用命者、入吾網。

諸侯の一人である天乙《てんいつ》（湯王《とうおう》）は人望があり、他の諸侯と共に紀元前1600年に「鳴条《めいじょう》の戦い」で桀王を破り、夏を滅ぼして商《しょう》（殷の本来の国号）を建国しました。

武力によって王朝を倒したことは、天から与えられた命《めい》、つまり統治者の資格が、夏から商の別姓の王家に移ることになったことを正当化して、**「易姓革命《えきせいかくめい》」**と呼ばれるようになりました。日本のような「万世一系」でなく、王朝交代の歴史が中国に生まれた重要な一因です。

商の天乙は、夏の初代君主の禹王と並ぶ聖王とされています。天乙の先祖である契《けつ》は、舜の時代に禹の治水事業を助けた功績によって、商に領地を与えられました。以来その子孫は夏の諸侯として続き、一二代を経て天乙が継ぎます。

天乙は伊尹《いいん》という名臣を得て、領民を慈しんで領地を良く治めます。その人徳により他の諸侯から尊敬を勝ち得る一方、桀王からは疎まれて牢にぶち込まれたこともあります。

ある時、天乙は猟師が網を四方に仕掛けているのを見掛けます。

「天から飛んで来るもの、地から出て来るもの、東西南北から来るもの、全てこの網に入れ」

猟師が大きな声で叫んでいるのを聞いた天乙は、そんなことをしたら取り尽くしてしまうと言って、四方に仕掛けられている網の三方を取り除いて、本項フレーズで祈りました。

この話を聞いた諸侯たちは、天乙の人徳は人間に対してだけでなく、禽獣にまで情けを掛けていると感心を新たにし、ますます天乙を尊敬するようになったそうです。

古代中国においては、目前の利益のために取り尽くすことによって後々になって困るということが、既に認識されていたと窺える興味深いエピソードです。

英訳 Go to left if you want to go to left or go to right if you want to go to right, but head in my direction if you want to follow me.

コラム　故事成語1

後世必有以酒亡国者

（後世《こうせい》、必《かなら》ず酒《さけ》を以《もっ》て国《くに》を亡《ほろ》ぼす者《もの》有《あ》らん）

「後世、必ず酒で国を滅ぼす者が出るだろう」

酒が国を滅ぼした例を考えると、絶対君主制の時代は、その君主が酒に溺れれば、国が滅びることになるのは想像できる。

中国の神話の時代は、あらゆる物が初めて作られている。火、文字、楽器、耕作、医薬などだが、酒もそのひとつ。この言葉は、まだ酒がなかった時代、堯、舜のあとを継いだ禹の時代のことである。

それまで、飲み物は醴酪《れいらく》（乳と甘酒で作った、酸味のあるうすい酒）しかなかったが、この頃、儀狄《ぎてき》という男が初めて酒を作った。禹は飲んでみて、そのうまさに驚き、言った。

「後世、必ず酒で国を滅ぼす者が出るだろう」

禹はそれからというもの、儀狄を遠ざけるようになった、という。

禹の予想は当たり、『十八史略』では、子孫の桀王が「酒池肉林」の宴を開き、民心が離反し、ついに夏王朝は、殷の湯王に滅ぼされた、とある。

なお、『史記』では、「酒池肉林」は殷の紂王としている。いずれにせよ、酒は少量に抑えれば「百薬の長」になるが、酒に飲まれてしまえば国をも滅ぼす、というのは間違いない。

▲禹王城（山西省夏県）

▲禹王城（倪小軍氏によるドローン撮影）

まず自らの徳を高める

06

妖《よう》は徳《とく》に勝《か》たず。君《きみ》、其《そ》れ徳《とく》を修《おさ》めよ。

殷

どんな妖怪もリーダーの徳には勝てません。ですから徳を修めることが最も重要です。

商の天乙（湯王）から数えて九代目の王である太戊《たいぼ》が即位した頃になると、商の国力もいささか衰えを見せ始めます。

ある朝、宮廷の庭に桑と楮《こうぞ》の木が一本の苗から生え、夕方には一抱えになる程に大きく急成長したのを見て、迷信深い当時の人たちは恐れをなしました。

一般の人々と同じように、帝王である太戊も凶事と怯えているのを見て、天乙の宰相で知られた伊尹《いいん》の息子で評判の名高い伊陟《いちょく》が、本項フレーズで諫めます。

太戊はその進言を素直に聞き入れて、天乙と同じように徳を磨くことを決意します。すると2日もしないうちに、怪しい妖気を漂わせていたその木も枯れてしまったそうです。

それ以降、太戊はますます自らの徳を高め、政務に熱心に励んだことから、商の国力は再び増し、繁栄することになりました。太戊は商の中興の祖として「中宗《ちゅうそう》」と号されます。

このエピソードの注目点は、３０００年以上前であっても中国人の能吏は、迷信などを信じない現実主義者であると窺えることです。古代の日本人であれば神のお告げなりと恐れお

漢文 妖不勝徳。君其修徳。

ののいて、ひれ伏したはずです。

中国人はその後の孔子の教えもあり、妖怪や心霊現象のようなものに対しては否定的です。中国人女性相手に「オーラが見えますよ。温かいピンク色ですね」などと尤もらしいことを語り掛けても、視力が悪いか頭がおかしいか、詐欺の類かと疑われて高笑いされるだけでしょう。魏晋南北朝《ぎしんなんぼくちょう》時代から唐の時代にかけての中国では、迷信や怪談のような話が好まれたそうですが、そういった感覚は現代にまではあまり伝わっていません。これは共産主義のせいではなく、今から1000年くらい前から流行らなくなっているようです。それだけ現実の世界で生き残るのが、厳しく過酷な社会であったせいなのかも知れません。

徳を修めることによって、迷信を打破することが出来るというのは、如何にも中国人らしい発想です。徳はそれ程までに大切な要素であるということですが、日本人では思いもしない思考法ではないでしょうか。

神仏や縁起を尊重する心は大切ですが、頼り過ぎるのは禁物です。

徳は、多様な人格的能力に加えて、個人が備える気質からなるものです。

バランス感覚を持った精神の安定性、経験や訓練によって磨かれる善き性質によって、徳の高いとされる人は、大勢の人々から尊敬や信頼を勝ち得て、人間関係を築いたり、組織を円滑にマネジメントしたりすることが出来ます。

儒教で徳が大いに強調される以前から、長い年月によって培われた善き性質、即ち徳が、共同体や組織マネジメントに極めて重要であると古代中国の人々は喝破していたのでしょう。

英訳 A monster cannot stand virtue. Thus, and an effective leader must cultivate such virtue.

07

先王《せんおう》、徳《とく》を耀《かがや》かして兵《へい》を観《しめ》さず。

力に頼りすぎるというリスク

先代の王は徳を高めて民を心服させ、兵力を示して威圧することはありませんでした。

周

中宗太戊《ちゅうそうたいぼ》によって再び国力を増した商（殷）も、それから数代を経た帝辛《しん》（紂《ちゅう》王）の代に滅亡してしまいます。帝辛は初めは有能なリーダーでしたが、やがて国政を疎かにするようになり、夏の桀王と同じく暴政を行うようになりました。

有力諸侯の一人である西伯昌《せいはくしょう》（周《しゅう》の文《ぶん》王）に人望と支持が集まり、その息子の武《ぶ》王は太公《たいこう》望呂尚《ぼうりょしょう》や周公旦《しゅうこうたん》などの名臣を従えて、遂に「牧野《ぼくや》の戦い」で紂王を破り、殷を滅ぼして周を建国します。紀元前1000年頃の話です。

以来、夏の禹王、殷の湯王、周の文王と武王は、理想の「聖王」として中国では崇められ、夏の桀王と殷の紂王は「桀紂《けつちゅう》」と一括りにされて、「暴君」の代名詞となりました。

周王朝の五代目である穆《ぼく》王は、8頭の駿馬を持っていました。一夜で何千キロも走ったり、光よりも速く駆けたり、雲に乗って飛んだり、翼を持っていたりなど、神話も顔負けの凄い馬たちに跨って穆王は、天下を駆け巡ります。また穆王は古代中国における女神ともいうべき仙女である西王母《せいおうぼ》に会いに、西方の果てまで出かけて、西王母と3年間も毎日宴会を楽し

漢文 先王耀徳不観兵。

みながら逗留したという伝説の持ち主です。

その穆王はある時、国境の西に住む異民族である犬戎《けんじゅう》を征伐しようと兵を集めます。すると重臣の一人が進み出て、本項フレーズで諌めました。

武力で殷を倒した初代の武王の後、成《せい》王、康《こう》王、昭《しょう》王と歴代の王たちは軍をみだりに動かさず、天下に太平をもたらしていたと説きます。しかし、歴代の先王たちは力を誇示せず、徳によって人々や異民族を心服させたという美談など、血気盛んな穆王の耳には入りません。

犬戎を自ら征伐に赴いた穆王は、結局は4匹の白狼と4匹の白鹿を生け捕りにしただけで、虚しく都へ帰って来ました。これ以降、遠方の異民族からは貢物も来なくなり、諸侯たちも穆王に不信感を抱くようになり、周王朝の威厳も衰え始めます。

意気軒高で強気で才気に走りやすいリーダーは、現代の企業においても良く見掛けます。オーナー企業の創業者の息子である二代目社長、オーナーに抜擢された米国帰りのＭＢＡ保持者《ホルダー》、外資系を渡り歩く経営者など、浮ついたままで本領を発揮することなく消えてしまうケースも多々あります。個人的な能力が極めて高い人物が多いだけに、実に勿体ない話です。

人の意見に耳を傾けること、己の力は過信せずに隠すこと、控え目で謙虚であること、そして何よりも権力ではなくその人格と人柄で誰をも心服させるように努めること、これは叩き上げでなく運によって、組織のトップの地位に就く者が心掛けなくてはならない鉄則です。

決して世襲や抜擢・スカウト人事を否定するつもりはありませんが、地道にトップの地位に登り詰めるための努力や忍耐を持つことこそ、徳を輝かせる第一歩のようです。

英訳 Early wise Kings showcase their virtue, not their military might.

コラム　故事成語2

玉杯象箸（玉杯象箸《ぎょくはいぞうちょ》）

贅沢な要求が抑えられなくなることを言う。

殷の紂王は、頭の回転が速く、動作も敏捷で、猛獣と素手で戦うという剛力の持ち主だった。頭の回転が速いので、諫言する臣下を簡単にやり込めるし、非行も言葉で言いくるめてしまう。

彼は初めて象牙の箸を作った。これを聞いて、叔父の箕子《きし》が嘆いた。

「箸を象牙にしたら、これまでの土器の食器では満足できないし、杯も玉製にするだろう。玉杯に象牙の箸とくれば、野草の吸い物、粗末な着物、茅葺きの家といった質素な生活とはおさらばだ。錦の衣を重ね、壮麗な宮殿に住み、それに見合うものを求めていくと、天下の富を集めても、足らなくなるに違いない」

人間の欲望は限りがなく、贅沢な物をちょっと集めると、さらに贅沢は広がっていくというわけだ。資金に限りがあって、そこでやめられればよいが、無理に資金を作り出すところから悲劇が始まる。絶対君主が「玉杯象箸」を始めると、苦しむのは税を払う庶民となる。

なお、『**韓非子**』喩老篇では、「象箸玉杯」となっている。韓非は同篇で、「禍《わざわい》は、足《た》るを知らざるより大なるは莫《な》し」と言っている。つまり、「満足を知らないのが最大の不幸せだ」と言っている。

コラム　人物2

太公望《たいこうぼう》（紀元前11世紀頃）

太公望呂尚《りょしょう》は東海のほとりの人である。年老いるまで貧乏暮らしをしていた。周の国で、魚釣りをしていた時の、こんなエピソードがある。

あるとき、周の西伯《せいはく》が猟をしようとして占いをした。すると、

「龍にあらず、蛟《みずち》にあらず。熊にあらず、羆《ひぐま》にあらず。虎にあらず、豹にあらず。獲物は覇王の補弼の臣」

と出た。西伯が猟に出かけると、渭水の北岸で釣りをしていた呂尚に出会った。呂尚と話をするとすっかり興味を惹かれた。

「先代の太公のころから、『まもなく聖人が現れ、周の繁栄を導く』と言い伝えられていたが、あなたこそきっとその人に違いない。太公はあなたのことを長いあいだ待ち望んでいました」

こう言って、太公が待ち望んでいた人ということで、呂尚に「太公望」と号を与え、車に同乗させて帰ると、軍師に任じた。ここから日本では釣り人を太公望と呼ぶようになった。

さて太公望は、西伯（文王）、武王と仕え、武王が殷を「牧野の戦い」で滅ぼし周を建国すると、その軍功によって斉に封じられた。

呂尚の著書とされる兵法書である『六韜《りくとう》』『三略』は、漢を建国する劉邦を輔佐した軍師の張良に重んじられた。

権力がもたらす錯覚の罠

08

民《たみ》の口《くち》を防《ふせ》ぐは、川《かわ》を防《ふせ》ぐよりも甚《はなは》だし。

人々の口を塞ぐのは、川の水をせき止めるより難しく危険である。

周

周の穆《ぼく》王の後、共《きょう》王、懿《い》王、孝《こう》王、夷《い》王と続いて厲《れい》王が即位します。厲王は驕り高ぶり奢侈を極めて、暴虐非道の政治を行います。まさに「桀紂」の再来です。

厲王に諫言する者が増える中、王は衛《えい》の生まれの巫女を寵愛するようになります。「王を非難している」とその巫女が名指しすれば、身分の上下にかかわらず告発された者は直ちに捕えられて処刑されました。

人々は嫌疑を受けることを恐れて、道で行き交っても余計な口をきかないように、アイコンタクトで危険を知らせ合う程の恐怖政治が敷かれるようになります。

「余の力を恐れて、民が王の悪口を言わなくなった」

と厲王は満足します。すると重臣の召公（召公奭《せき》の子孫）が、本項フレーズを述べてから、

「水の流れが塞がって堤防が切れれば、必ず大きな被害を招きます」

と忠告をします。勿論、王は聴き入れません。

そうこうする内に国力が衰える中、民衆の不満が頂点に達した紀元前824年、遂に怒り

漢文 防民之口、甚於防川。

狂った民衆が暴動を起こして、王宮に侵入して厲王を殺害しようとします。厲王はかろうじて王宮を脱出して、黄河の彼方へと逃げ去ります。

王が不在になった宮廷において、宰相の地位にあった周《しゅう》公と召《しょう》公の二人が王に代わって政治を行います。14年間に亘って善政が行われ、君主なしで有力な賢人たちが、共に和す、つまり協力して合議による公正な政治体制を後《のち》に「共和《きょうわ》」と称されるようになりました。

後にこの故事から、リパブリック（Republic）の訳語として「共和国」としたのは、日本で初めて世界地図を紹介した箕作省吾《みつくりしょうご》です。幕末の著名な蘭学者の箕作阮甫《げんぽ》の養子です。「共和国」に相当する中国語は元々「民国」でしたが、現在の中国大陸ではご承知の通り、中華人民共和国として、日本人が考えたこの和製漢語が国号に採用されています。

本項にある「民」は国王にとっての一般大衆ですが、企業、行政機関、非営利団体にとってみれば組織を構成するメンバーであったり、一般消費者《エンドユーザー》であったり、協力業者や下請けであったり、資金支援者や株主であったりする利害関係者《ステークホルダー》に相当するでしょう。

現代の組織においては、大勢の利害関係者が複雑に絡み合っています。その人たちの目をかいくぐって、密室で不正を行うことは難しくなっています。ＩＣレコーダーなどでオフレコの発言もいとも簡単に晒され、様々な形で情報が漏れる時代です。

しかしながら、高い地位や権力のある人たちが、自分だけは別だと勘違いを起こして、自らを滅ぼすことは未だに絶えません。組織のトップであるリーダーたる者は、非難や誹謗中傷に耐える力を備えると共に、トップの地位にある時には不断の覚悟が必要だということでしょう。

英訳 It is more difficult and dangerous to silence the people than to dam up a river.

09

引き際を誤ることの悲劇

久《ひさ》しく尊名《そんめい》を受《う》くるは不祥《ふしょう》なり。

長い間に及んで名声を得ることは不吉の前兆である。

春秋戦国 呉

周の厲《れい》王が紀元前828年に異郷で崩御《ほうぎょ》（帝王が亡くなること）すると、息子の宣《せん》王が即位します。宣王は共和政治の時代の賢臣を厚く任用したことから、周王朝は復興します。

しかしながら、その息子の幽《ゆう》王が即位して3年後、褒似《ほうじ》という美女を寵愛して政治を顧みず、反乱によって殺害され、周は紀元前771年に滅亡します。現在の西安から東方の洛陽に逃れた息子が、諸侯の力を借りて、平《へい》王として翌年に周を再興します。

周はこの時を境に「西周《せいしゅう》」と、平王の建国した「東周《とうしゅう》」に分けられます。一般的に紀元前770年に東周が建国されてから、紀元前221年に秦が中国大陸を統一するまでの約550年間が、春秋戦国時代と呼ばれます。

東周は紀元前256年まで存続しますが、中国大陸全土で人口も増え、経済も社会も大いに発展したことから、各地で国々が栄えます。魯《ろ》、衛《えい》、晋《しん》、鄭《てい》、曹《そう》、蔡《さい》、燕《えん》、呉《ご》、斉《せい》、宋《そう》、陳《ちん》、楚《そ》、秦《しん》の13の大国をはじめとして、200を超える小国が相争う群雄割拠の時代となります。奇しくも競争が文明のみならず、豊かな思想的な文化を進化させることにもなりました。

漢文 久受尊名不祥。

周の王室の一門が治める呉は、現在の江蘇省あたりにあった国ですが、豊かな大地を背景に国力を増して、隣国の越《えつ》と争い始めます。38年間に及ぶ宿敵同士になります。後に『孫《そん》子《し》』に「呉越同舟《ごえつどうしゅう》」の故事を言わしめた程です。「呉越同舟」とは、

――仲の悪い者同士でも敵味方でも同じ船に乗り合わせて、暴風に襲われて船が転覆した時には、恩讐を忘れて互いに助け合うに違いない。

孫子（孫武）が仕えた呉王の闔閭《こうりょ》は隣国の楚と争いを繰り返す中、遂に楚の都を落とした時、隣国の越王允常《いんじょう》に攻められます。呉王は引き返して何とか撃退したものの恨みは残り、10年後に允常の息子の勾践《こうせん》が越王に即位するや呉に攻め込みます。越王の重臣である范蠡《はんれい》の奇策によって呉王闔閭は敗れます。

父の仇を打つべく呉王夫差《ふさ》は、伍子胥の補佐を受けて富国強兵に努め、遂に越を攻めて勾践を捕えます。范蠡の工作で勾践は助命されますが、今度は勾践が呉に復讐を誓います。やがて呉王夫差が斉を討って更に晋と覇権を争っているその隙に、国力を密かに蓄えた越王勾践は呉に攻め込み、太子や大臣らを処刑して積年の屈辱を晴らしました。

4年後の紀元前473年、現在の蘇州にあった呉の都が越によって攻め込まれ、呉王夫差は降伏します。使者を越王に遣わして、自分が勾践の命を昔に助けたことを陳情します。すると越王の重臣である范蠡は、呉王はあの時に越王を処刑することが出来たことに触れ、

――天から授かった機会を逃したので、呉が今日のようになりました。越王は22年間の苦しみをお忘れですか。

英訳 It is a harbinger of danger to be famous for a long time.

と強く諫めますが、勾践は呉王夫差を遠流とします。それを聞いて恥じた呉王は自裁しました。

呉を滅ぼした越王勾践は、やがて各国から覇者（周王の代理たる諸侯中の諸侯）と認められて有頂天になります。長年に及んで越王に仕えた范蠡は、

——**越王の人相は頸が長く、口は鳥の嘴《くちばし》のように尖がっている。苦難を共に出来ても、安楽は共に出来ない。**

として、一族郎党を率いて越を去って斉に移住します。名を変えて商売を始めたところ大成功を収め、斉王は范蠡を宰相に任じます。立身出世も極まった范蠡はこう前置きしてから、「久しく尊名を受くるは不祥なり」という本項フレーズを述べます。

過去の経験から、長い間に亘って有名であることは、知らぬうちに妬みを買ってしまうものだから危険であるという訳です。范蠡は宰相を辞退して、斉から脱出します。

才能のある人物が晩節を全うするためには、成功の頂点にある時に身を引くという「引き際」が大切であるというのは、2000年以上前からの変わらぬ秘訣であるようです。

コラム　人物3

伍子胥《ごししょ》（?～紀元前484）

春秋時代末期の呉の重臣。父の伍奢《ごしゃ》は楚の重臣だったが、平王から妬まれ、長男とともに殺された。伍奢の次男である伍子胥は楚から鄭、そして呉に逃れ、呉の公子である光《こう》に仕えた。公子光に野心があると見抜き、専諸《せんしょ》を推薦し、自分は時節の到来を待った。

呉王僚への王位継承に不満を抱いていた公子光は、呉王僚を宴席に招き、専諸を刺客にたて、呉王僚を殺害した。王位に即いた光は闔廬《こうりょ》と名を改め、伍子胥を陪臣として重用した。

伍子胥は、将来楚への攻撃に備え、孫武を登用するように闔廬に薦め、孫武は将軍として迎えられた。孫武は兵法書『孫子』の著者である。

やがて機が熟すると、伍子胥は孫武とともに楚の攻撃にかかり、楚の都郢《えい》を陥れた。

伍子胥は、平王の墓を暴き、平王の死体に鞭打って、恨みを晴らした。「死者に鞭打つ」という語源である。友人の申包胥《しんほうしょ》がこの行為を批判すると、「日ぐれて途遠し」と応えた。

やがて、越を攻めるが、闔廬が矢傷がもとで亡くなり、夫差が後を継いだ。この時、闔廬から夫差は「勾践が父の仇であることを忘れるな」と言い渡された。夫差は、朝晩に薪に寝起きして、復讐の念を新たにした。

こうして夫差はついに越王勾践を破った。会稽山に逃れた勾践は、和議を申し出た。伍子胥は反対するが、夫差は勾践を許してしまった。今度は勾践が復讐を誓い、帰国すると、自分の部屋に干した胆を吊るし、常にそれを嘗めて苦さを味わい、呉への復讐を誓った。「臥薪嘗胆」の故事の出典である。

伍子胥は越から賄賂を受け取った重臣の讒言を受け、ついに夫差から死を賜った。伍子胥は、自ら首を刎ねて死んだ。

やがて呉は越に敗れ、夫差は自殺した。

リーダーたる者の度量

10 天《てん》は高《たか》くして卑《ひく》きに聴《き》く。

天帝は高いところに居ながら、下界の人々の言葉を良く聴いているものです。

春秋戦国 宋

春秋戦国時代の諸国の一つである宋《そう》は、周に滅ぼされた殷の紂王の異母兄で、義人と知られた微《び》子《し》啓が周公旦によって封ぜられて、殷の遺民を治めたことに始まります。小国ながらも前王朝の末裔ということで、最高位の公爵の位を与えられていたプライドの高い国でした。

数代を経て襄《じょう》公が宋公となり、諸国と天下を競い合います。紀元前６３８年、襄公が楚の成王と戦った際、楚の大軍が河を渡り切るのにモタモタしているのを見た宋の宰相である目《もく》夷《い》が、「まさにチャンス」と先制攻撃を主張します。それを悠然として抑えた宋の襄公は、

――**君子不困人於阨。**（**君子《くんし》は人《ひと》を阨《やく》に困《くる》しめず**）。

「人が困っている時に付け込むような非情なことはしない」と宣言しますが、渡河に成功して戦闘態勢を整えた楚に大敗してしまいます。

人々はこれを「**宋襄《そうじょう》之《の》仁《じん》**」と呼び、必要の無い情けを掛ける愚として嘲笑しました。

その襄公から五代を経て、景公《けいこう》が宋公となります。

ある年、夜空に災いをもたらすと信じられていた火星が、占星術でいうところの心宿《しんしゅく》とい

漢文 天高聴卑。

う位置に現れます。不吉だと景公は自分の身に不安を覚えます。すると、

「災厄から逃れたいならば、占術で大臣に転嫁してしまえば良いでしょう」

天文と占星を司る子韋《しい》という役人が進言したところ、景公は即座に却下します。

「大臣は国にとって大切な人物なので、とても災難など押し付けられない」

「では一般の人々に転嫁しては如何でしょうか」

と続けて子韋は提案しますが、景公は首を縦に振りません。

「人々あってのトップではないか」

「ならば歳月に転嫁を致しましょう」

子韋は重ねて提起しました。景公は次のように答えました。

「歳月に転嫁すれば、必ず飢饉が起きる。そうなれば人々が苦しむことになる。私は人々のためにトップの位にある」

これを聞いた子韋は膝を打って本項フレーズを述べて、景公を讃えます。

「天帝は地上にいる善人には福を与え、悪人には禍を与えるものです。公は人の上に立つ者として三つの善いことを仰いました。天帝はこれを聴いて感心なさっているはずです」

そこで子韋が早速に天文を観測すると、火星は心宿の位置から少し移動していたそうです。

この占星術の真偽は別にして、いつどこで誰が見ているか聞いているかも分からないので、リーダーたる者は、常に邪心なく正々堂々と振舞えるように心掛けなければ、組織のメンバーを惹きつけて任務を果たすことが出来ないという訳です。

英訳 Heaven always hears what people say.

マネジメントの原則を知る

11 夫《そ》れ政《まつりごと》は簡《かん》ならず易《い》ならずんば、民《たみ》近《ちか》づく能《あた》わず。

春秋戦国　魯

マネジメントは簡単明瞭でなければ、現場やエンドユーザーと距離が出来てしまう。

周公旦《しゅうこうたん》は、周の文王の四男で、武王の弟にあたります。父と兄を良く扶《たす》け、太公望《たいこうぼう》呂尚や召公奭《しょうこうせき》と並んで、周王朝の建国の功臣となります。

曲阜《きょくふ》に封じられて魯公となりますが、周が建国されて間も無くして武王が病に倒れたため、息子の伯禽《はくきん》に魯を治めさせ、周公自らは都の鎬京《こうけい》（現在の西安市郊外）で、国政を担います。更に武王が崩じて幼い成《せい》王が即位すると、周公は召公と共に摂政となり、「礼」を定めて国の安定に尽くします。私心の無い政治を行ったとして、周公は後に孔子が尊敬した程、古代中国における理想の№2でした。

周公は息子が魯に赴く際に、王の叔父にして最高権力者の地位にある自分でも、人が面会に訪れたと聞けば、髪を洗っている最中や食事中であっても直ちに中断して対応することが度々あり、それでも天下の逸材を逃しているのではないかと不安を抱いているとリーダーとして留意すべきことを伝えます。そして更に、

漢文 夫政不簡不易、民不能近。

――慎無以国驕人。（慎《つつし》んで国《くに》を以《もっ》て人《ひと》に驕《おご》る無《な》かれ）。

「謙虚な姿勢で組織をバックにして決して人々に驕ってはいけない」とリーダーたる者の心得を伝授しました。幼い成王をしつける際、いつも周公は代わりに息子に鞭を振るって戒めたそうですから、「なんでオレが叩かれるのか」と伯禽はいつも思っていたでしょう。

伯禽が魯に赴いたのと時を同じくして、営丘《えいきゅう》に封じられて斉公（斉も魯も同じく現在の山東省内）となった太公望も領地へ下ります。太公望は斉の地を安定させて、わずか5カ月程で現地事情の報告のため都へ戻り参内します。周公があまりの早さに驚くと、太公望は説明します。

「従来からの習慣を尊重するようにとだけ指示しましたので、民心が直ぐに安定しました」

さすが名軍師です。一方、伯禽は3年経ってから、ようやく都へ上って来ます。報告を聞きながら、どうして時間が掛ったのかと周公が尋ねます。すると伯禽は誇らし気に答えます。

「従来からの習慣を改め、礼も周の新しいやり方に変えるのに3年掛かりました」

そこで政《まつりごと》、即ちマネジメントの秘訣について、本項フレーズで周公は諭します。一般《エンド》消費者《ユーザー》の声を届きやすくすれば、マネジメントで決して誤りを起こさないという訳です。

伯禽はややもすると愚鈍な印象がありますが、周公の厳しい教育のお陰で、実務に長けた真面目な人物だったのでしょう。ベテランの太公望とはマネジメントの経験値が違うのは仕方ありませんが、むしろ3年で治めたのですから、かなり大した手腕です。

新しい部署や会社に赴任した際のマネジメント手法として、現代でもそのまま通用する極めて示唆に富むエピソードです。

英訳 Management must be simple and clear, otherwise it will create distance between the management team and the end-users.

12

謙譲と力を使い分けよ

文事《ぶんじ》あるは必《かなら》ず武備《ぶび》あり。

外交交渉には、必ず武力も備えているものです。

春秋戦国　魯

伯禽を初代とする魯公から数えて二六代目の定《てい》公は、中都の宰《さい》（知事）に孔子を取り立てます。孔子はこの時、52歳、紀元前501年のことです。孔子は名を丘《きゅう》、字《あざな》を仲尼《ちゅうじ》といい、魯の昌平郷（現・山東省曲阜《きょくふ》市）の生まれです。宋の湣《びん》公に連なる家系で、孔子の曽祖父の時代に魯に移り住んで来たと伝わっています。

孔子が礼を整えると、1年もしないうちに国中が落ち着き安定するようになりました。それを見た隣国は、魯の礼の真似をするようになります。そこで定公は孔子を司空《しくう》（大臣）に進め、やがて大司寇《だいしこう》（最高裁判所長官と検察庁長官を合わせたような役職）にまで任じます。

ある時、魯の定公が隣国の斉の景公（太公望の子孫）と国境近くで会うことになりました。その際に本項フレーズで進言し、油断せずに屈強な護衛兵を連れていくように提案します。

複数の諸侯同士が表向き対等の立場で集まって、盟約を結ぶことを「会盟」といいました。和平の会盟の時に諸侯たちは、生贄となる牛などの家畜の耳から採った血を互いに飲み干して、盟約を守るという誓いの儀式を行いました。この時に、最も有力な者が最初に牛の耳

漢文　有文事者、必有武備。

に刀を入れることから、「牛耳《ぎゅうじ》を執《と》る」、転じて「牛耳《ぎゅうじ》る」という言葉が生まれました。

諸侯同士が集まる場は、現代の国家首脳同士の会議や企業経営者たちの会合以上に、極めて緊張したやりとりが成される場でした。一国の首脳陣が目の前にいる訳ですから、一網打尽にして血祭りにあげて、一気にその国を攻め取るようなこともあったからです。

さて魯の定公も斉の景公と会合し、儀式も無事に終わってから、斉の役人たちは宴のためにと称して、異民族の楽団による舞踊を見せたいと申し出ます。武装した姿のままで太鼓や銅鑼を鳴らす異民族の舞は、まるで酒に酔ってドンチャン騒ぎのようです。斉は、どさくさ紛れに魯公や高官を暗殺しようと試みたのでしょう。

「大国同士の神聖な会合に、異民族の音楽や舞など失礼ではないか」

と孔子は詰め寄ります。斉の景公は恥じ入り、一度は異民族の楽隊を退かせますが、今度は斉の役人が斉の宮廷の楽団を招き入れます。もしかすると、即席の暗殺団だったのかも知れません。これを見た孔子は、

「身分の低い者の下品な舞などを重要な場で諸侯のお目に入れるとは、法に則して死刑だ」

と叫ぶや、役人に命じて斬り殺してしまいました。その迫力に押された斉の景公は、

「魯ではリーダーの道を以てトップを補佐する人財がいる。我が国は一体どうしたことだ」

と面子丸潰れだと嘆いて、以前から占領していた三つの都市を魯に返還して非礼を詫びます。

謙譲な態度で相手を尊重しながらも、秘めたる力は時折しっかりと見せつけるというやり方は、交渉を有利に進める上で、現代のリーダー同士での会議でも極めて効果的です。

英訳 An effective leader who knows the importance of culture is already well-armed.

13

ブレない信念を持て

容《い》れられざるを何《なん》ぞ病《うれ》えん。然《しか》る後《のち》に君子《くんし》を見《み》る。

春秋戦国　魯

受け入れられないからといって、何で気にする必要があるでしょうか。それでこそリーダーたる者であるという証《あかし》です。

孔子は子供の頃から葬式ごっこをして遊ぶ程、冠婚葬祭にかかわる作法が好きで、それも失われた理想の時代である周の礼制、即ち周公旦が定めた「礼学」を第一としました。孔子は自らがまとめた教えを「儒教」とし、周の礼法に自分自身で開発した儀礼や作法を大幅に加えた「礼学スクール」は、当時の若者たちを惹きつけます。孔子は自身の栄達には不遇でしたが、一時は３０００人以上にも上る弟子たちに恵まれました。

魯の大司寇として多くの実績を上げましたが、既得権のある重臣たちからの反発を余儀なくされて辞職し、魯を去って弟子と共に遊説の旅に出ます。自動車、鉄道、飛行機がない時代、国から国への大移動です。結果として14年にも亘る放浪の旅となります。

一国を任されるような仕官のチャンスを求めて諸国を回りますが、孔子にアドバイスを求める諸侯はいたものの、その提言が採用されることはありませんでした。孔子を恐れる各国

漢文 不容何病。然後見君子。

の重臣たちから様々な嫌がらせや妨害工作もあり、不遇がこれでもかと続きます。

大国の楚が孔子一行を迎え入れようとします。その情報を密かに入手した小国の陳《ちん》と蔡《さい》の大臣は、大変なことになると、孔子一行を始末しようとして兵を出します。その危機一髪の時、

「自分の説く道が悪かったから、今日の事態を招いたのであろうか」

と孔子が嘆くのを聞いて、一番弟子の子貢が、

「先生の教えは気宇壮大過ぎるので、ついて来られない世間が受け入れないのです」

と答えると孔子の愛弟子の顔回《がんかい》が、本項フレーズで孔子を励まします。この時は楚の昭王によって救出されますが、結局、楚の重臣たちにも邪魔されて楚でも仕官が叶いませんでした。

魯に戻った孔子は著述と教育に専念し、魯の歴史を『春秋《しゅんじゅう》』としてまとめ、多数の詩を三〇五篇に分類して編集しました。孔子の死後、その言行は弟子たちによって『論語』としてまとめられ、中国社会のみならず東アジア世界に多大な影響を今日まで与えています。

目先の利益の積み重ね無しに企業経営を行うことはナンセンスですし、高い地位を得なければ、世の中に影響力を行使することも出来ません。そのために、世の中に自分を合わせることも現実的な選択です。

しかしながらリーダーたる者は、孔子のように世に認められずとも、己《おのれ》が信じる道を貫き通して、弟子たちに尊敬の念を与える謙虚な気持ちを失ってはいけないものです。

英訳 Even though you are not accepted, do not worry. It is clear that you are an effective leader.

自然体で生きているか

14 良賈《りょうこ》深《ふか》く蔵《おさ》めて虚《むな》しきが若《ごと》くし、君子《くんし》は盛徳《せいとく》あって容貌《ようぼう》愚《おろ》かなるが若《ごと》し。

春秋戦国 魯

賢い商人は高価で良い本物の品は倉庫の奥深くしまっていて、外からは何を持っているか窺い知れない。リーダーは自らの徳を表にひけらかさないので、一見すると愚か者にしか見えない。

若い時の孔子が老子に師事したという伝説があり、あながち嘘ではなさそうです。孔子は「礼」について教えを乞うと、老子は本項フレーズで答えました。

老子《ろうし》の本名は李耳《りじ》、楚の生まれで、周に仕えて図書館の役人をしていたと『史記』に記されています。当時としては最高の知識と智慧の宝庫に囲まれていたので、古来の周の礼法についても精通していました。

老子は道教《どうきょう》の始祖とされ、「太上老君《たいじょうろうくん》」とも呼ばれて神格化されています。

東洋哲学の開祖と見做されている老子のことは、あまり詳しく記録も残っていないことから、その実在が疑問視されています。文字通り「物事に通じている年長者」という意味ですので、孔子と同じように単数形ではなく、「先哲たち」と複数形で理解しても良いでしょうし、

漢文 良賈深蔵若虚、君子盛徳容貌若愚。

古代からの様々な知識が一人物に集約されていると認識しても良いでしょう。

「老子とはどのような方ですか」と弟子に尋ねられた時、孔子は次のように答えています。

――走る獣なら網を張って捕えることが出来るし、泳ぐ魚なら釣り糸を垂れて釣ることが出来る。飛ぶ鳥なら網で捕獲することが出来る。

と前置きしてから、老子は龍と同じ存在だと孔子は説明します。

――龍については私は何も知らない。どうやって捕まえて良いのかも見当がつかない。なぜなら龍は風雲に乗じて天に上り、空高く自由に飛び回っている。今、老子のことを思えば、それはまさに龍のようであり、その偉大さを言葉では説明することが出来ない。

書物である『老子』、正確には『老子道徳経』は、上篇（道経）三七章と下篇（徳経）四四章の八一章で構成されています。文字数で５０００余字でしかありません。

『**上善如水**《じょうぜんじょすい》』『**大器晩成**《たいきばんせい》』『**天網恢恢**《てんもうかいかい》』『**天地長久**《てんちちょうきゅう》』『**無用之用**《むようのよう》』『**和光同塵**《わこうどうじん》』などの四字熟語は、『老子』を出典としています。

老子は周が徳を失って衰退していく様《さま》を見て、官職を辞して仙人となるべく西方へ旅に出ます。函谷関《かんこくかん》を通ろうとする時、老子を尋常ならざる人物であると見抜いた門衛兵の尹喜《いんき》は、

「世間から隠れなされるのなら、是非とも私のために教訓となる教えを書き残して下さい」

と懇願しました。こうして老子の思想が、書物として残ることになりました。

自然体で謙虚であることが、リーダーたる者の本分であると老子は説いています。

英訳 A wise merchant places his valuable article deep in his warehouse, while a wise leader places his brilliant nature deep in his heart.

15

リーダーは気高くなければならない

君子《くんし》は死《し》すとも冠《かんむり》を免《ぬ》がず。

リーダーたる者は死んでも冠は脱がないものだ。

春秋戦国　衛

春秋戦国時代の末期、諸国が全て秦に滅ぼされた後でも、既に秦の属国となっていた衛《えい》だけはなぜか始皇帝は特例で残し、二世皇帝の時代になった紀元２０９年になって衛君角《かく》が庶民に落とされるまで存続しました。

衛は、周の武王と周公旦の同母弟である康叔封《こうしゅくほう》を始祖としています。

武王が崩じて幼い成王《せいおう》が立ち、周公旦が摂政となった際、周公旦の異母弟で康叔の兄にあたる管叔《かんしゅく》と蔡叔《さいしゅく》が反乱を起こしました。

周公旦サイドについた康叔は、乱が平定された後、衛に封じられます。衛の領土は現在の河南省のほんの一部でしたが、黄河流域の豊かな先進地帯でした。

紀元前４９７年に官を辞した孔子が、弟子を連れて諸国を14年に及んで転々とすることになった際、初めに滞在したのが衛であり、その後も諸国を回りながらも衛には幾度か立ち寄りましたが、衛の君主は孔子を取り立てることもなく、いつも厄介払いしてしまいます。

孔子には「**孔門十哲《こうもんじゅうてつ》**」と後世に呼ばれる最も優れた10人の弟子がおり、その弟子の中で『論

漢文　君子死、冠不免。

語』に一番多く出てくるのが子路《しろ》です。その子路は孔子が果たせなかった衛で任官します。紀元前480年に衛の太子蒯聵《かいかい》による政変が起きた時、優柔不断な太子に対して子路が厳しい諫言をします。太子は激怒して、部下に子路を殺害させます。もみ合っているうちに、子路の被っていた冠の紐が切れてしまいます。子路は本項フレーズを述べて、紐を結び直してから子路は死にます。君子としての死ぬ気概を今わの際に見せた訳です。

古代中国における君子の冠、日本の公家の烏帽子、同じく武士の兜、19世紀の英国紳士の山高帽は、現代人が想像することが出来ない程、男のステータス・シンボルでした。

日本の武士は出陣に際しては、「二度と兜を外さぬ決死の覚悟で戦場に臨んだ真の武士」ということをアピールするために、兜の緒を固く締めた後、忍びの緒を切り取りました。そこには格好の良い男の誇りと気高さの証がありました。

少し話は飛躍しますが、ローマのユリウス・カエサルが、14人の暗殺者に23か所も滅多刺しにされて死を悟った時、見苦しくないように着衣のトーガの裾を身体に巻き付けながら倒れる名場面がシェイクスピア劇にあります。織田信長は「本能寺の変」で自らの首を晒されないように業火に身を投げたという伝説もあります。リーダーたる者は、見苦しい様《さま》を見せることがないように心掛けるところに、真の格好良さが生まれます。

さて、哀れなる子路ですが、その遺体が膾《なます》（塩辛の一種）にされたと聞いて孔子は、好物の膾の肉を家から全て捨てさせたという話が残されています。

英訳 An effective leader will never lose his pride unless he dies.

16

優れたトップならではのマネジメント

聖人《せいじん》が人《ひと》を用《もち》うるは、猶《な》お匠《しょう》の木《き》を用《もち》うるがごとし。

春秋戦国 衛

優れたリーダーが人を用いるのは、大工が木を扱うのと同じである。

　孔子の孫である子思《しし》は、孔子の弟子である曾子に師事して儒学者となりました。諸国を回り、衛の国で仕官しました。

　ある時、衛侯が誰を将軍に任ずるのに相応しいかと尋ねると、子思が苟変《じゅんぺん》の名を挙げます。

「苟変は小役人だった頃、住民一人あたりから卵を2個ずつ取り立てて、自分で食べていたような男だから、重職にはつけられない」

と衛侯は退けました。すると子思は本項フレーズに続けて諌めます。

「大きな良材であれば、たとえ少しばかり傷んでいる部分があっても、腕の良い大工は捨てないものです。戦国の世にありながら、僅《わず》か卵2個のために国防の要となる人物を失えば、諸国の笑いものになります」

　そして腕の良い大工のやり方は、

――取其所長、捨其所短。（其《そ》の長《ちょう》ずるところを取《と》って、其《そ》の短《たん》なる所《ところ》を棄《す》つ）。

漢文 聖人用人、猶匠之用木。

「木の良いところを使い、木の悪いところを捨てる」というシンプルな原則で材料を分けて、建築物をつくり上げるように、人財マネジメントもそれと全く同じだと説きます。

衛侯はいろいろなアイデアの持ち主で様々なことを思い付きますが、どれも碌でもないことばかりでした。しかも仕える重臣たちは、暗愚なリーダーの追従者たちばかりです。

「侯は何事においても、ご自分の発案や意見は正しいといつも決めつけられます。重臣たちも誰も悪い点や過ちを直言するものはいません」

と子思は諫言します。衛侯は独断専行のリーダーシップの悪い見本ですが、生き残りをかけた時代にあって、若くて経験の少ない小国の君主としての焦りもあったはずです。

子思の言うことは耳が痛いものの、この衛侯はさすがに処刑したりせずに用いる器量が多少ながらもあったお陰で、衛はその後も永らく存続しました。

孔子には20歳の時に生まれた孔鯉《こうり》という一人息子がいました。孔子が69歳の時に、孔鯉は亡くなりますが、孔伋《きゅう》（子思は字）という息子を残しました。亜聖と呼ばれる孟子はこの子思に学んだと伝えられています。

『礼記』の中にある『中庸』は、子思の著作の一部が転用されていると言われています。

――事予則立、事予則廃。（事予《ことあらかじ》めすれば則《すなわ》ち立《た》ち、予《あらかじ》めせざれば則《すなわ》ち廃《はい》す）。

「何事もあらかじめ準備しておけば困ることはないが、事前に準備するという考えがなければ失敗する」

入念な準備は、リーダーたる者が忘れてはならない大切な心掛けであると説いています。

英訳 The way that an effective leader uses his staff members is similar to the way that a skilled carpenter uses his lumber.

一言の重みを自覚しているか

17 天子《てんし》に戯言《ぎげん》なし。

リーダーたる者に二言はありません。

春秋戦国 晋

周の武王は建国して直ぐに亡くなりましたので、まだ幼い成王が即位します。その成王がある時に弟と庭で遊んでいると、成王は桐の葉で圭《けい》（天子が諸侯を封ずる時に授ける先端の尖った玉で作った細い板）を作って、

「汝《なんじ》を諸侯として封じる」

と告げて弟に圭を手渡します。

成王が宮殿に帰ると、王の記録係である太史《たいし》の佚《いつ》という者が尋ねます。

「任命式はいつ行いましょうか」

「あれは単なる遊びで、ほんの冗談だ」

成王は笑いながら手を振ると、太史は真顔のまま本項フレーズで成王を諭します。トップの地位にある者は、プライベートの時間であっても、戯れやふざけて、軽々しく口を開くものではないという訳です。成王は仕方なく、弟の虞を唐に封じることになりました。

古今東西において、帝王の発言は誤りがなく、神聖なものであるという思想がありました。

漢文 天子無戯言。

また仕える者が主人に対して反論したり、誤りを指摘したりすることは無礼とされました。

それ故に、一度発せられた言葉は、仮に言い間違いであったとしても、この過ちを認めることは帝王の絶対的権威を否定する行為でした。帝王は神と同じ、もしくは神に最も近い存在と近代まで世界中で信じられていました。

現代のリーダーには不可侵な神聖さなどありませんが、酒の席で軽口を叩いたり、冗談を連発し過ぎたりしていると、人間自体が軽く見られてしまいます。

また会議などで発言がコロコロ変わったり、日常業務において取り消しや変更が多くなったりすると、トップとしての信頼性も低くなります。

リーダーたる者は、やはりその責任と同じく、自ら発する言葉も重たいのだと認識しなくてはなりません。物事を良く考えずに言葉を発することは、道理を理解せずに行動するのと同じです。儒教の基本聖典である『五経』の一つである『礼記《らいき》』坊記には、

――**君子約言、小人先言。(君子《くんし》は言《げん》を約《やく》し、小人《しょうじん》は言《げん》を先《さき》にす)**。

「優れたリーダーは何も言わずに実行するが、愚かなリーダーは実行する前に口外する」

とあります。『論語』里仁篇には、

――**君子欲訥於言、而敏於行。(君子《くんし》は言《げん》に訥《とつ》にして行《おこな》いを敏《びん》ならんと欲《ほっ》す)**。

「優れたリーダーは口数が少なく、機敏に行動して実践したいと望むものだ」

と「実践躬行《じっせんきゅうこう》」こそ、リーダーたる者の正しい姿勢であると孔子は述べています。

情報発信のし過ぎではリーダーは務まらず、常に行動によってその言動を示すのが肝腎です。

英訳 An effective leader always keeps his words.

18

覚悟を持ち続けるということ

龍《りゅう》あり矯矯《きょうきょう》たり、頃《しばら》く其《そ》の所《ところ》を失《うしな》う。

龍がいて当初は威勢が良かったが、しばらくして居なくなった。

春秋戦国　晋

中国人は太古の昔から龍が好きです。自分たちは龍の子孫であるとも自称している程です。龍は皇帝のシンボルであり、現代中国でも強いリーダーや逸材の代名詞となっています。

十二支で実在しない動物が辰であることは、現代ならば子供でも知っていますが、古代の中国人たちは空高く舞い上がっている生物なので、普段は見ることが出来ないだけだと考えていました。龍の姿は脊椎動物の背骨だけに見えますので、あれは恐竜の化石を見つけた者が、屍骸から想像して、天空を舞う龍という動物を信じたのが起源だという説があります。

確かに井戸の採掘や治水工事の際に、恐竜の化石が簡単に見つかったりしたのでしょう。実際にゴビ砂漠などを始め、中国では恐竜の化石が今日でもたくさん発見されています。歴史的に化石は漢方薬の原料の一つとして珍重されてもいました。

また昔、黄河や長江などの中国の河川にはワニがいて、絶滅したのではないかという説もあります。言われてみれば、龍は地中だけでなく水中に棲んでいて、雷雲を呼んで竜巻を起こして天に上って、雲を引き連れて雨を降らすというように、水にも深い縁があります。

漢文　有龍矯矯、頃失其所。

人の成長や出世について、古代から中国では龍にたとえることがあります。立身出世のための関門を**「登竜門」**と言いますが、これは流れの急な竜門を上った鯉が龍になるという伝説から生まれました。その竜門は、夏の禹王が黄河の上流で切り開いて作ったものです。『易経《えききょう》』には、**「潜龍《せんりゅう》→見龍《けんりゅう》→乾惕《かんてき》→躍龍《やくりゅう》→飛龍《ひりゅう》→亢龍《こうりゅう》」**と龍の成長と衰亡の六段階についての話が記されています。人の志や成長も龍と同じ段階を踏むとされている訳です。

唐叔虞から二四代目となる晋の文《ぶん》公重耳《ちょうじ》は、公子同士の内紛のために19年間も諸国を放浪した末に晋公となった苦労人です。僅か9年の在位で天下の諸侯を従えて覇者となります。

重耳が晋を脱出した時、狐偃《こえん》、趙衰《ちょうすい》、顚頡《てんきつ》、魏犨《ぎしゅう》、介子推《かいしすい》の五人が従いました。中でも介子推は、一行が曹で飢えた時、自分の股の肉を切り取って重耳に食べさせた程の忠臣です。ところが、文公重耳は晋へ帰国した後、介子推以外の四人には重い恩賞を与えました。介子推は自分の役目は終わったとして、母親を連れて山中で隠遁生活に入ってしまいます。

それを見かねて憤慨した介子推の従者が、宮殿門に本項フレーズを冒頭とする抗議文を貼り付けました。ここでいう龍とは、もちろん文公のことです。自らの不明を恥じた文公は、山中に籠った介子推を探し出すべく、山を焼いたところ介子推は焼死してしまいました。

悔いた文公はその山を「介山《かいざん》」と名付けて、山の一帯を介子推の子孫に与えて祭らせます。先祖供養で紙銭（冥紙）を焼く風習は、この子推の霊を慰めることから始められたそうです。

初めは勢い良くとも終わりは尻すぼみという「龍頭《りゅうとう》蛇尾《だび》」という言葉は、どんなに優れた人物であっても、緊張感の持続が難しいということを示しています。

英訳 There was a proud dragon in our organisation, but it eventually lost everything.

19

重用すべき人財・すべきでない人財

人情《にんじょう》に非《あら》ず。近《ちか》づく可《べ》からず。

人の道に外れるような者をお側に近づけてはいけません。

春秋戦国　斉

周王朝建国の功臣である太公望呂尚は、斉《せい》に封じられました。その後裔である一四代の襄《じょう》公は暴君で、公位継承資格のある弟たちを迫害します。弟の一人である子糾《しきゅう》は、管仲《かんちゅう》を従えて魯へ亡命します。その下の弟である小白は、鮑叔《ほうしゅく》を連れて莒《きょ》へ逃れます。

襄公は従弟の公子無知《むち》に暗殺されますが、無知も家来に殺害されてしまいます。そこで公子小白は斉に戻ろうとしたところ、その兄の子糾も魯公から兵を借りて斉へ帰ろうとします。

子糾を支持する管仲は、斉に入ろうとする小白を待ち伏せして射殺しようと試みます。惜しくも毒矢は小白の帯留めに当たり、小白は死んだふりをして馬車の中で倒れて、そのまま子糾より先に斉に戻って即位して桓公となります。

直ぐに桓公は魯へ派兵して子糾を討ち、管仲も捕えて処刑しようとしますが、管仲の子供の頃からの親友の鮑叔が命乞いをします。

「公が斉のみを統治されるなら、高傒《こうけい》と私で十分です。しかしながら、公がもし天下に覇を唱えられたいならば、管仲を宰相にしなければなりません」

漢文 非人情。不可近。

桓公はその諫言を受け入れて、管仲を許して宰相に任じ、鮑叔はその補佐に回りました。

かつて昔、管仲と鮑叔の二人は、一緒に商売をしたことがありました。儲けを分ける時になって、管仲は鮑叔より余分にとりましたが、鮑叔は管仲を欲張り呼ばわりしませんでした。管仲が貧しいことを知っていたからです。

また、管仲が鮑叔のために良いことをしたつもりが、かえって鮑叔を窮地に陥れたことがありました。しかしながら、鮑叔は管仲を愚か者呼ばわりしませんでした。鮑叔は物事はうまくいかないことがあることを知っていたからです。

さらに、管仲は戦いに出て逃げ帰ったことがありました。だが、鮑叔は管仲を臆病と呼びませんでした。管仲には年老いた母がいることを知っていたからです。管仲は後になって、「私を生んだのは両親だが、私を理解してくれたのは鮑叔だ」と語っています。この二人の固い信頼関係は、「管鮑の交わり」という故事として知られています。

さて、桓公から絶大な信頼を受けた管仲はその期待に応えて、殖産振興で斉を豊かにし、諸国から人財を登用します。菅仲の諫言を良く聴き入れた桓公は、周辺諸国から頼られるようになり、晋の文公に肩を並べる覇者として認められ、斉は最盛期を迎えます。

その菅仲も紀元前６４５年に亡くなります。危篤の菅仲を見舞った桓公が、「誰を後継の宰相にしたら良いか。易牙《えきが》はどうか?」と菅仲に尋ねると即座に、「公の機嫌を取ろうとして、自分の赤子を殺してその肉を料理して差し出した男です」と答えてから、本項フレーズを述べます。すると桓公は続けて尋ねます。

英訳 Do not be close to an unreasonable person.

「開方《かいほう》はどうだろうか？」

「衛の公子でありながら親を捨てて亡命して来て、公の恩寵にすがった者です」

と管仲は述べてから、本項フレーズでまたも退けます。そこで桓公は更に問い質します。

「豎刁《じゅちょう》ではどうだ？」

「出世するために自ら去勢して宦官になった卑屈な奴です」

と遺言しました。しかしながら管仲の死後、桓公はこの三人を重用し、三人は専横を極めます。国は乱れ、やがて公子たちが後継者争いをする中、桓公は死去します。その遺体は棺に納められず、寝台に67日間も放置されたため、遺体が腐って蛆が外へ這い出す程でした。

変な忖度をする者を取り巻きにしたトップの最後は、惨めであると肝に銘じなくてはなりません。

コラム　故事成語3

三年不蜚不鳴（三年《さんねん》蜚《と》ばず鳴《な》かず）

紀元前613年、楚では荘王が即位した。しかし荘王は、3年間、政令ひとつ出さず、日夜飲めや歌えのドンチャン騒ぎを繰り返していた。そして、国中にお触れを出した。

「諫言する者は処刑する」

たまりかねた臣下の伍挙《ごきょ》が荘王に謎をかけた。

「丘の上に一羽の鳥がいて、3年のあいだ、飛びもしなければ鳴きもしません。いったいなんという鳥でしょうか」

すると荘王はこう答えた。

「3年も飛ばないが、飛べば天まで高く飛ぶだろう。3年も鳴かないが、鳴けば人々をびっくりさせるだろう」

臣下の蘇従《そじゅう》も、王の前に出て諫言した。すると荘王は、左手で蘇従の手を取り、右手で剣を抜くと、酒宴のための鐘や太鼓をつるした紐をサッと断ち切った。

その翌日から、荘王は政務に励み、伍挙と蘇従を重用した。3年間、誰が有能な臣下か、誰が無能な臣下かを見定めていたのである。

荘王はさらに賢人として名の高い孫叔敖《そんしゅくごう》を宰相に起用し、ついに覇者となった。

現在では、普通、「鳴かず飛ばず」と使われ、期待されていた人物がその期待にそむいたときに使われている。たとえば、野球のドラフト会議で一位指名を受け、鳴り物入りで球団に入った選手が、何年も「鳴かず飛ばず」で、球団から解雇された、というような場合に使われる。荘王の場合は、いわば雌伏期間のようなもので、その間、酒浸りとなって、無能な臣下をあぶり出した。いわば計画的、積極的な「鳴かず飛ばず」だった。どうせなら、こうありたいものである。

20

慢心は身を滅ぼす元凶

将軍《しょうぐん》、死《し》するの心《こころ》ありて、士卒《しそつ》、生《い》くるの気《き》なし。

春秋戦国　斉

リーダーが決死の覚悟であれば、メンバーは死に物狂いで頑張る。

管仲の遺言に従わず非業の死を迎えた桓公が亡くなってから、斉の国力は徐々に衰えます。遂に紀元前386年、重臣の田和《でんか》が康《こう》公貸《たい》を廃位して公位を簒奪します。周の安王はこれを認めて、田和を新たに斉公に封じます。

田和の孫である斉の威《い》王は、戦国時代随一の名君と言われています。魏で無実の罪を着せられて脚を切断される刑にあった孫臏《そんぴん》が斉に流れて来てから、兵法家としての能力を認めて大将軍に取り立てのは、この威王です。孫臏は『孫子兵法』の著者である孫武の子孫です。

斉の威王を継いだ息子の宣《せん》王もなかなかの名君で、甥の孟嘗君《もうしょうくん》を宰相にして富国強兵を目指し、斉を西方の秦と並び立つ二大強国にまでに押し上げます。

宣王の息子の湣《びん》王の代になると斉は、武力で宋を滅ぼし、諸国を攻めて領土を割譲させ、他国を属国扱いするようになり恨みを買います。そこで遂に満を持した燕が反撃に出ます。

紀元前284年、燕の名将と知られた楽毅《がっき》が斉に侵攻し、莒《きょ》と即墨《そくぼく》の二つの都市を残して

漢文 将軍有死之心、士卒無生之気。

占領された斉は滅亡の淵に追いやられ、湣王は部下に殺害されてしまいます。

燕の包囲に耐える即墨の住民たちは、斉の王族の田単《でんたん》を大将に推します。田単は住民たちと一緒にもっこを担いで城の補修工事をし、妻や娘までも兵士の列に加えます。そして田単は一計を案じます。

城内から牛を1000頭集め、龍を描かせた赤い派手な着物を牛の背にかぶせ、牛の角に刀を括り付け、尻尾には油を染み込ませた藁を結び付けさせます。夜を待ってその尾に火を付けて、城外へ一斉に放ちます。続けて兵士たちも太鼓を鳴らして大声を叫びながら牛を追い立てて、敵陣へ突入しました。後に「火牛之計《かぎゅうのけい》」として後世の軍略家たちから称賛されます。

度肝を抜かれた燕兵は敗走し、勢いに乗った斉は、占領された70の都市を回復し、田単は湣王の息子の襄王《じょうおう》から安平君《あんぺいくん》に封じられます。

田単はその後、狄《てき》を攻めるように命ぜられますが、3カ月たっても陥すことが出来ません。すると賢人で知られた魯仲連《ろちゅうれん》という者が、即墨の防衛戦の際、田単が「国が亡べば、行く所がない」と決死の覚悟を示したので、皆が奮い立ったと本項フレーズで説きます。

「安平君は広大な領土を持ち、宴会に日々明け暮れ、贅沢をなさっているので、生きることばかり考えて死ぬ覚悟がありません。だから勝てないのです」

という直言にハッと我に返った田単は、翌朝から矢玉が乱れ飛ぶ最前線に出て、自ら太鼓を叩いて兵士を鼓舞して指揮をとると、猛攻に耐えかねて狄は間も無くして降伏しました。

どんなに優れたリーダーであっても、初志を忘れて慢心することがあるという戒めです。

英訳 The members of an organisation become desperate if their leader is desperate.

困難な選択を全うする

21 死《し》するは易《やす》く、孤《こ》を立《た》つるは難《かた》し。

死ぬのは簡単だが、孤児を盛り立てていくことは難儀なことだ。

春秋戦国 趙

戦国時代に相争った秦と趙の君主は、実は「嬴《えい》」という姓の同族でした。夏《か》の禹《う》王の治水を助けた伯益《はくえき》の子孫に蜚廉《ひれん》という殷の紂《ちゅう》王に仕えた将軍がいましたが、その長男の悪来《おくらい》の子孫が周の孝王に秦に封じられ、三五代目の子孫が秦の始皇帝となります。蜚廉の次男である季勝《きしょう》の曽孫である造父《ぞうほ》は、馬の御者としては天下一の名人と言われて周の穆《ぼく》王に仕え、功によって趙《ちょう》城に封ぜられたことから、子孫は「嬴」から「趙」に姓を改めました。

趙造父の子孫である趙夙《ちょうしゅく》という者が、春秋時代に晋の献《けん》公に仕えて卿《けい》（大臣）となります。その息子の趙衰《ちょうすい》は、晋の後継争いに敗れた公子重耳に従って19年間にも及んで諸国を放浪しました(第18項)。趙衰は紀元前636年、重耳が晋に帰国して文公となると、その娘婿となって覇業を助け、周の襄王からは「伯」の爵位を賜ります。

趙衰の息子の趙盾《ちょうとん》は晋の正卿《せいけい》（宰相）に任ぜられ、文公の孫の霊《れい》公を補佐します。やがて両者は対立するようになり、霊公は趙盾を暗殺しようとしますが、逆に趙盾の従弟によって霊公が殺されてしまいます。そこで趙盾は霊公の叔父の成《せい》公を後継に据え、趙氏一族は晋の

漢文 死易、立孤難耳。

実権を握って繁栄します。

成公の次の景公の時、趙盾の息子の趙朔《ちょうさく》の妻である荘姫《そうき》（成公の娘）が不貞を犯します。趙朔にそれを咎められた腹いせに、妻は「趙朔一族に謀反の兆しあり」と景公に訴え出ます。景公は屠岸賈《とがんか》（屠岸が姓）に趙氏の粛清を命じます。紀元前597年、趙朔は一族と共に皆殺しになりました。しかしながら、未だ母の胎内にいた趙武《ちょうぶ》だけが九死に一生を得ます。

趙朔の遺児が生き残ったことを聞きつけた屠岸賈は、行方を捜します。趙朔の食客であった程嬰《ていえい》と趙朔の友人であった公孫杵臼《ききゅう》は、匿った遺児をどうするか相談し合います。

「孤児をお守りしていくのと、一層このまま死んでしまうのと、どちらが楽であろうか」

公孫杵臼が問い掛けると程嬰は、本項フレーズで答えます。すると公孫杵臼は言います。

「では貴公が難儀な方を受け持ってくれ」

杵臼はどこからか子供をもらい受けて山中に身を隠し、程嬰は屠岸賈の許《もと》に出向きます。

「大金を下さるなら、趙朔の遺児の隠れ場所をお教え致します」

屠岸賈は喜んで、直ぐに刺客を山に刺し向けて公孫杵臼と替え玉の子供を殺させました。

15年後に真相を知らされた景公は趙武を召し出して趙氏の再興を許し、父の趙朔に恩ある人々の力を借りた趙武は、程嬰と共に屠岸賈を攻め滅ぼします。

趙武の復讐を見届けた程嬰は、「刎頸《ふんけい》の友」であった公孫杵臼に義務を果たしたと呟いて自殺します。本懐を果たした男の義侠心は、現代日本では語られなくなり久しくなります。

英訳 It is more difficult to die than to stand alone.

直言できる部下を持て

22

千《せん》羊《よう》の皮《かわ》は一《いっ》孤《こ》の腋《えき》に如《し》かず。

千匹の羊の皮は、一匹の狐の腋の下の皮にも及ばないものだ。

春秋戦国 趙

趙武が亡くなり、文子《ぶんし》と諡《おくりな》をされます。諡または諡号《しごう》とは帝王や高位の人物の生前の業績を評して、国家が定めて死後に贈られる名です。紀元前9世紀頃の周の時代に始まった制度で、その中でも「文」は、優れた事績を残した徳の高い人物を顕彰する際に選ばれます。

本書で既に登場している周の文王、晋の文公は偉業を成した優れたリーダーです。そして趙氏を再興した趙武も、「文」の諡に相応しく晋の宰相として偉大な業績を残しています。

第21項の趙武は孤児として辛酸を嘗めましたが、立派な人たちに護られて成長します。趙武の父の趙朔《ちょうさく》は、同じく晋の大臣であった韓子輿《かんしよ》が亡くなった際、その遺児の韓厥《かんけつ》を引き取って育てました。韓厥が成人した暁には、晋の国政を担う人物として大臣に推挙します。

ある時、趙朔に対して不穏な噂が広まります。韓厥はいち早く知らせて逃亡を促しますが、趙朔は未だ母の胎内にいる子供の将来を韓厥に頼みます。前項で趙朔が屠岸賈に討たれた後、公孫杵《き》臼《きゅう》、程嬰《ていえい》が遺児の趙武を守れたのは韓厥の支援があったからで、趙家の再興を景公に説得したのも韓厥でした。趙武が韓厥の力を得て屠岸賈を倒した時、韓厥は趙武を讃えて、

漢文 千羊之皮、不如一狐之腋。

「常に自らを戒めよ。これを成人と言う。善き人を友とすれば、その善き人は更なる善き人を連れて来るだろう」

と韓厥が教えます。韓厥は自分を育ててくれた恩人の息子を見事な大人に育て上げて、恩返しを果たしたのです。このような「善」のバトンリレー程、素晴らしい人間関係はありません。

現代においてもこの韓厥の逸話を成人式や入社式ですれば、若者の心を揺るがすことが出来るのではないでしょうか。韓厥は亡くなってから献子《けんし》と諡をされ、子孫は韓王となり、法家の韓非もその末裔の一人です。

趙武の話は『趙氏孤児』という雑劇として後々まで人気を博し、イエズス会によって欧州で紹介されて評判となり、フランスのヴォルテールによって戯曲にまでなりました。

趙武の後は優秀な息子の趙成《ちょうせい》が継ぎ、更にその息子の趙鞅《ちょうおう》が継ぎます。趙鞅には周舎《しゅうしゃ》という家臣がいて、常に直言をして趙鞅の過ちを諌めて良く補佐し、趙鞅は晋の六卿《りくけい》の一人として活躍します。その周舎が亡くなると、それ以来、趙鞅は政務中はいつも不機嫌となります。そこである人がその理由を尋ねると、本項フレーズで心情を吐露します。続けて、

——**徒聞唯唯。不聞周舎之鄂鄂也。**（**徒**《ただ》**、唯唯**《いい》**と聞**《き》**くのみ。周舎**《しゅうしゃ》**の鄂鄂**《がくがく》**を聞**《き》**かざるなり**）。

「ただハイハイと言うのを聞くばかりで、周舎のように正々堂々と意見を述べたり、主君に直言したりするのを聞くことがなくなった」と大勢の家臣たちへの不満を述べました。

１０００人のイエスマンを凌駕する、一人の直言する人物を失ったことを嘆く趙鞅には、趙朔以来のリーダーとしての才あるＤＮＡというものが、受け継がれていたようです。

英訳 The skins of one thousand sheep are inferior to the skin of a fox's underside.

理想の統治とは何か

23

繭《けん》糸《し》を為《な》さんか、以《もっ》て保《ほ》障《しょう》を為《な》さんか。

水も漏らさぬように致しましょうか、城壁となるように致しましょうか。

春秋戦国 趙

晋の六卿《りくけい》（『周礼』で定められた周王朝の6名の大臣による行政官に由来）の一人として、趙鞅《ちょうおう》は、広大な領地を所有していました。その中で最も重要な地が晋陽《しんよう》（現・山西省太原市）でした。晋陽は、晋水という河の陽《きた》に位置した街という意味です。

趙鞅は自分の代わりにその晋陽を治めさせるために、尹鐸《いんたく》という家臣を指名します。その尹鐸は統治の方針について、趙鞅に対して本項フレーズで尋ねます。趙鞅が意図を量りかねて怪訝な顔をしていると尹鐸は、

「蚕の繭は緻密に編み上げられていますので、中身が漏れ出ることはありません。住民の財産を繭のようなもので包み込めば、税金を漏れなく取り尽くすことが出来ます」

と説明します。尹鐸は主人の顔を見上げながら続けます。

「保障の保は堡塁のことです。障とは砦を意味しています。住民を趙家の堡や塁からなる堅固な城壁となるように慈しむように治めるのと、どちらがお望みでしょうか」

聞き終えた趙鞅は、明快に答えます。

漢文 為繭糸乎、以為保障乎。

「むろん保障に決まっている！」

かしこまりましたと退出した尹鐸は晋陽に赴き、晋陽の住民の総戸数を徐々に帳簿から減らします。つまり、住民の戸数によって負荷される晋陽全体の税負担を軽減しました。お陰で晋陽は経済的に大繁栄します。富を蓄積した住民は、感謝の念と共に趙氏への恩を感じて忠誠心と結束力を強くしました。尹鐸の統治の成果に満足した趙鞅は、

――**晋国有難、必以晋陽為帰。**（**晋国《しんこく》に難《なん》あらば、必《かなら》ず晋陽《しんよう》を以《もっ》て帰《き》と為《な》せ**）。

「晋国に一大事あらば、必ず晋陽に帰って頼りにせよ」と息子の趙無恤《ちょうぶじゅつ》に遺言します。

晋の六卿の最有力者である智子《ちし》は、趙子《ちょうし》、韓子《かんし》、魏子《ぎし》の三人の卿と結託して、六卿の残りの二卿の范子《はんし》と中行子《ちゅうこうし》を滅ぼします。その領土は四卿によって、分割されてしまいました。

この智子の孫である智伯瑶《ちはくよう》（他の五卿と同じ子爵より格上の伯爵を僭称）は、巨大な権力を背景に韓と魏に領土の一部割譲を求めます。智伯を恐れた韓子と魏子はこれに応じます。死去した趙鞅の後を継いで間もない若い趙無恤にも、智伯は同じく割譲を要求しますが、趙無恤は拒絶します。怒った智伯は韓子と魏子を誘って晋陽を包囲します。

固い守りの晋陽は1年経っても降伏せず、智伯は晋水の川を引き込んで水攻めにします。あわや落城寸前の時、趙無恤は韓子と魏子に密使を送り、趙が亡べば次は韓と魏の番だと謀反をそそのかします。二人は寝返って城を囲む堤を壊し、趙無恤と共に智伯を攻めて生け捕って処刑します。紀元前４５３年のことです。組織は強固なコアとなる部門を作ることが出来るか否かで、生き残ることが出来るものです。

英訳 Rule an organisation like preventing the silk bag from leaking water or building a strong castle wall.

24

人を判断することの難しさ

富貴《ふうき》なれば則《すなわ》ち親戚《しんせき》も之《これ》を畏懼《いく》し、貧賤《ひんせん》なれば則《すなわ》ち之《これ》を軽易《けいい》す。況《いわん》や衆人《しゅうじん》をや。

出世すれば親戚でさえも恐れ、落ちぶれれば軽んじる。ましてや他人ならば尚更だろう。

春秋戦国　趙

紀元前403年、晋が趙、魏、韓の三国に分裂して始まった中国の「戦国時代」は、秦の統一まで200年間も続き、七つの大国と若干の中小国が興亡を繰り広げます。それらの国々は、現代の欧州連合やアセアン諸国と似たようなもので、同系統に属する言語、人種、文化を持つ一方で、政治的には対立と融和を繰り返す緊張関係にありました。

現代と同じく古代中国においても、巧みな弁舌と奇抜な発想で諸国間の調整役を担う外交アドバイザーやコンサルタントが暗躍しました。最も有名なのが、洛陽の人である蘇秦です。

蘇秦は燕の文侯のもとを訪れて、合従策《がっしょう》を説きます。合従策とは「六国が合従（連係して）して強国秦に当たる」という政策です。まずは手始めに趙と合従するように文侯に進言します。文侯は蘇秦に旅費を与えて趙に赴かせ、蘇秦は趙の粛侯に次のように説きました。

「諸侯の兵は、秦の十倍はいます。これを合わせて秦を攻撃すれば、秦が敗れることは必定。大王にとって、六国が合従して秦を倒す計略を採用されることこそが最良と思われます」

漢文　富貴則親戚畏懼之、貧賤則軽易之。況衆人乎。

趙の粛侯はこれを聞き入れて、他の諸侯にも説得するよう蘇秦に旅費を与えます。蘇秦は諸侯のもとを訪れると、かならず次の諺を引用しました。

――寧為鶏口、無為牛後。（寧《むし》ろ鶏口《けいこう》と為《な》るも、牛後《ぎゅうご》と為《な》る無《な》かれ）。

鶏の口、つまり鶏の嘴は一番前にあり、牛の後ろとは、つまり牛の尾、あるいは肛門という説もある通り、一番後ろを指します。「大きなものの後につき従うよりは、小さくとも頭になれ」ということですが、相手からこれを言われたならば、誰でも発憤せざるを得ないでしょう。これは相手の心を読んだ上での巧みな諺の引用術です。

こうして、燕、趙、韓、魏、斉、楚の六国による合従がなり、蘇秦は六国の宰相を兼ねます。大行列を従えて実家のある洛陽へ入る際には、周王が自ら道を掃き清めて出迎えました。うだつの上がらない頃、蘇秦を厄介者扱いをした親戚たちは、蘇秦の顔をまともに見ることも出来ず、昔は夕食も出さなかった兄嫁がビクビクしながら食事の給仕をします。

「私は昔と何も変わっていないつもりなのですが」と前置きして、蘇秦は苦笑しながら本項フレーズを述べました。蘇秦は親戚や友人に大金を分け与えて、故郷を後《あと》にしたそうです。

大志を秘める人物が身近にいたとしても、なかなか気が付かないものです。ニートや就職浪人がいても、少なくとも親戚や友人ならば、決して無下に扱ってはいけないということです。

秦は蘇秦が宰相の地位にある間の15年間、諸国へ侵攻することが出来ませんでした。しかしながら、蘇秦と同じく斉の鬼谷子《きこくし》に遊説術を学んで秦に仕えた張儀が、秦と同盟して各国を攻める連衡《れんこう》策を引っさげて登場すると、蘇秦の合従策も潰されてしまいました。

英訳 A relative will become afraid if one succeeds in life or look away if one fails. However, imagine the mass are afraid of the rich and look away of the poor.

コラム　故事成語4

完璧而帰（璧を完《まっと》うして帰る）

楚の国に和氏《かし》という男がいた。彼は山の中で粗玉を見つけ、厲《れい》王に献上した。ところが鑑定士がただの石と言ったため、和氏は足斬りの刑で左足を斬られた。厲王が死に武王が即位した。和氏はふたたび献上したが、やはりただの石と鑑定され、足斬りの刑で右足を斬られた。

やがて武王が死に、文王が即位した。和氏は粗玉を抱き、泣き続け、涙が涸れて血が流れた。これを聞いた文王は、その粗玉を磨かせたところ、素晴らしい宝石だったことがわかった。その名玉は「和氏の璧」と呼ばれた。璧とはドーナツ型の玉のことである。

やがて趙の恵文王はその「和氏の璧」を手に入れた。ところが当時強国の秦はそれを聞くと、秦の十五城と和氏の璧とを交換しようと言ってきた。断れば攻撃を受けるし、璧を渡しても城を割譲するかは疑わしい。重臣会議を開くと、知勇兼備の藺相如《りんしょうじょ》が言った。

「自分が使者に立ちます。もし約束の十五城が手に入らなければ、璧を持って帰ります」

趙王は許可した。

さて、藺相如が秦の昭襄王に璧を手渡すと、昭襄王は有頂天になり、割譲の話は出てこない。そこで藺相如は璧にわずかにキズがあると言って取り戻すと、怒って叫んだ。

「もし割譲しないなら、璧をたたき壊す」

昭襄王は取って付けたように十五城を示した。藺相如は嘘と見抜き、昭襄王に5日間、身を清めてから交換をするよう要求。昭襄王が受け入れると、その間に、密かに臣下に璧を持って帰国させた。さて当日、璧はないことを秦王に言って、自分を好きなようにしろと伝えると、さすがに昭襄王はあきらめて藺相如を帰国させた。こうして璧を守り通して（璧を完うして）帰国したことから、完璧という言葉が生まれた。

▲藺相如の廟（河北省邯鄲市）

▲秦趙会盟台（河南省澠池県）

25

組織内で争うことの愚

両虎《りょうこ》共《とも》に闘《たたか》わば、其《そ》の勢《いきお》いは倶《とも》には生《い》きず。

春秋戦国　趙

二匹の虎が闘えば、共に傷付き合って力を失ってしまう。

趙の恵文王は、強国の秦に使者として派遣した藺相如《りんしょうじょ》の遺体が秦から搬送されたら、直ぐに葬式が出来るようにと秦との国境付近で準備をして待つように命じます。

そんな中、**コラム故事成語4**にあるように、藺相如が秦から無事に戻ります。喜んだ趙の恵文王は藺相如を重臣に取り立てます。

紀元前279年、秦の昭襄王は趙に更なる難題を持ちかけます。趙との国境から秦の領土に少し入った澠池《べんち》（現・河南省澠池県）で、趙の恵文王と会合したいと秦から招待の使者が来たのです。趙の将軍である廉頗《れんぱ》は、尻込みする恵文《けいぶん》王を諫めます。

「出向かなければ趙は侮られ、秦は増長し、諸侯は趙をバカにするでしょう」

そこで藺相如が、澠池での会盟に恵文王に同行することになりました。

宴の席で秦の昭襄王は、趙の恵文王が音楽を得意としていると聞いているので、両国の友好のために瑟《しつ》（琴に似た楽器）を弾いて欲しいと低姿勢で頼みます。三度にわたって辞退しますが、断り切れず趙王が弾きます。すると秦の昭襄王は記録官を呼び、大声で命じます。

漢文　両虎共闘、其勢不倶生。

「秦王、趙王に瑟を弾かせた」

侮辱されたと趙の一行に衝撃が走った時、藺相如は昭襄王に近づいて酒器を差し出します。

「秦の宴席では、酒器を叩いて歌うと聞いております。両国の友好を祝してお叩き願いたい」と必死の形相で迫ります。当時でも宴席で酒器を叩くのは、下品で野蛮な行為とされていました。昭襄王を一刺しする勢いの藺相如の凄まじい迫力に、昭襄王の護衛も手出しが出来ません。

昭襄王は止む無く酒器を一度だけ叩きます。藺相如は記録官を呼び付けて叫びます。

「趙王、秦王に酒器を叩かせた」

「秦王のお陰で両国の友好関係が増進した宴となった」と藺相如は続けて謝しました。

無事に趙へ帰国した恵文王は、面目を大いに施したことから、藺相如を趙国における最高位の上卿《じょうけい》に任じます。その出世に大勢の重臣たちが妬みました。中でも誇り高い廉頗は、

「素性の知れぬ身分の低い奴が、舌先三寸でワシより上席に就くなど我慢ならない」

と怒ります。それを聞いた藺相如は、廉頗と同じ場で上席に付くことがないように病気と称して、宮廷に参内しなくなります。

ある時、趙の都である邯鄲の大通りで、廉頗の馬車が来るのを見ると、慌てて藺相如は自分の馬車に裏道へ回るように命じて隠れます。さすがに従者たちも呆れて、こんな卑屈な主人には仕えたくないのでお暇を頂戴したいと言い出します。そこで藺相如は説明しました。

「私は趙王の名誉を守るために秦王を怒鳴りつけ、秦の連中を辱めた男だ。歴戦の勇者の廉

英訳 If two strong tigers fight, then both will become wounded and lose their power.

頗であっても私は恐れない。自分は大した人間ではないが、冷静に考えてみれば、秦が趙を攻めてこないのは、廉頗将軍と私が健在で睨みを利かしているからであろう」

そして廉頗と自分を虎になぞらえて、本項フレーズを述べます。続けて、

――**先国家之急、而後私讐也**。（**国家《こっか》の急《きゅう》を先《さき》にして、私讐《ししゅう》を後《のち》にす**）。

廉頗を避けている理由は、「公《パブリック》」のためには、「私《プライベート》」な恨み言など後にすべきだという信念からだと語ります。従者たちは、主人の深慮と器量に感じ入ります。

この話を伝え聞いた廉頗は、上着を脱いで茨の鞭を持って藺相如の邸宅を訪れます。鞭で思う存分に叩いて、愚かな自分を罰してくれと詫びを入れます。

「廉頗将軍のお陰で、趙が守られているのです」

藺相如は跪いている廉頗に手を差し伸べました。

「貴公のためなら、この首を刎ねられても悔いはありません」と廉頗が改めて詫びます。

「私も将軍のためなら、いつでも喜んで首を刎ねられましょう」と藺相如が応じました。

二人は終生の友となる誓いを結びます。後に「**刎頸《ふんけい》之《の》友《とも》**」という故事になりました。現代の中国人の根底にも生き続ける義侠心の鑑となるエピソードです。

現代企業においては営業、技術、製造、経営管理などの各部門、或いは地域別の支社などに配された優れた責任者たちそれぞれが、組織のベクトルを合わせて最高の成果を挙げるべく切磋琢磨している時は、企業にとって最良の状態です。しかしながら、各部門の責任者たちがセクショナリズムに陥り、部門間で相争うようになった時は要注意です。競合会社など虎視眈々

と隙を狙っている外部勢力に対して、またとないチャンスを与えることになりかねません。

組織のトップを目指す者たちは、時には藺相如と廉頗の関係に思いを巡らしてみるのも必要ではないでしょうか。

▲廉頗

▲藺相如

▲回車巷（藺相如が車を回して廉頗を避けた所・河北省邯鄲市）

コラム　人物4

荘子《そうし》

（紀元前369?～紀元前286?）

姓は荘、名は周で、字を子休（一説には子沐）といった。宋国の蒙の人。老子の後を継いで、戦国時代における道学派の代表的な思想家。二人の姓をとって老荘思想ともいう。

確かな資料もないが、宋国の漆園の管理人をしていたという。

楚の威王が荘子の評判を聞いて、楚の宰相として迎えようとしたが、荘子は笑いながら使者に断る。

「黄金千両を頂き、しかも大国の宰相とは非常に高い地位だ。だが、お主は祭りの犠牲の牛を見たことがあろう。数年のあいだ、大事に育てられるが、いざ、きれいに飾られて大廟に引き入れられるその時になって子豚になりたい、と言ってももう遅い。さあ、さっさと立ち去ってくれ。わしを汚さないでくれ。わしは、むしろ汚れた溝の中で、のんびりと暮らしたいのだ。宰相などに縛られたくない。一生、仕官などせず、自由気ままに過ごしたいのさ」

荘子の著書である『荘子』は、多くの寓話で構成され、逆接的なレトリックが満ち、生き方を考えさせる。

たとえば「無用の用」として、こんな話がある。

「南伯子綦《なんぱくしき》が商丘を旅したとき、大きな木を見かけた。馬車千台がその木陰で休めるといった異様な大きさである。

『これは何の木だ。きっといい木材がとれるだろうな』

だが、ふり仰いでよく見れば、枝は曲がりくねり、棟木にも梁にも使えそうもない。根もとを見ると、からまりあって棺桶を作れない。葉をかんでみると、たちまち口が爛れて傷となった。においを嗅ぐと、3日ほど気分が悪くなった。子綦は悟った。

『何の役にもたたないから、これだけ大きくなったのだ。神人というのはこの木のように、材料にはならないのだ』」

2

志を高く持て

26

組織を受け継ぐことの難しさ

徒《いたず》らに能《よ》く其《そ》の父《ちち》の書《しょ》を読《よ》んで、変《へん》に合《あ》うを知《し》らざるなり。

やたら父親の書いた本を読んでいますが、臨機応変に動くことが出来ません。

春秋戦国 趙

趙の恵文王の息子の孝成王《こうせいおう》の時代に、秦はますます力を得て、韓に侵攻して領土の半分を占領します。そして趙へも侵攻して来ました。名将の廉頗は長平《ちょうへい》（現・山西省高平市）で城を堅固にして、守りに徹します。手を焼いた秦は、趙の高官たちに賄賂を贈りました。「実は、秦は名将の馬服君趙奢《ちょうしゃ》の息子の趙括《ちょうかつ》が、趙の総大将になることを恐れているんです」というデマを流します。それを真に受けた孝成王は、廉頗を趙括に代えようとします。

優秀という評判だけで、実力が未知数の趙括と交代させるのは無理なことだと前置きして、藺相如は孝成王を本項フレーズで諌めます。しかし、王は聞き入れません。

藺相如は生前の趙奢から、息子は聡明で自分より兵法に通じているものの、所詮は机上の空論に過ぎないと聞いていたからです。また趙奢は妻に対しても、予言を残していました。「息子は兵法を丸暗記しているだけだ。戦は生死のかかったものであるにもかかわらず、議論ばかりしている。趙括が総大将になれば趙は滅びるだろう」

漢文 徒能読其父書、不知合変也。

孝成王が趙括を大将軍に任じたと聞いた趙括の母は驚き、直ぐに亡夫・趙奢の言葉を記した書を王へ献じます。感激した母親からの礼状が来たと思った孝成王は、息子への任を解くよう懇願する内容を読んで顔色を変えます。王から頑なに拒否された母は、たとえ息子が失敗しても、一族に責任をかぶせて処刑しないようにと王から約束を取り付けました。

紀元前２６０年、「長平の戦い」が行われます。秦の名将として名高い白起《はくき》は50万の兵を率いて、趙括の45万と戦ってこれを完膚無きまでに撃ち破ります。趙括は25万の趙兵と共に戦死してしまいます。残りの20万の捕虜の始末に困った秦の白起は、降伏した趙兵に穴を掘らせてそこへ突き落として20万を生き埋めにしました。僅かに２４０人の少年兵だけを許して、趙の都である邯鄲《かんたん》へ帰還させます。

20万人とは衝撃的な数字ですが、当時の趙の人口は多くても２５０万弱と推定されていますので、動員できた兵士は多くても5万人程度ではないかと言われています、生き埋めにされたのは、20万の十分の一くらいかも知れません。

「一子相伝」で学問、技能、芸能の秘儀を自分の子供や弟子の中で最も優れた者を養子にして伝えていくという日本古来の伝統は、恐らくは古代中国で始まった方法でしょう。「兵法」にも門外不出の「秘伝」があったはずです。趙括のように名門に生まれても、机上の空論が優秀なだけで実践が伴わなければ、その「秘伝」も雲散霧消してしまうことになります。

組織における権力が実力ではなく、単なる世襲によるものが増えた、現代日本の政治やビジネスなどのトップの世界を見て、趙括の母は溜息をつくかも知れません。

英訳 Those who merely follow their father's book will not successfully adapt to change.

27

人間の本性が明らかになるとき

富貴《ふうき》なる者《もの》人《ひと》に驕《おご》るか、貧賤《ひんせん》なる者《もの》人《ひと》に驕《おご》るか。

富貴な者の方が高慢な態度をとるのか、それとも貧賤な者の方が高慢な態度をとるのか。

春秋戦国 魏

周の武王や周公旦の弟である畢《ひつ》公高《こう》の子孫の畢万《ひつまん》は、晋の献公に仕えます。魏に領地を与えられたことから、魏を姓とします。その孫にあたる魏武子《ぎぶし》は、晋の文公の放浪（第18項）に従って、文公と共に晋に帰国してから大臣に任ぜられます。

更にその子孫の魏桓子《ぎかんし》は、韓と趙と協力して晋を倒して独立し、更に魏桓子の孫の文侯は、周の威烈《いれつ》王によって正式に諸侯に封じられました。魏の文侯は孔子の弟子の卜子夏《ぼくしか》とその弟子の田子方《でんしほう》を師として学問に励み、その謙虚な人柄で有為の人財を諸国から集めて政治を行ったので、戦国時代きっての名君として今日まで知られています。

その文侯の息子である太子の撃《げき》が、ある時に父の師である田子方に道で出くわします。車から降りて平伏して太子撃は挨拶をしますが、田子方は答礼をしませんでした。ムッとした太子撃は、本項フレーズで、父の師に文句を付けます。すると田子方は、

「ただ貧賤な者だけが、人に高慢な態度をとるものです。富貴な者が何で偉そうな態度をと

漢文 富貴者驕人乎、貧賤者驕人乎。

れるものでしょうか」

と指摘します。君主であれば国を失い、大臣であれば家を失ってしまうので、高い地位にある者が常に低姿勢で人望を保とうとするべき理由を説きます。そして、

「貧賤な士は、自分の意見が採用されず、時節が来ていないと判断すれば、いつでも尻をまくって立ち去ることができます。どこへ行っても貧乏は変わりませんから」

と答え、たとえ無名の士が傲岸不遜な態度をとったとしてもトップたる者は腹を立ててはいけないと諭します。それを聞いた太子撃は、田子方に非礼を素直に詫びました。

さて魏の文侯がある時、宰相に翟璜《てきこう》と魏成のどちらが適任かと迷い、パーソナルアドバイザーとも言うべき李克に相談します。

――家貧思良妻、国乱思良相。（家貧《いえまず》しゅうして良妻《りょうさい》を思い、国乱《くにみだ》れては良相《りょうしょう》を思う）。

「家が貧乏になれば良い妻を得たいと申し、国が乱れれば良い宰相を得たいものだ」と言った李克《りこく》の言葉を思い出したからです。李克は孔子の弟子である子夏《しか》の弟子でした。

「失業している時にどんな人と親しくしているか、金持ちになった時に何に金を使っているか、既に高官となっている場合はどんな人物を推挙するのか、困窮している時に道を外れたことをしていないか、貧乏な時に貪《むさぼ》らなかったか、この五つを視《み》れば、誰を選べば良いか分かります。我が君の師である卜子夏、田子方、段干木《だんかんぼく》の三賢人は皆、魏成が推挙した人物ではないでしょうか」

と李克は答えます。文侯は直ちに魏成を宰相に任じました。

英訳 Is a poor person rude for assuming that a rich person is arrogant?

組織内のモチベーションを高める

28

若《も》し徳《とく》を修《おさ》めずんば、舟中《しゅうちゅう》の人《ひと》皆《みな》敵《てき》国《こく》なり。

春秋戦国　魏

もし徳を修めなければ、この船にいる者の全てが敵となりますぞ。

魏の文侯の後を太子撃《げき》が継ぎます。父に劣らない名君として、後に武侯と諡をされます。

ある時、西河を舟で下った折、雄大な風景に感動した武侯は興奮して、

「見事なこの山河は、国の要害。これこそ魏の宝ぞ」

とお供する呉起《ごき》を顧みながら言うと、呉起はすかさず答えます。

——**在徳不在険。（徳《とく》に在《あ》って険《けん》に在《あ》らず）**。

「国の頼みは天然の要害ではなく、君主の徳によります」と前置きして、歴史を紐解きます。

・三苗《さんびょう》氏は洞庭湖と彭蠡《ほうれい》の要害にありながら、夏の禹王に滅ぼされました。

・夏の桀王の都は大河と大山に四方を囲まれながら、殷の湯王に追われました。

・殷の紂王の都も大河と大山に四方を囲まれながら、周の武王に殺されました。

徳を治めなかったために王座を失った例を挙げてから、お乗りのこの舟を漕ぐ者たちも、徳がないトップと分かればいつでも敵となりますよと本項フレーズで武侯を諫めます。賢明なリーダーである武侯は、「まさにその通り」と大いに感心したそうです。

漢文 若不修徳、舟中人皆敵国也。

　現代の組織もヒトを第一にしなくては、正しいマネジメントは行われません。呉起は孫子《そんし》と並んで呉子《ごし》と称され、中国史上における最高の兵法家の一人です。日本の武将たちは「孫呉」を競って学びました。呉子は孫子と比べて、後世への影響力が弱い感じがします。それは『漢書』によれば『呉子』は四十八篇あったと記されていますが、六篇しか現存していないため、『呉子』の重要なエッセンスがいくつも欠けてしまっているからのようです。

「勝利を得るために兵をどうしたら勇敢に戦わせることが出来るだろうか」

との武侯からの問いに対して、呉起は次のように明快に答えます。

――**君挙有功而進饗之、無功而励之。**（**君《きみ》、有功《ゆうこう》を挙《あ》げて進《すす》めて之《これ》を饗《きょう》し、功無《こうなき》は之《これ》を励《はげ》ませ**）。

「優れたトップたらんとすれば、功績のある者を抜擢して、手厚く処遇することは勿論、功績のない者に対しても、激励の言葉をお掛け下さい」

　功績をなかなか上げることが出来ない者は組織から簡単に切り捨てられがちですが、成果を出せない者に対しても激励することによって、次の機会に繋げてやる度量をリーダーたる者は備えないといけないという教えです。この言葉にハッとする現代の組織のトップは多くいるのではないでしょうか。呉起はまたこうも言っています。

――**先和而後造大事。**（**先《ま》ず和《わ》して、而《しか》る後《のち》に大事《だいじ》をなす**）。

　組織において価値観が共有されておらず、日頃から団結心がなくギクシャクしているようでは、如何なる目標達成も不可能であるし、まして大きなプロジェクトは最初から成功しないという訳です。組織マネジメントの要諦が、この言葉に凝縮されています。

英訳 All of the members in an organisation become enemies if one does not master virtue.

リーダーに求められる自制心

29

明主《めいしゅ》は一嚬《いっぴん》一笑《いっしょう》を愛《お》しむ。

優れたトップは、ちょっと顔をしかめたり、ちょっと笑ったりするようなことを軽々しく行わないものだ。

春秋戦国　韓

晋を分割した趙、魏、韓は、合わせて「三晋」と呼ばれます。オランダ、ベルギー、ルクセンブルクからなるベネルクス三国のようですが、一番小さいルクセンブルクに相当するのが、韓です。戦国七雄の中で最も小さく、一番初めに隣接する秦に併合されてしまいます。

晋の穆《ぼく》公の孫である姫万《きまん》は甥の武公を良く補佐し、その功績により韓（現・陝西省韓城市）の地を与えられます。始祖の韓武子《かんぶし》です。その玄孫が韓厥《かんけつ》（第23項）で、更にその後裔である韓康子《かんこうし》が趙と魏と合力して智伯を倒します。そしてその息子が周の威烈《いれつ》王により諸侯に列せられ、景侯となります。景侯から数代を経て、昭侯が立ちました。

紀元前355年、国内外に広く人財を求める昭侯のもとに、鄭の出身で身分は低いものの、逸材として申不害《しんふがい》なる者が推挙されて来ました。昭侯が国の統治について尋ねると、申不害は法を整備して、**「信賞必罰《しんしょうひつばつ》」**であれば国は容易に治まるという持説を述べます。昭侯は直ちに申不害を韓の宰相に登用します。

漢文　明主愛一嚬一笑。

宰相として申不害は見事に手腕を発揮して、韓の富国強兵に成功し、申不害が亡くなる紀元前337年まで、隣国の秦も魏も韓に攻めて来ることがなかった程でした。

申不害の思想は法家です。申不害には『申子《しんし》』という著書があったそうですが、ほとんど残っていません。しかしながら、その思想は『韓非子』に受け継がれています。韓の王族である韓非が唱えた**「刑名参同《けいめいさんどう》」**は、申不害が考案して韓の宰相として日々実践していた手法でした。申不害なしに『韓非子』は生まれることはなかったはずです。

昭侯はお気に入りの袴を大切に持っていました。既に使い古されているにもかかわらず、側近く仕える者に下げ渡すこともないので、ケチなトップだと誰もが思っていました。ある時、

「余が少しでも顔をしかめれば、家臣たちの中に迎合して顔をしかめる者がでる。ちょっと笑みを浮かべれば、これに迎合して笑みを浮かべて媚びる者がいる。あの袴は長く愛用していたもので、功績の無い者に与えれば、寵愛されていると勘違いをするであろう。その影響は大きい。顔をしかめたり、笑ったりすることの影響の比ではない。大きな手柄を本当に挙げた者に下賜したいと思って、長らくとっておいてあるのだ」

という昭侯の言葉に側近の者たちは納得します。昭侯は申不害にとって理想の主人でもあり、弟子でもあったようです。

「トップは泰然自若として、組織のメンバーに自分の考えを知られて迎合されないように」という申不害の教えを昭侯はしっかりと実践していました。リーダーたる者は感情を安易に表してはいけません。最近の日本のリーダーは、人前で感情を表に出す人が多くなりました。

英訳 An effective leader neither frowns at small things nor laughs at them.

▲韓の昭侯陵（河南省宜陽県）

コラム 故事成語5

吮疽之仁（吮疽《せんそ》の仁）

呉起《ごき》は衛の人。兵法書『呉子』の著者と伝えられているが、彼ははじめ魯に仕え、将軍に任じられた。

斉との戦いで大勝するが、妻が斉の人間であったことから、戦いの前に妻を殺して身の証をたてていた。そのことから不評を買い、魯から魏に逃れ、魏の文侯に将軍として召し抱えられた。

呉起は、秦と戦い、秦の五城を陥落させた。彼は、常に兵士と同じ服を着、同じものを食べた。またあるときは、兵士ができもので苦しんでいると、自分の口でその膿を吸い出してやった。ところが、膿を吸い出してもらった兵士の母親は、これを聞くと泣き崩れた。ある男が言った。

「おまえの息子は一介の兵士なのに、将軍みずから膿を吸い出してくれた。それなのに、なぜ泣くんだ」

すると、母親はこう答えた。

「以前、呉起さまは、あの子の父親の膿を吸い出してくれました。出陣した夫は、呉起さまの恩義に報いようとして、とうとう討ち死にしてしまいました。今度は息子の膿を吸い出してくれました。きっとあの子もどこかで死ぬでしょう。それで泣いているのです」

吮とは吸うことで、疽とはできもの。指揮官が自分の部下を手厚くいたわることをこのエピソードから「吮疽の仁」と言う。

人を動かすことは難しい。ただ命令や、罰で動かしても反発を買うだけだ。このエピソードは、人を動かすことにある示唆を与えている。

▼呉起

小さなことから実行する

30 先《ま》ず隗《かい》より始《はじ》めよ。

まずは隗よりお始め下さい。

春秋戦国 燕

　戦国七雄の一つである燕《えん》は、現在の北京を中心に河北省の北部を支配していました。都の薊《けい》城の遺跡が、北京市の西南部に位置する房山《ほうざん》区に残されています。

　燕は、周の建国の功臣である召《しょう》公奭《せき》の息子が封じられた国と伝わっています。

　紀元前4世紀から3世紀の間に成立したという中国最古の地理書とされる『山海経《せんがいきょう》』の中に、

——**蓋国在鉅燕南倭北。倭属燕。（蓋国《がいこく》は鉅燕《きょえん》の南《みなみ》、倭《わ》の北《きた》に在《あ》り。倭《わ》は燕《えん》に属《ぞく》す）**。

という日本に関する中国最古の記述があります。燕と倭は些か縁があったようです。

　燕の三六代目文公の時、蘇秦《そしん》（第24項）の献策を入れて、他の六国と同盟して秦に対して合従します。皮肉にも、文公の後を継いだ息子である易王の妃は、秦の恵文王の娘でした。

　易王の後を息子の王噲《かい》が継ぎます。王噲は父と同じく政治に興味がなく、宰相の子之《しし》を重用して、政務を全て丸投げします。紀元前３１６年、王噲は堯舜に倣うとして、子之に燕王の位も遂に譲ってしまいます。さすがに燕の人々も怒って、国中で反乱が起きます。その隙を突いて斉の宣王が侵攻して来ました。王噲は殺され、子之も捕えられて塩漬けにされてし

漢文 先従隗始。

まいます。斉は燕が属国になることを条件に、王噲の息子の公子職《しょく》が燕王に即位することを認めます。後の昭王です。

斉への復讐を誓った昭王は、自ら腰を低くして人財登用を行って富国強兵を目指します。

「燕は未だ小国でとても斉に復讐は出来ない。願わくば天下から人財を集めて父祖の恥辱を雪《そそ》ぎたい。国師となるような人物を推薦してもらえないだろうか」

と家臣の郭隗《かくかい》に相談します。すると郭隗は、

「昔ある国の君主が家来に大金を持たせて、一日千里を走る駿馬を買いにやらせました。その家来は死んだ馬の骨を五百金も出して買って帰って来ました。君主は激怒します。すると王の側近が、『死んだ馬の骨でさえ五百金も出すなら、人々は生きた馬には一体いくら出すのであろうか。今に千里を走る馬も来るはずです』と答えたところ、本当に1年もしないうちに千里を走る馬が三頭も集まったという話があります」

と解説します。続けて本項フレーズで献策しました。自分のような無名の者が重用されれば、賢人が千里の道を遠いと思わず燕にやって来るに違いないという訳です。

昭王は郭隗のために屋敷を新築し、師として敬います。するとその噂が天下に広まり、賢人たちが陸続として燕に集まり、昭王に仕官を申し出る者が久しく絶えなかった程です。

大事を成すには小さなことから、簡単なことからまずは手を付けることが肝心だというエピソードですが、些細で容易な事柄に限って意外にもなかなか実行することが出来ないものです。

英訳 Always start with the small things.

リーダーは孤独に決断する

31

民《たみ》は与《とも》に始《はじ》めを慮《はから》しむべからず、而《しこう》して与《とも》に成《な》るを楽《たの》しましむべし。

組織のメンバーとは、一緒に物事を始める際に相談は出来ませんが、一緒に成功を分かち合って楽しむことは出来ます。

春秋戦国　秦

紀元前７７１年に周の幽王が異民族に殺害された時、秦の初代となる襄《じょう》公は、幽王の息子である平王を救う大功を立てたことから、岐山《きざん》以西の土地を与えられて諸侯に列せられます。子孫たちは地道に国力を蓄え、第九代の穆公の時には「春秋五覇」の一人に数えられます。

穆公は他国の人財を積極的に登用して富国強兵に務め、後に秦が天下統一する方向付けをしました。しかしながら紀元前６２１年に穆公が亡くなると、１７７名の重臣たちが殉死させられてしまいます。主要な人財を失った秦は、国力を一気に低下させてしまいました。

それ以来、黄河と華山以東に六つの大国、淮水《わいすい》と泗水《しすい》の間に十数の小国と比べて西方の僻地に位置する秦は、野蛮国として見下されるようになり、諸侯の「会盟《かいめい》」にも呼ばれることもなくなりました。第二五代の孝公は、仁政を行って貧者を救済し、有為の士を優遇し始めます。

——他国の者でも、奇抜な策で秦を強国にする案があれば、高い官爵と大きな領地を与える。

漢文　民不可与慮始、而可与楽成。

と触れを出すと、早速に孝公の重臣である景監《けいかん》が、衛の公族である公孫鞅《こうそんおう》を推挙しました。謁見を許された公孫鞅は『帝たる者の道』について熱心に説きますが、孝公は退屈して眠りこけます。5日後に改めて引見すると、再び公孫鞅が熱弁を振るいますが、これまた孝公は全く興味を示しませんでした。それを見て案じた景監が、公孫鞅に大丈夫かと問い質します。

「本日は『王たる者の道』について説きました。ご不興ならば、今一度お取次ぎ下さい」

すると今度は孝公も少し理解を示し、そこで四度目の謁見がなされました。公孫鞅の話に興奮した孝公は、数日に亘って公孫鞅を質問攻めにする程、熱心に教えを乞います。一体どうしたことかと景監が尋ねると、公孫鞅は次のように答えました。

「『帝たる者の道』『王たる者の道』を説きましたが、公は悠長な話など聞いていられないという態度でした。次に『覇者たる者の道』について話しましたところ、些か興味を持たれたので、『富国強兵の道』について説明しましたところ、公は喜んで耳を傾けられました」

公孫鞅の話に感銘を受けた孝公は、秦の法を改めようと思い立ちますが、人々が自分に反感を抱くのではないかと不安になります。そこで公孫鞅は本項フレーズで、組織のリーダーもメンバーも共に成功を分かち合うことが出来る理由について述べてから、

「トップが一度決断したことを実行しようとする時、組織のメンバーや利害関係者《ステークホルダー》の声をいちいち気になさる必要はありません」

と断言します。この強い言葉に推された孝公は、祖先が定めた従来の国法を大きく変えます。組織の大改革は、強いリーダーシップの発揮によってこそ、成されるというエピソードです。

英訳 One cannot share worries with people in the beginning but can share the success with them in the end.

コラム 人物5

孟嘗君《もうしょうくん》（?〜紀元前279）

戦国四君の一人。氏は田、名は文、孟嘗君と号した。斉の威王の孫で、靖郭《せいかく》君田嬰《でんえい》の子。田嬰は田忌《でんき》、孫臏《そんぴん》と共に「馬陵の戦い」で魏の龐《ほう》涓《けん》を破って功績をあげ、宰相にもなっている。

孟嘗君田文は、父の跡を継いで、薛《せつ》の領主となり、食客数千人をかかえ、その名声は諸侯のあいだで広がった。秦の昭襄王は、その名声を聞いて、人質を送って、孟嘗君に会いたいと申し入れてきた。孟嘗君が秦に入ると、これに反対する者が、進言した。

「孟嘗君は斉の人間。秦の宰相になっても斉を優先します。かといって、このまま帰せばわが国の情報が漏れます」

昭襄王は孟嘗君を捕らえ、機を見て殺そうとした。危険を感じた孟嘗君は、王の愛妾に、釈放を頼んだ。すると愛妾は、

「あなたは狐の脇毛で作ったコートを持っているとのこと。それをいただければ……」

と言う。だが、そのコートは孟嘗君が秦に来た時に昭襄王に献上してしまったものだった。すると、一緒に連れてきた食客の中にコソ泥の名人がいて、この時とばかり、秦の倉に忍び込んで、コートを盗んできた。孟嘗君がこれを愛妾に献上したところ、まもなく釈放された。

孟嘗君は急いで逃れ、真夜中に函谷関にやって来た。ところが、当時の規則で、鶏がときを告げるまで門を開けないことになっていた。すると、食客の中から鶏の鳴き声の名人が現れた。この男が鶏のときの声をまねると、あたり一帯の鶏がいっせいにときの声をあげた。こうして関所の門を開けることに成功し、逃れることができた。いわゆる「鶏鳴《けいめい》狗盗《くとう》」の故事である。

さて湣《びん》王のもとで宰相になったが、のちに対立して魏に逃れた。湣王の死後、薛で独立勢力として、諸侯のあいだで中立的地位を保った。

▲函谷関（倪小軍氏によるドローン撮影）

▲孟嘗君の廟（山東省滕州市）

32
民《たみ》、公戦《こうせん》に勇《いさ》んで私闘《しとう》に怯《おそ》る。

毅然としてルールを徹底させる

人々は国のために勇敢に戦い、個人的な争いには臆病になった。

春秋戦国　秦

公孫鞅《こうそんおう》の献策に従った孝公は、紀元前356年、秦の住民たちに戸籍を設け、五軒または十軒を一括りとする「隣組」を作らせる法を発令します。互いに監視させ、一軒でも法令違反があれば、残りの四軒または九軒も連座して同罪としました。

この制度は古代日本にも伝わり、律令制の下で「五保の制」となりました。慶長2（1597）年に豊臣秀吉は、武士や農民に「五人組」を組織させます。江戸時代には日本全国の各町村で原則として五戸を一組として、相互監視、相互扶助、連帯責任が伴う単位となり、「向こう三軒両隣」という近所付き合いの基本となりました。明治維新後も、「隣組」として残りました。現在の北朝鮮では、この公孫鞅の定めた制度が未だに生きているそうです。

- 不正を知りながら告発しない者は腰罪の刑に処する
- 不正を告発した者は戦場で敵の首を挙げた者と同じ功績とする
- 不正を行った者は戦場で敵に降伏した者と同じ罪とする
- 戦場で功のあった者は手柄の内容によって爵位を与える

漢文 民勇於公戦、怯於私闘。

・個人的な私怨で争った者はその内容によって罰せられる
・公族や貴族であっても戦功のない者はその爵位を下げる

公孫鞅は新法を定め、老若男女が力を合わせて農業に専念して税を多く収めれば強制労働は免除となり、金利を取り過ぎる金貸しや怠け者は逮捕してその妻子は奴隷とすると決めます。

これらの法律を発布する前に、しっかりと遵守させるために公孫鞅は一計を案じます。三丈（約8ｍ）程の木を都の南門に植え、この木を北門に移した者に十金を与えると布告します。ところが人々はなかなか信じません。公孫鞅は五十金を与えると増額すると、ある男が名乗り出て木を移動させたので、即座に五十金を与えました。そうしてから新しい法を発布しました。

そして更に公孫鞅は法令を厳格に執行するべく、孝公の太子駟《し》が法に触れた際、太子の代わりにその師と侍従を鼻削ぎと入れ墨の刑に、今一人を処刑にしたことから、秦の人々は争って法に従うようになります。

こうして10年の歳月が経つと、秦国中で道に落とし物があっても、拾って自分の物にする者も山賊の類もいなくなり、人々は生活に満足するようになり、本項フレーズのような住民ばかりとなり、国が良く治まるようになります。

新法に反対していた連中も、公孫鞅の成果を見てお世辞を言うようになります。すると公孫鞅は「法を守らぬ者と同じ輩だ」として、まとめて僻地へ追放する徹底ぶりでした。組織における法、即ちルールを定めて徹底させることは、並大抵の覚悟では出来ないという訳です。

英訳 He fights bravely for public aim but does not care to fight for private interest.

33

限度のない改革がもたらす悲劇

法《ほう》を為《な》すの弊《へい》、一《いっ》に此《ここ》に至《いた》るか。

厳しいルールを作る弊害は、こんな結果をもたらすのか。

春秋戦国 秦

紀元前350年、秦は都を雍《よう》から咸陽《かんよう》へ遷《うつ》し、公孫鞅は更に厳しい法を制定します。

・父子兄弟が一つの同じ家に同居することを禁止する
・分家しない場合は賦《ふ》税が倍加される
・全国を四一県に分けて、それぞれに令《れい》（長官）と丞《じょう》（次官）を置いて、中央集権とする
・周の制度に基づいた土地制度を改革し、更に課税を行う
・度量衡を統一する

これらの法が施行されると、秦は一気に国力を増します。力を付けたと見るや公孫鞅は、紀元前340年に魏へ侵攻します。自国の西部を占領された上、都を大梁《だいりょう》（現・開封市）に遷すことを余儀なくされた魏の恵王は、大いに後悔します。

実は公孫鞅は秦に仕官する前、魏で下っ端役人をしていました。時の魏の宰相は自分の後任として、公孫鞅を恵王に推挙し、もし任用しなければ誅殺して下さいと遺言しました。しかしながら、恵王は任用も殺害もせず、公孫鞅は魏から秦へ移ったという経緯《いきさつ》がありました。

漢文 為法之弊、一至此哉。

秦の孝公が公孫鞅の功績に対して、商《しょう》と於《お》で十五の都市を領地として与えられ、商君となった公孫鞅は以後、商鞅と呼ばれることになります。

紀元前338年、孝公が亡くなり、太子駟《し》が即位して恵文王となります。太子時代に師や側近を商鞅に処刑された恨みを忘れていませんでした。反商鞅派が恵文王の許に集まります。以前から商鞅の身を案じていた者たちは、宰相を辞して他国へ移ることを勧めていましたが、

「自分にはまだまだやらなくてはいけないことが山ほどある」

と退けていました。恵文王の太子時代の師で、鼻削ぎの刑にあった公子虔《けん》は、

「商鞅に謀反の疑いあり」

と誣告《ぶこく》します。ようやく商鞅は一族を連れて国境まで逃れ、宿へ泊まろうとします。すると、

「商鞅様の法令で、通行証の無い者を泊めると連座して罰せられます」

と宿主は断ります。そこで商鞅は本項フレーズで嘆きました。商鞅は何とか魏に逃れますが追い出され、領地の商に戻って兵を集めたものの恵文王の命を受けた討伐軍に攻められて戦死します。その遺体は見せしめのために、車裂きの刑となり曝されました。

商鞅の法は過酷で、処刑される人が後を絶たなかったため、渭水の畔にあった処刑場から流れ出る罪人の血で、渭水が常に真っ赤に染まっていた程です。

秦が強国となることが出来たのは、この商鞅の功績が大であることに疑いは有りませんが、まさに余所者《よそもの》が組織のトップや改革者となる時、見極めと引き際が大切だということを教えてくれる最たるエピソードです。

英訳 The damage to flawed law is endless.

リーダーの引き際の美学

34

四時《しじ》の序《じょ》、功《こう》を成《な》す者《もの》は去《さ》る。

四季の移り変わりがあるように、仕事を成し遂げた者は去っていくものです。

春秋戦国 秦

秦の恵文王の後に武王が立ち、その次に弟の昭襄王《しょうじょう》が即位します。その頃、隣国の魏に范《はん》雎《しょ》という低い身分に生まれながらも才能のある者が、魏の大夫《たいふ》の須賈《すか》に仕えます。

須賈の命で斉に使者として派遣された范雎は、斉の襄王に気に入られ、数カ月も歓待されます。やがて帰国したところ、魏の秘密を洩らしたのだろうと邪推した須賈に捕えられます。范雎はあばら骨や歯が折れるまで拷問され、挙句の果てに厠に捨て置かれます。さすがに気の毒だと厠番が逃がします。范雎は友人の鄭安平《ていあんぺい》に匿われて張禄《ちょうろく》と名を改め、鄭安平の手配で秦の王稽《おうけい》の許へ逃がれます。王稽から推挙を受けて秦の客卿となった范雎は、

——**遠交近攻。（遠《とお》い国《くに》とは交《まじ》わり、近《ちか》い国《くに》を攻《せ》める➡趙楚斉と交わり、魏韓を攻める）。**

という妙案を昭襄王に献策します。更に王を蔑ろにして権勢を我が物にしている宰相の魏冄《ぎぜん》（王の母方の叔父）などの有力者を秦から追放することを提案します。それを採用した昭襄王は范雎を宰相に任じ、全権を委任します。こうして秦は、韓、魏、趙、周を次々に滅ぼしていきます。

漢文 四時之序、成功者去。

范雎は大成果を秦にもたらしましたが、范雎の推薦人である王稽が反逆罪で処刑され、秦の将軍に任じていた友人の鄭安平も趙に攻撃を受けて降伏し、范雎は政治的に窮地に陥ります。しかしながら、それでも昭襄王の信頼は些かも揺るがず、連座の罪を免れます。

一度信頼した者を徹底的に信ずるというトップの原則を徹底的に厳守した昭襄王の度量の大きさは、まさに驚くべく程です。しかし、范雎は冷酷なリーダーでしたので反感が高まります。そこに遠い燕から秦に流れて来た蔡沢《さいたく》という者が、范雎に本項フレーズで諭しました。

「国家に尽くした者も最後に殺されてしまう。誰も潔く引退した范蠡《はんれい》を見習う者はいない」と更に説きます。伍子胥《ごししょ》、呉起《ごき》、商鞅《しょうおう》の最期を知る范雎は引退し、蔡沢を昭襄王に推挙します。代わって宰相に任ぜられた蔡沢も、数カ月もすると自分のことを王に讒言する者がいることを知り、惜しげもなく宰相の印を昭襄王に返上してしまいます。

秦の成功の秘密は、孝公以来の１００年に亘って守られた**「出身出自を問わない人財登用」**にありました。まるで四季の移り変わりのように優れたリーダーを次々と据えて大胆に仕事をさせた秦は、国家としての新陳代謝を極めて健全に繰り返すことによって、組織を常に若々しく強く保ち、成長し続けることに成功しました。

余所者《よそもの》に対する秦の譜代の重臣たちからの妬みや妨害は、常に酷いものがありましたが、歴代秦王たちの「使える者は使う」という姿勢がほぼ一貫していたことは特筆に値します。

自分の役目を成し遂げたリーダーたちが、春夏秋冬のようにきれいサッパリと退場していくような組織は、永遠に理想の形ではないでしょうか。現代においても范雎は稀です。

英訳 As with the order of the four seasons, an strong, effective leader should follow the order of things.

コラム 人物6

呂不韋《りょふい》（?～紀元前235）

陽翟《ようてき》の大商人である呂不韋は、諸国を行き来し、品物が安いときに仕入れておき、時期を見て高く売り捌き、巨万の富を築いた。呂不韋が商用で趙の都である邯鄲《かんたん》に出向いたとき、たまたま人質として来ていた秦の公子子楚がひどい暮らしをしていると聞き、同情した。

「秦の公子か、奇貨、居くべしだ」（掘り出し物だ、買っておこう）と言って子楚に会いに行った。そして、「あなたを売り出してみせましょう」と言った。

子楚の父である安国君《あんこく》が皇太子になったが、安国君は華陽《かよう》夫人を寵愛しており、夫人には子がいなかった。太子の跡継ぎを決められるのは華陽夫人になる、呂不韋はこう考えて、子楚に財政を援助し、また多大なカネを使って、皇太子の安国君の愛妃である華陽夫人に取り入り、子楚を売り込んだ。

「女は、色香があせれば殿方の愛も衰えます。今、あなたは太子のお情けを一身に受けていますが、残念ながらお子さんがおりません。ですから、今のうちに聡明で孝行に熱心な子を太子の世継ぎにし、その子をあなたの養子になさるべきです。かりに太子に万一のことがあっても、養子が王位に即くわけですから、あなたも勢力を失わずにすみます」

女性の弱味につけ込んで、子楚を売り込んだ。華陽夫人は、時機を見計らって太子に売り込み、子楚を世継ぎにした。

やがて安国君が王に即位した。これが孝文王である。華陽夫人の口利きで皇太子に子楚がなり、3年後、孝文王が亡くなり、子楚が王位に即いた。これが荘襄王である。

ところで、子楚は呂不韋の愛妾に惚れていた。彼女はとりわけ美しく、踊りが上手で、彼女との間に政が生まれた。実は、子楚が呂不韋から

▲呂不韋の墓（河南省偃師市）

愛妾をもらい受けた時、彼女はお腹に呂不韋の子をすでに宿していた。つまり、政の父親は呂不韋だった。やがて荘襄王が亡くなり、政が秦王に即位した。秦王政（のちの始皇帝）は呂不韋を相国とし、仲父と呼んだ。

呂不韋は洛陽に10万戸の領地を授けられ、3000人の食客を集め、権勢を誇った。また、『呂氏春秋』を編み、「一字でも変更できる者には千金を与える」（「一字千金」）と豪語した。

しかし、やがて呂不韋と母との関係を知った秦王政によって、呂不韋は免職され、封地に蟄居させられた。さらに秦王政から問責の書がくだされ、ついに毒を仰いで自殺した。

多様性を活かすための知恵

35

泰山《たいざん》は土壌《どじょう》を譲《ゆず》らず、故《ゆえ》に大《だい》なり。河海《かかい》は細流《さいりゅう》を択《えら》ばず、故《ゆえ》に深《ふか》し。

泰山は少しの土くれも捨てないから大きく、黄河や海は細い流れも受け入れるから深い。

秦始皇

周の初めには、天下の九つの州、1773の国に諸侯が置かれ、春秋時代に12カ国、戦国時代に7カ国となり、最終的には秦が全てを併呑し、中華の大帝国の基礎を築き上げます。紀元前221年に「春秋戦国時代」に終止符を打った秦の始皇帝の偉業は、実のところ本人一人の力のみならず、先祖や先人たちの積み重ねた成果の結晶でした。

秦は第九代の穆公（第31項）の治世から富国強兵政策を目指し、先進の諸国から人財を積極的に招き入れ、その知識人たちを「客卿《かっけい》」、即ち国家の賓客として敬いました。

穆公が隣国である晋の献公の娘を妃として娶った際、召使いとしてついて来たのが百里奚《ひゃくりけい》（百里が姓）でした。楚の生まれで諸国を放浪して晋に流れ着き、高官の下僕として雇われていましたが、身分は低くても優れていると評判の人物でした。

秦に移ってからも評判は高まりますが、政治などに巻き込まれて面倒なことになると考えた百里奚は、秦から逃亡してしまいます。やがて楚で奴隷となっていたところ、秦の使者によっ

漢文 泰山不譲土壌、故大。河海不択細流、故深。

て発見され、穆公によって羊の皮5枚で買い戻されてしまいました。穆公は三日三晩語り合い、百里奚を宰相に任じて全権を委ねます。その時、百里奚は既に70歳を越えていました。百里奚は清廉潔白で陣頭指揮で善政を行ったことから、民衆の支持を得て、秦の国力が増します。第二五代の孝公の時に、衛の出身である商鞅が宰相となり、**「信賞必罰」**によって国を律して秦は強大となり、他国から一目置かれるようになります。

孝公の息子である恵文王は魏の生まれの縦横家《じゅうおうか》である張儀《ちょうぎ》を重用します。更にその息子である昭襄王も同じく魏の出身の范雎の策を採用して、秦を強国に導きました。

秦の優れたトップたちは、全権を任せるに足る人物と判断したら、徹底的に信任してその智謀を使い切り、組織を最大化することに成功しています。

紀元前２３７年、昭襄王の曽孫である秦王政に対して、秦の王族や貴族たちが、「余所者《よそもの》は自分の国のために働いている裏切り者のはずなので、直ちに追放して下さい」と声高に叫び、他国出身の有能な人財を追放し始めます。楚の出身である李斯《りし》が本項フレーズで、秦は「客卿」を信じて任用することで他国を凌ぐ国力を強大にしたと説きます。

李斯の諫言を受けて秦王は追放令を解除します。外国人である客人の地位と名誉を回復して再び招き入れ、秦を更に強国にするよう努めました。

このエピソードは、身内だけで固めているような組織は守りに入って縮小均衡になりがちですが、外部から違う価値観や思考法を持つ者の知恵を借りることを是とする組織は、常に活力を漲《みなぎ》らせて発展することが出来るということを教えてくれるものです。

英訳 A mountain is big because it welcomes insignificant soil, and a river is deep because it embraces small streams.

コラム　故事成語6

焚書坑儒《ふんしょこうじゅ》（書を焚《も》やし儒を坑《あな》うめにす）

始皇帝34年（前213年）、博士の淳于越《じゅんうえつ》が、当時の郡県制を反対し、かつての制度を復活するように諫言した。すると丞相の李斯は、

「学者どもは、新しい法令が発令されるたび、あれこれ批判を加えます。彼らは、徒党を組んで、誹謗中傷に専念する輩でございます。

このさい、史官の記録のたぐいは、秦国以外のものは、すべて焼き捨てるべきです。さらに、『詩経』『書経』、諸子百家の著作を私蔵することを許してはなりません。ただし、書物といっても、医薬、占い、農業に関するものは、残して差しつかえないでしょう」

始皇帝はこの上書を裁可して、「焚書」が行われた。

翌年、学者の侯生《こうせい》と盧生《ろせい》は、「皇帝が悪いから仙薬が見つからない」と言い残して、いずこへともなく逃亡した。二人は、始皇帝に不老不死の薬を見つける、と約束していたのである。始皇帝は激怒した。

「彼らには、敬意を払い、最高の待遇を与えたのに、なんと逆にわしを誹謗している。やつらの仲間の学者どもが何を考えているのか、都の学者を取り調べなければなるまい」

こう言って、始皇帝は検察官に命じて、都の学者の査問をはじめた。学者たちは互いに罪をなすりあい、言い逃ればかりする。

始皇帝は、464人を有罪と認め、全員を穴埋めにした。

これが「坑儒」である。前年の「焚書」と合わせて、「焚書坑儒」と呼び、始皇帝の暴政のひとつに数えられている。

ヒトラーも「焚書」を行い、思想の統一を計った。どうやら独裁者は同じ道を歩むようだ。

▲始皇帝像（陝西省韓城市・司馬遷祠景区内）

36

人を動かすリーダーの言葉

王《おう》侯《こう》将《しょう》相《しょう》、寧《いずく》んぞ種《しゅ》あらんや。

王、諸侯、将軍、宰相であっても特別な種類の人間などではない。

陳勝

中華帝国の最初の皇帝である始皇帝の治世は15年しか続きませんでした。紀元前210年に49歳で始皇帝が崩御します。20歳の皇子胡亥《こがい》が二世皇帝として即位します。始皇帝による万里の長城、阿房宮《あぼうきゅう》、陵墓などの大土木工事に大勢の人々が強制的に集められ、人々が疲弊していたことから、各地で反乱が勃発します。

現在の河南省の日雇い百姓だった陳勝《ちんしょう》と呉広《ごこう》は、徴発されて北へ向かう途中に大沢《だいたく》郷（現・安徽省宿州市内）で大雨で足止めをくらい、期限通りに工事現場へ到着することが出来なくなりました。秦は過酷な法治国家でしたので、間に合わなければ処刑され、脱走しても捕まったら処刑されてしまうことから、陳勝は同じ立場の農夫たちに本項フレーズで決起を促します。

紀元前209年、中国史上初の農民反乱である陳勝・呉広の乱が起きます。

陳勝の心からの叫びは、血統ではなく時機を得れば、誰でも高い地位につくことが出来るという実力主義、拡大解釈すれば平等主義を謳った中国史上最初の革命スローガンとなりました。

長い戦国時代が続いた後に統一がなされた秦において、未だ下克上の気風が社会全体に

漢文 王侯将相、寧有種乎。

残っていたからこそ、陳勝が叫んだ本項フレーズに多くの人々が立ち上がります。

楚の都であった陳城を目指す間に、秦の圧政に苦しんでいた人々が陸続と加わって、反乱軍は数十万にも膨らみましたが、統制の執れた秦軍の前に敗れて、呉広は戦死、陳勝は乱軍の中で殺害されます。陳勝・呉広の反乱は6カ月ばかりで鎮圧されましたが、これをきっかけに各地で反乱が起き、その中には秦を滅ぼすことになる項羽《こうう》や劉邦《りゅうほう》もいました。

失敗に終わったとはいえ、中国史上初の農民反乱にして革命の先駆けということで、毛沢東が陳勝と呉広を大いに称賛したことから、この二人は現代中国でも高い評価を得ています。

陳勝は若い頃から気概溢れる男で、自分の雇い主の前で大きな口を叩いて笑われた時、

——燕雀安知鴻鵠之志哉。（燕雀安《えんじゃくいず》くんぞ鴻鵠《こうこく》の志《こころざし》を知《し》らんや）。

「燕や雀の如き小鳥に空高く舞う大きな鳥の気持ちなど分かるはずがあろうか」

と陳勝は言って、バカにされても全く意に介さなかったというエピソードがあります。

陳勝と呉広による決起から、1500年以上の時を超えた1381年になって、イギリスにおいて大規模な農民反乱が起きました。

農夫のワット・タイラーと神父のジョン・ボールを指導者とする反乱軍は、ケント州からロンドンへ向かい、国王リチャード2世に農奴制の廃止を求めようとします。タイラーは王との会見の場で斬られ、ボールは後に絞首刑となります。

奴隷のような状態だった農民たちに決起を促す時、ボールが叫んだ言葉があります。

——アダムが耕し、イヴが紡《つむ》いだ時、いったい誰がジェントルマンだったのか！

英訳 One's birth does not determine one's future, be a minister, a general, a load or a king.

37

志を持つことの大切さ

書《しょ》は以《もっ》て姓名《せいめい》を記《き》するに足《た》るのみ、剣《けん》は一人《ひとり》の敵《てき》なり、学《まな》ぶに足《た》らず。

項羽

文字は自分の氏名を書けるだけで十分であり、剣術はたった一人の敵を相手にするものでしかない。どちらも学ぶ価値はない。

紀元前225年、秦の将軍である李信《りしん》が率いる20万の大軍が楚に侵攻して来た時、楚の大将軍の項燕《こうえん》はこれを迎え撃って秦軍を大敗させます。翌年、秦は王翦《おうせん》将軍に60万を率いさせ、楚を攻めます。今度は奇襲を受けた項燕が大敗をし、楚王も捕虜になってしまいます。

項燕は公子の昌平君《しょうへいくん》を新たに楚王に立てますが、紀元前223年、王翦は楚を完膚無きまでに打ちのめします。昌平君と項燕は戦死し、遂に楚が滅びました。

この項燕の孫が項羽《こうう》です。父母を早くに亡くした項羽は、叔父の項梁《こうりょう》に育てられました。少年の頃の項羽は文字を習っても覚えが悪く、剣術にも不真面目で、チンタラしている姿に項梁が激怒したところ、本項フレーズで反論します。そして、

――学万人敵。(万人《ばんにん》の敵《てき》を学《まな》ばん)。

「何万人もの敵に打ち勝つ兵法を学びたい」と述べると、項梁は喜んで甥に兵法を伝授します。

漢文 書足以記姓名而已、剣一人敵、不足学。

陳勝・呉広の乱に呼応しようとした会稽郡守《かいけいぐんしゅ》の殷通《いんとう》は、挙兵に際して名高い項梁を大将として招きますが、項梁は項羽に命じて殷通を殺害して自らが郡守となります。楚王の末裔を王位に据えて楚を復活させて勢いを得ますが、項梁は秦との戦争で戦死してしまいました。そこで項羽が後を継ぎます。

楚王の命を受けた形で、項羽は同じく楚の出身の劉邦《りゅうほう》と競い合って秦の本拠地である関中（函谷関の西側の地域、現在の陝西省）を目指しますが、劉邦に一番乗りの功を奪われます。「鴻門《こうもん》の会」を経て、劉邦に譲歩させて都の咸陽に入った項羽は、秦王子嬰《しえい》と一族を殺害し、咸陽宮を焼き払い、始皇帝の陵墓も暴いて秦を滅亡させます。紀元前207年のことです。都を彭城《ほうじょう》（現・江蘇省徐州市）に定めて「西楚覇王《せいそはおう》」を自称し、親しい仲間や親戚を諸侯に封じます。ライバルの劉邦を漢中《かんちゅう》王として、中原から奥地へ左遷して冷遇します。項羽は楚へ凱旋帰国して故郷に錦を飾りますが、やがて劉邦も項羽と激突することになります。

項羽は戦術に巧みでしたが、若く血気盛んであったことから激高し易く独善的で、強過ぎるリーダーシップを発揮してしまったために、諸侯や将軍が離れてしまいました。

「彭城の戦い」「滎陽《けいよう》の戦い」で劉邦を大敗させました。劉邦の将軍である韓信からの反撃に遭って追い詰められます。一度は和睦が結ばれましたが、紀元前202年、「垓下《がいか》の戦い」で劉邦・韓信連合軍に項羽は大敗します。恥辱にまみれることを潔《いさぎよ》しとせず、項羽は長江のほとりで自らの首を刎ねます。享年31歳でした。

リーダーたる者は負けた時の潔い出処進退にこそ、その人間性の高さが如実に現れます。

英訳 Letters are only sufficient for writing one’s name, while a fence is only adequate for coping with an enemy. Thus, both are unworthy of learning.

▲陳勝の像（河南省永城市・陳勝廟）

▲劉邦の像（江蘇省豊県・劉邦故里文化風景区）

コラム　故事成語7

四面楚歌（四面楚歌《しめんそか》）

楚の項羽と漢の劉邦の戦いもいよいよクライマックスになり、楚軍は漢軍に追いつめられる。それまで楚軍は戦いを有利に進めていたが、韓信が斉を略定し、鯨布や彭越が各地でゲリラ活動を行い、それらがボディーブローのように効いてきて、徐々に形勢が転じて、漢軍が優勢になってきたのである。

項羽はそこで鴻溝《こうこう》を境に天下を二分して、漢と和平協定を結んだ。劉邦も軍を引き揚げようとすると、謀臣の張良と陳平が進言した。

「この機会に攻撃をしなければ、虎を育てて禍の種をまく（虎を養いて自ら患《うれい》を遺《のこ》すなり）ようなものです」

劉邦もこの進言を入れて攻撃を開始した。楚軍は総崩れとなり、食糧も乏しくなった。項羽は垓下《がいか》に追いつめられた。

その夜、項羽の耳に四方の漢軍から楚の歌が聞こえてきた（四面楚歌）。

「これはまずい。楚の地も漢に降ったか。漢軍に楚の人間がなんと多いことか」

目が冴えた項羽は、酒を飲み、即興の歌をうたう。

力、山を抜き、気は世を蓋《おお》う。
時、利あらず、騅《すい》（愛馬の名）、逝《ゆ》かず。
騅の逝かざるをいかんすべき。
虞《ぐ》（愛妾の名）や虞や、なんじをいかんせん。

この夜、項羽は包囲を逃れ、やがて烏江《うこう》までたどり着いたが、長江を一人で渡って逃れても自分自身が許せないと思い、自刎した。

なお、この故事より「四面楚歌」は、すべてが敵にまわったことを指すが、一般には、周囲から非難され、孤立した状態をいう。

▼虞美人

人財を登用するときのポイント

38

臣《しん》の言《い》う所《ところ》は能《のう》なり。大王《だいおう》の問《と》う所《ところ》は行《おこな》なり。

前漢高祖

推薦したポイントは能力であって、その品行ではありません。

漢を建国して初代皇帝となった劉邦は、農民の子供として生まれ、地元の沛《はい》（現・江蘇省徐州市豊県）で侠客を気取った親分肌の小役人でした。しかしながら、陳勝・呉広の乱に呼応した劉邦は、やがて一大勢力となり、項羽と覇を競って天下を統一するまでになります。

大帝国を築くことが出来たのは、劉邦自身の人間的な魅力と運ですが、当時の最も優れた人財を集め、協力させることに成功したからです。

蕭何《しょうか》、曹参《そうさん》、張敖《ちょうごう》、周勃《しゅうぼつ》、張良《ちょうりょう》、范噲《はんかい》、韓信《かんしん》、彭越《ほうえつ》、黥布《げいふ》、盧綰《ろわん》、酈食其《れきいき》、陳平《ちんぺい》などの個性溢れる有能な人財を配下に集めました。

中でも陳平はユニークで、劉邦の遺言で漢の丞相となり、劉邦が崩じて皇后呂氏一族によって瓦解しそうになった漢は、後に陳平の助力によって再興されることになります。

現在の河南省に生まれた陳平は、背が高くて容姿も良く学問もあるにもかかわらず、あまり働き者ではなく、兄の家に居候をしてブラブラしていました。ある時、陳平は地元の富豪

漢文 臣所言者能也。大王所問者行也。

の孫で、5回も夫と死別して縁起が悪いと避けられている娘に目を付けて嫁にします。

金回りが一気に良くなった陳平は、その人柄と容姿も相まって地元で評判を上げ、祭事を取り仕切るようにまでなります。生贄の肉を迅速に、且つ公平に手際良く分配する陳平を見て、ある人が感心して褒めます。すると大志を抱く陳平は、

――使平得宰天下、亦如此肉矣。（天下《てんか》に宰《さい》たるを得《え》しめば、亦《ま》た此《こ》の肉《にく》の如《ごと》くならん）。

と自分に天下を差配させるなら、今、肉を切り分けたように上手くやれると豪語しました。

もし陳勝と呉広の乱が起きなければ、陳平も地方の一名士としてそこそこ楽しく人生を終えたでしょうが、地元の若者を集めて、反乱グループの一つである魏咎《ぎきゅう》の許に馳せ参じます。

覇気の無い地方勢力の王などには早々と見切りをつけ、有能な陳平は項羽に仕えます。手柄を立てて都尉《とい》（軍の将校）に任ぜられますが、項羽から些細なことで疑われて、身の危険を感じて脱走した陳平は、劉邦の軍にいる友人の魏無知《ぎむち》を頼ります。

風采の良い陳平を引見した劉邦はいっぺんに気に入り、項羽軍の時と同じ都尉に任じて、自らの馬車にも同乗させるなどの厚遇をします。古参の将軍たちが妬みます。

「陳平の風采は確かに立派ですが軽薄な男です。仕官していなかった頃は家に引きこもり兄嫁と関係し、魏や楚でも使い物にならないので、逃げて身を寄せて来たような奴です」

周勃の告発に劉邦は、推薦者の魏無知を責めます。魏無知は本項フレーズを述べ、清廉潔白で優れた人格者であっても、大事業の達成のために役立たないのでは意味がないと直言します。

英訳 His recommendation is only based on his ability, not his behaviour.

自らが品行方正でないことを省みた劉邦も納得して、陳平を護軍中尉《ごぐんちゅうい》に任じて軍のお目付け役としたことから、将軍たちは誰一人として陳平を非難しなくなりました。

能力と品行のいずれに重きを置くかは、組織の状況や環境、タイミングによります。

しかしながら、リーダーたる者が人財登用において忘れてならないことは唯《ただ》一点、組織にとって戦略目標達成のために役立つ仕事が出来るかどうかだけです。

コラム 人物7

張良《ちょうりょう》（?～紀元前186）

張良は、韓の名門の家に生まれ、祖父も父も韓の宰相を務めている。

張良が出仕する前に、韓は秦に滅ぼされた。豊かな家財があったが、それをなげうち、しかも弟が死んでも葬儀を出さず、秦王を暗殺しようと計画した。

やがて始皇帝が巡幸して、博浪沙《はくろうさ》にさしかかった時、張良は力自慢の男と待ち伏せし、重さ百二十斤の鉄槌を始皇帝の車に投げつけたがはずれてしまった。始皇帝は大いに怒り、全国に捜査網を広げ、厳しく犯人を追わせた。秦の法が厳しくなったのは、この事件がきっかけだった。

遠く下邳《かひ》に逃れた張良は、下邳の橋のたもとで不思議な老人と会い、老人から太公望の兵法書『六韜《りくとう》』『三略《さんりゃく》』を授かった。

やがて各地で反乱が起こり、張良は劉邦の幕下に加わり、重用された。楚漢の戦いでは、参謀として劉邦の傍らにあって、的確な戦略を駆使して項羽打倒に大きな役割を演じた。

とくに、漢の2年、劉邦が連合軍と楚の本拠地彭城を一旦は陥れたが、急遽引き返してきた項羽に惨敗を食らい、下邑《かゆう》に敗走した時のこと、劉邦は、

「函谷関以東はあきらめなければなるまい。だが、同じあきらめるなら、楚を討つ協力者に譲りたいが、誰がよかろうか」と言うと、張良が進言した。

「鯨布は楚の猛将ですが、項羽と溝が生じています。また、彭越は斉王と呼応して梁（魏）で項羽に反乱を起こしています。まず、この二人を抱き込むよう使者を送ってください。そして、わが軍で大事を頼める将軍は韓信だけです。この三人にくれてやるつもりで、全権を委任すれば、楚を破ることができましょう」

この戦略が当たって、ついに項羽を追いつめることができた。

「帷幄の中で謀をめぐらし、勝ちを千里の外に決するは、張良の功績だ」と劉邦は評した。漢王朝成立後、多くの功臣が反逆の罪で殺されていく中で、張良は仙界を選び、生を全うすることができた。

戦略と無謀との決定的な差

39

之《これ》を死地《しち》に陥《おとしい》れて而《しか》る後《のち》に生《い》き、之《これ》を亡地《ぼうち》に置《お》いて而《しか》る後《のち》に存《そん》す。

必ず死する地に陥れるとかえって生きるものであり、必ず滅びる地に置けば残るものだ。

前漢高祖

韓信《かんしん》は淮陰《わいいん》（現・江蘇省淮安市）の生まれで貧しく、知り合いの家々で居候生活をしていました。将来に大志を抱く韓信は、洗濯老婆に飯を食べさせてもらったり、「立派な剣を帯びて偉そうに」とゴロツキにイチャモンをつけられても相手の股をくぐったりして、屈辱に耐えます。

項羽に仕えて度々の進言や提案をしますが採用されず、功を挙げることが出来ませんでした。やがて項羽のもとを離れて劉邦に仕えますが、なかなかチャンスは訪れませんでした。ある晩、劣勢な劉邦軍から脱走する将兵が増えるのを見て、韓信も逃亡を決心します。その知らせに重臣の蕭何《しょうか》は慌てて追いかけました。蕭何だけは韓信の異才を認めていたからです。

劉邦は蕭何も脱走したという知らせを聞いて衝撃を受けましたが、やがて蕭何は韓信を連れて帰って来ます。そして進言します。

漢文 陥之死地而後生、置之亡地而後存。

「漢中に留まるなら韓信は要りませんが、漢中を出て天下を争うならば韓信が必要です」

韓信は「国士無双《こくしむそう》」即ち、天下に並ぶ者がいない程に優れた者であると蕭何は断言しました。ようやく劉邦も納得して、全軍の指揮を任せる大将軍に韓信を抜擢します。

韓信は、劉邦を戴いて関中を攻略して項羽との対決に挑みます。

紀元前205年に「彭城《ほうじょう》の戦い」で項羽には敗れるものの、体勢を立て直した劉邦は項羽と対峙します。その間、項羽の背後の項羽陣営の国々を別動隊を率いた韓信が攻めます。韓信は魏と代を平定し、趙へ進軍します。

井陘《せいけい》（現・河北省石家荘市）で韓信は趙軍と衝突します。水を前にして山を背にするという布陣が、戦術における基本中の基本とされていましたが、韓信は河を背にして陣を敷きます。

——**背水陣為絶地。**（**「水《みず》を背《せ》にして陣《じん》〔陣〕すれば、絶地《ぜっち》〔死に場所〕になる」**）。

『尉繚子《うつりょうし》』の一節を思い出した趙の将軍は、「兵法の初歩を知らないのか」と韓信を嘲笑します。

韓信の巧みな用兵で、敗走すると見せかけて城塞に籠る兵をおびき寄せます。河岸に追い詰められて逃げ場のない韓信の兵は、死に物狂いで戦います。趙兵が出撃して空となっている間に、韓信は別働隊に趙側の城塞を占拠させ、大量の旗をはためかせました。敵に城塞が占拠されたと趙兵は驚き、混乱の中で韓信の兵の挟み撃ちにあって大敗を喫しました。

「背水之陣《はいすいのじん》」のエピソードは、兵を窮地に追い詰めて力を最大限に発揮させることばかりに目が行きがちですが、別動隊で手薄な城を攻めたり、事前に間者を使って情報収集をしたり

英訳 One fights hardest to survive when in a deathtrap.

するなど、韓信は勝つために綿密な作戦を練り上げた上で戦いに臨んでいます。
追い詰められた上で、イチかバチかで兵を背水に配置した訳ではない点に注意する必要があります。

組織のメンバーを厳しいノルマで追い詰めたり、苦しい環境においてアイデアを出させたりするようなトップがいれば、それはナンセンスです。

「背水」は大きな戦略の一面、一部分でしかなく、これだけが勝因ではないことを理解していなければ、窮地に兵を置いても勝利は得られません。

エッセンスを少しばかりかじっただけでは、何の成果も得られず、**「生兵法《なまびょうほう》は、大怪我の元」**と昔から言われているような事態を招くことになります。

▲韓信像と拝将台（陝西省漢中市）

実務に秀でるよりも重要なこと

40

公《こう》、其《そ》の一《いち》を知《し》って、未《いま》だ其《そ》の二《に》を知《し》らず。

貴公らは理由の第一を知っているが、第二を知らない。

前漢高祖

紀元前202年の「垓下《がいか》の戦い」で勝利した劉邦は、諸王侯と諸将に推戴されて皇帝に即位し、漢の太祖高皇帝（略して高祖、以下、高祖劉邦と記載）となります。

洛陽の宮殿で建国の功臣たちを招いて宴会を開いた時、高祖劉邦はおもむろに立ち上がって、皆の忌憚の無い意見を聞かせて欲しいと次のように尋ねました。

「ワシが天下を取れた理由は何であろうか。項羽が天下を失った理由は何であろうか」

すると高起《こうき》と王陵《おうりょう》の二人が立ち上がって答えます。

「陛下は口も行儀も悪いですが、項羽はなかなかの人情家でした。但し陛下は城を攻めさせ、領地を奪いますが、これを功績のある者に与え、天下の人々と利益を共有しようとなされました。しかし項羽はそうでありませんでした。功績のある者を殺し、賢者を疑い、戦いに勝ってもその功績を認めず、領土も奪っては独り占めしました」

項羽は私利私欲が先に立って、他人と利益を分かち合おうという気持ちが皆無だったので、天下を失ったと指摘します。すると高祖劉邦は本項フレーズを述べて、持論を展開します。

漢文 公知其一、未知其二。

「軍営で作戦を練り、千里の彼方で勝利を得ることができる点で、ワシは張良に及ばない。国家を安定させて人々を慈しみ、食糧の調達を怠りなく、軍の補給を欠かさない点では、ワシは蕭何に及ばない。百万の軍を率いて戦えば必ず勝ち、攻めれば必ず打ち取るといった点で、ワシは韓信に及ばない」と述べてから、

「この三人は傑出した人財だ。ワシは三人を使いこなすことが出来た。だから天下を取れたのだ。項羽には范増《はんぞう》が一人だけ軍師としていたが、それすら使いこなすことが出来なかった」

と項羽に勝った理由を解説します。つまり高祖劉邦は本人の力量よりも、トップとしての人財マネジメントに優れていて、適材適所で組織を運営して成功したという訳です。

後に高祖劉邦が、韓信と諸将の力量について議論をした時、高祖劉邦は自分ならばどのくらいの器量であろうかと尋ねると、韓信は躊躇せずに、

「せいぜい十万くらいの大将ではないでしょうか」

と答えます。高祖劉邦は少しムッとしたのでしょうか、お前はどうなのかと韓信に尋ねます。

――**多多益弁。（多々《たた》益《ますま》す弁《べん》ず）**。

「多ければ多い程うまくやります」と答えます。高祖劉邦は、ならばどうしてワシに捕まったのかと問い質します。すると韓信は、

――**陛下不能将兵、而善将将。（陛下《へいか》は兵《へい》に将《しょう》たることは能《あた》わざれども、而《しか》るに善《よ》く将《しょう》に将《しょう》たり）**。

兵士を使いこなせなくとも、優秀な将軍たちを使いこなすことが出来るからだと答えました。

リーダーたる者が目指すべき究極的な組織トップ像は、この高祖劉邦にあります。

英訳 You understand the word, not its meaning.

トップが最も評価すべき人財

41

獣《けもの》を逐殺《ちくさつ》する者《もの》は狗《いぬ》なり。発縦《はっしょう》して指示《しじ》する者《もの》は人《ひと》なり。

獲物を追い駆けてかみ殺すのは犬であり、縄を解いて命令するのは人間である。

前漢高祖

高祖劉邦は即位してから直ちに、苦労を共にして来た仲間たちに論功行賞を行います。常に最前線で活躍した曹参《そうさん》が功績第一と評されると誰一人として疑う者がいない中、劉邦は蕭何《しょうか》を第一の功労者とします。すると将軍たちがいきり立って異議を唱えました。

「多い者で百回以上、少ない者でも数十回も命を懸けて戦場に出ました。ところが蕭何は一度も戦場に出たことがなく、後方で帳簿を持って議論していただけではないですか」

すると劉邦は尤もだと頷きながらも、本項フレーズで答えて、将軍たちの不満を退けます。

「お前たちは猟犬のようなもので、蕭何は犬の主人という訳だ」

劉邦が未だ地元の沛《はい》でブラブラしていた頃、その人物を見極めて亭長に推挙したのは沛県の役人だった蕭何でした。また、逃亡中の劉邦を沛県の県令として迎えたのも蕭何でした。

蕭何は現代の組織ならば、経営管理のエキスパートです。経理、総務、購買の才のみならず、人事の才もあったことは、無頼の劉邦が大器であると見極めたことに加えて、一介の将

漢文 逐殺獣者狗也。発縦指示者人也。

校でしかなかった韓信に、大将軍としての才能があると見抜いたことから窺えます。

また韓信が劉邦を見限って逃げ出した時、直ぐに追い駆けて帰還を説得し、更に韓信の登用に難色を示す劉邦を説き伏せる行動力、賭けに出る度胸、勘所の良さも抜群です。

劉邦が天下を取ってから、韓信は故郷の地がある楚の王に封じられますが、その力量を警戒されます。一方、韓信も劉邦だけでなく誰も信用しなくなりますが、恩人の蕭何だけには、心を許していました。やがて謀反の疑いをかけられて、韓信は捕まります。


――狡兎死走狗烹、飛鳥尽良蔵、敵国破謀臣亡。（狡兎《こうと》死して走狗《そうく》烹《に》られ、飛鳥《ひちょう》尽きて良弓《りょうきゅう》蔵《しま》われ、敵国《てきこく》破《やぶ》れて謀臣《ぼうしん》亡《ほろ》ぶ）。


韓信は范蠡（第９項）の言葉を思い出し、自分を殺すつもりかと劉邦に尋ねます。建国の功臣であることを鑑みた劉邦は、一命を助けて楚王から淮陰侯《わいいんこう》に格下げしました。

紀元前１９６年、韓信と通じた陳豨《ちんき》が反乱を起こしました。その平定に向かった劉邦が都を空けるや否や、韓信のクーデターの企てを知らされた劉邦の皇后呂氏《りょし》は、慌てて蕭何に相談します。蕭何は落ち着きを払って、皇后呂氏に提案します。

「韓信を呼び出しても警戒して来ないでしょうから、自分が内々に声を掛けましょう」

蕭何の要請に安心した韓信は、宮廷に参内するや直ちに捕えられて処刑されてしまいます。

蕭何の凄さは如何に信頼をしても犬は犬でしかなく、猟犬の主人に徹したところにあります。組織におけるリーダーには、冷徹なまでの合理性と厳しさが必要だということです。

英訳 If a hound chases and kills animals, then it is a human who orders it to do so.

42

兄弟が争うことの不毛

一尺《いっせき》の布《ふ》も尚《な》お縫《ぬ》うべし。一斗《いっと》の粟《ぞく》も尚《な》お舂《うすつ》くべし。兄弟《けいてい》二人、相容《あいい》るる能《あた》わず。

前漢文帝

一尺の布があれば、それを縫って互いに着ることが出来る。一斗の粟でもあれば、炊いて共に食べることが出来る。それなのに兄弟二人は、助け合うことが出来ない。

前漢の実質的な三代目である文帝《ぶん》劉恒《りゅうかん》（幼帝二人入れると第五代皇帝）は、中国歴代の皇帝たちから最も尊敬された名君の一人です。文帝が聡明でなければ、漢も秦と同じく短命な王朝で終わったと言われる程です。

文帝の母である薄姫《はくき》は高祖劉邦から寵愛はされませんでしたが、息子には恵まれた幸運な女性です。病に伏せった母の食事や薬の世話を3年間に亘って孝養を尽くし、文帝は孝行息子の代名詞として、現代中国でもよく知られています。

文帝には淮南《わいなん》王劉長という異母弟がいました。その母の趙姫《ちょうき》は趙王張敖《ちょうごう》の側室でしたが、後に高祖劉邦に献上されました。高祖の暗殺を趙王らが企んだと言われた際、趙姫も捕らわれ、獄中で劉長《りゅうちょう》を生んだ後に自殺します。劉長は皇后呂氏《りょし》の子供として育てられます。

高祖が崩御した後、呂后《りょごう》との息子の恵《けい》帝が即位し、母親の呂后は皇太后として実権を握り

漢文 一尺布尚可縫。一斗粟尚可舂。兄弟二人、不能相容。

ます。結果として呂后とその親族である呂氏に漢王朝は乗っ取られ、恵帝も23歳で亡くなってしまいます。恵帝の二人の幼い皇子が傀儡として立てられ、呂氏一族の専横は続きます。

その呂后が亡くなると陳平《ちんぺい》、周勃《しゅうぼつ》といった高祖の直臣たちがクーデターを起こして呂氏一族を皆殺しにしました。その時に高祖の生存している息子は二人だけで、年長の代王が即位して文帝となり、もう一人が異母弟の淮南王劉長です。

淮南王劉長は、皇帝である兄の威光を借りて傲慢な振舞いが多くありましたが、それでも文帝は意に介さず弟を可愛がり続けました。

しかしながら、文帝6（紀元前174）年に劉長は反乱を計画して捕まり、罪一等を免ぜられて蜀へ流されます。自身が驕って諫めを聞かなかったことを後悔した劉長は、護送中に食事を絶って亡くなります。文帝は弟を手厚く葬るように命じ、遺児四人を列侯に封じます。丁度その頃から人々の間で流行り始めた歌が、本項フレーズです。孝行で知られた皇帝であっても、血を分けた兄弟と天下を共にすることができなかったと皮肉られたのです。

『旧約聖書』に記されているアダムとイヴの二人の息子であるカインとアベルの争いだけでなく、古今東西の歴史に兄弟の骨肉の争いは枚挙に遑《いとま》がなく、現代企業のオーナー兄弟の間でも、しばしば見受けられます。歴史において人の命の長さなど一瞬です。兄弟争わず協力し合った方が、遥かに自分たちの組織や世のためになるにもかかわらずです。

道家や法家の思想書として、昔からトップリーダーたちに親しまれてきた『**淮南子**《えなんじ》』は、文帝によって淮南王に封ぜられた劉安《りゅうあん》、即ち劉長の長男が編纂させたものです。

英訳 Although one piece of cloth can be sewed and one volume of a foxtail millet can be threshed and shared. But two brothers cannot accept each other.

組織の絶対法則を自覚しているか

43

物盛《ものさか》んなれば衰《おとろ》う。固《もと》よりその変《へん》なり。

物事は盛んになれば衰えるものであり、変化するのは当然のことだ。

前漢景帝

紀元前157年、文帝が崩じます。その在位は23年にも及びました。息子の景《けい》帝が即位します。景帝は文帝から皇帝位だけでなく、堅実な政治も引き継ぎます。その施政方針は外征を控えて倹約に努め、重農主義で減税を行って社会を安定させるというものでした。

景帝の在位期間は16年で、父の文帝の時代と合わせた約40年（紀元前180〜紀元前141）は、「文景《ぶんけい》の治《ち》」と呼ばれて後世の君主政治の模範となります。

高祖劉邦が秦を攻めて関中に入った際、秦の過酷な法律を廃して、「殺人・傷害・窃盗」の三つの罪だけを罰するという決まり、即ち**「法三章」**を施政方針としました。それ以来、人々は安心して暮らすようになり、漢王朝になって人心も安定して、国家として大きな発展を遂げました。人々は物資に不自由することなく、家も街中も銭や米が満ち溢れる程であったそうです。

国家や企業に限らず如何なる組織もその大小を問わずして、

――**黎明期⬇成長期⬇絶頂期⬇衰亡期**

というプロセスを例外なく踏みます。「文景の治」は漢王朝の成長期にあたり、そして絶頂

漢文 物盛而衰、固其変也。

期の始まりでもありました。いわゆる「バブル景気」のような好況で、大金を手にして驕り高ぶる者も多く増えます。諸侯や高官だけでなく一般の人々も贅の限りを尽くします。

こういった日々が永遠に続くことはなく、本項フレーズを用いて『**十八史略**』の編者の曾《そう》先之《せんし》が、栄枯盛衰の理を述べました。如何なる時代であっても如何なる組織であっても、このサイクルから逃れることが出来ないということをリーダーたる者は常に考え、謙虚な姿勢を崩してはいけないということを示唆しています。

「**盛者必衰**」は、リーダーたる者が一瞬でも忘れてはならない組織の運命の絶対法則です。

理想とされる「文景の治」ですが、漢の宗室である劉氏の内紛、即ち「呉楚七国の乱」が、その間の紀元前154年に起きました。

秦では中央政府から派遣される役人が、地方を支配する「郡県制」が敷かれました。漢の高祖は行き過ぎた法治主義は人々を苦しめることになること、また反乱が起きた時に皇帝を守る有力な一族や重臣もいなかった秦の体制を見直して、一族や息子たちを地方の王に封じて全国に配する「郡国制」と「郡県制」を併用しました。

景帝は即位してから、地方で豊かになった有力な諸侯の力を弱める政策を一気に進めますが、これに対して呉王を含む七人の劉氏の王が、「呉楚七国の乱」を起こしました。この反乱は3カ月程で鎮圧されましたが、その反省から中央政権に権力を集中させる急進的な改革は緩められました。景帝自身も高い授業料を払って学んだだけあり、強引な政治を行うことがなくなり、結果的には名君として歴史に記されることになります。

英訳 Even if it is popular, it will surely decline, since it is a matter of course.

メンバーの手本であることを目指す

44

事《こと》は強勉《きょうべん》に在《あ》るのみ。

何事も勉強することが第一です。

前漢武帝

紀元前141年、景帝の皇太子劉徹《りゅうてつ》が16歳で即位します。有名な漢の武帝です。

武帝は「文景の治」、即ち文帝と景帝の二代にわたる善政で蓄積した莫大な国富を受け継いだ上に、中央集権の強化によって、国力を充実させて漢王朝は絶頂期を迎えます。

高祖劉邦が北方の異民族である匈奴に敗北して以来、漢は低姿勢外交を貫いていましたが、遂に武帝は反撃に出ます。西方の大月氏国《だいげっしこく》へ張騫《ちょうけん》を派遣したことによって西域の事情が分かるようになり、衛青《えいせい》、霍去病《かくきょへい》、李広利《りこうり》などの後々まで知られる名将を派遣して西域を征服します。更に東方の衛氏《えいし》朝鮮、南方の南越《なんえつ》国まで滅ぼします。

武帝は紀元前115年に元号制度を始め、即位した年まで遡って「建元」という元号が定められます。この制度は1916年に短命で終わった袁世凱《えんせいがい》の中華帝国の「洪憲」が制定されるまで中国大陸では存続し、日本ではご承知の通り今日まで残っています。

武帝は皇帝の手足となって使える官僚を集めるために、「賢良《けんりょう》・方正《ほうせい》・直言《ちょくげん》・極諫《きょっかん》」の四つの徳目に優れた人物を推薦させ、武帝自らが試験を行いました。この時、董仲舒《とうちゅうじょ》という学

漢文 事在強勉而已。

者が意見書を答案として献呈します。そこには本項フレーズに続けて、「良く勉強して学問をすれば、見聞が広くなり、智慧がますます明らかになります」と述べ、帝王の心得を説きます。

「人君はまず自分の心を正しくすることによって、朝廷を正し、朝廷を正すことによって百官を正し、百官を正すことによって万民を正し、万民を正すことによって四方を正しくする。四方が正しければ、遠近を問わず、正しくないところはなくなります」

つまりリーダーたる者は、自ら襟を正して組織のメンバー全員の手本となることを常に心掛けることが、組織を最善に裁量する唯一の方法であるという訳です。全く目新しいことではありませんが、実践することが極めて難しいことは言うまでもありません。

董仲舒が信奉した儒教は、天が自然災害を起こして下界に住む人々に警告を与えるという災異説です。トップに徳が無く、世に合わねば自然に排除されてしまうという思想です。

董仲舒は広川《こうせん》（現・河北省景県）の出身で、景帝の時代に博士となり、貴族の子弟や逸材を教育する太学を設置すること、儒学を国学とし他の諸子百家の思想を排除することを献策して武帝に採用されます。これ以降、皇帝に仕えて政治に携わるリーダーとなる者たちは、儒学的教養と知識を身に付けることが必須となりました。

董仲舒は清廉潔白な有徳の人物で、学問に生涯励みました。自邸のカーテンを閉め切って、3年間も庭に現れなかったと言われる程、学問と講義に専念し、大勢の弟子を抱えました。『史記』の著者である司馬遷《しばせん》もその一人と言われています。

英訳 One must first study everything.

45

理論と行動のバランスを取る

治《ち》を為《な》すは、多言《たげん》に在《あ》らず、力行《りっこう》何如《いかん》を顧《かえり》みるのみ。

前漢武帝

政治を行うにはペラペラと口先だけではダメです。如何に行動できるかにあるのみです。

魯の人である申公《しんこう》は、名を培《ばい》と言いました。荀子《じゅんし》の流れをくむ儒学者で、若い頃から優秀で名高く、魯へ立ち寄った高祖劉邦に謁見の栄を賜った程です。

劉邦は秦への反乱を起こした当初、儒者嫌いでした。儒者の目印とプライドの象徴である冠を便器代わりにして使ったというエピソードが残されています。

しかしながらある時に、召使の女に自分の足を洗わせながら説客の酈食其《れきいき》を引見した劉邦は一喝され、孔子のように上背があるガタイの大きい老儒者の迫力に感じ入ることがあったのか、儒者に対して態度を改めます。

後に皇帝となった劉邦は、荒くれ者の集団であった重臣たちが畏まって、威儀を正して自分に拝謁するようになって、「儒教も悪くない」と呟いたと伝わっています。

その劉邦と違って末弟の劉交《りゅうこう》は、若い頃から儒教を学びました。早くから兄の陣営に加わって活躍し、韓信が楚王から淮陰侯に格下げされた時、その後任として楚王に封ぜられました。

漢文 為治不在多言、顧力行何如耳。

子孫も学問に熱心で、『戦国策《せんごくさく》』の撰者である劉向《りゅうきょう》は、劉交の玄孫です。

その劉交は息子の学友に申公を選び、共に長安で学問をさせます。やがて申公は学友である二代目の楚王の息子の教育係に任じられますが、その三代目の楚王は申公を嫌ったため、恥じて故郷の魯に戻り、以後は一歩も自宅の門から出ず、儒学の師となります。

申公には百余人の門弟がおり、多くが出世しました。ある時、武帝に高官として仕えた二人の弟子が、申公を武帝に推挙します。興味を持った武帝は、立派な馬車を迎えに出して宮廷へ召し出しました。申公は既にその時、80歳を越えた老人だったそうです。

武帝は諸事万端について、質問攻めにします。そして武帝が政治について下問した際、申公はトップがいつも念頭において忘れてはいけないと前置きしてから、本項フレーズで答えます。

「頭でっかち」という言葉があります。胴体や手足など身体の部分に比べて、頭が大きくバランスが悪いことを指しますが、見た目でなく中身も頭に詰め込んだ知識ばかりで、理論先行型で行動が伴わない人を揶揄する際に使われます。

マネジメントについてしっかりと学んだ人間が、即戦力として役立つことはほとんどありません。実践的に活動した経験によって磨かれ、それによって体得することが出来る技術もあります。この技術は机の上で習得することは出来ないものです。このことが良く分かっていながら実行することがなかなか出来ない人は、世の中には数多くいます。

組織のトップは、本項フレーズを常に思い返して自戒とする必要があります。

英訳 In order to govern an organisation, one must use actions, not words.

コラム 人物8

張騫《ちょうけん》

（紀元前164?～紀元前114）

張騫はシルクロードの開拓者。彼は漢中の出身である。即位間もない武帝の命令で西域へ探検に出かけた。匈奴の西に大月氏《だいげっし》(月氏の一部)という国があり、当時、匈奴に対して敵意を抱いているという情報を得ていた。武帝はこの大月氏と手を結び、匈奴を挟撃する計画を立て、その使者として張騫を派遣したのである。

しかし漢の勢力圏から出たところで匈奴に捕らわれ、永らく拘留された。その後、脱出に成功し、大宛（フェルナガ）を経由し、大月氏に至った。しかし大月氏は匈奴と戦う意志はなく、張騫は帰途についたが、ふたたび匈奴に捕らわれた。しかし匈奴の内部で権力争いがあり、そのドサクサに紛れて脱出し、ついに漢に帰還した。出発してから13年の歳月が経ち、出発時は百人余りの部下を従えていたが、帰国時は案内人の甘父《かんぽ》（匈奴人）と二人だけだった。

目的は果たせなかったが、別の意味で張騫は大きな功績をあげた。彼が実際に足を踏み入れた西域諸国は、大宛、大月氏、大夏、康居の4カ国、情報を得た周辺の国は、主なものだけで5、6カ国にのぼり、東方の文明と西方の文明が初めてふれあったのである。

さらに張騫は、蜀から西方へのルートを拓くために尽力した。

また、大将軍衛青の匈奴討伐に参加し、功績をたて、博望侯に封じられた。しかし翌年、李広将軍に従って匈奴討伐に出撃した時、敗北の一因を作ってしまった。斬罪に処されるところだったが、贖罪金を払って平民となっている。

張騫は中国の文明を西域諸国にもたらすとともに、西域諸国からブドウなどの物産を中国にもたらした。張騫の探検は、それまでの世界観を変える偉大な出来事だった。

▼紀元前2世紀ころの内陸アジア

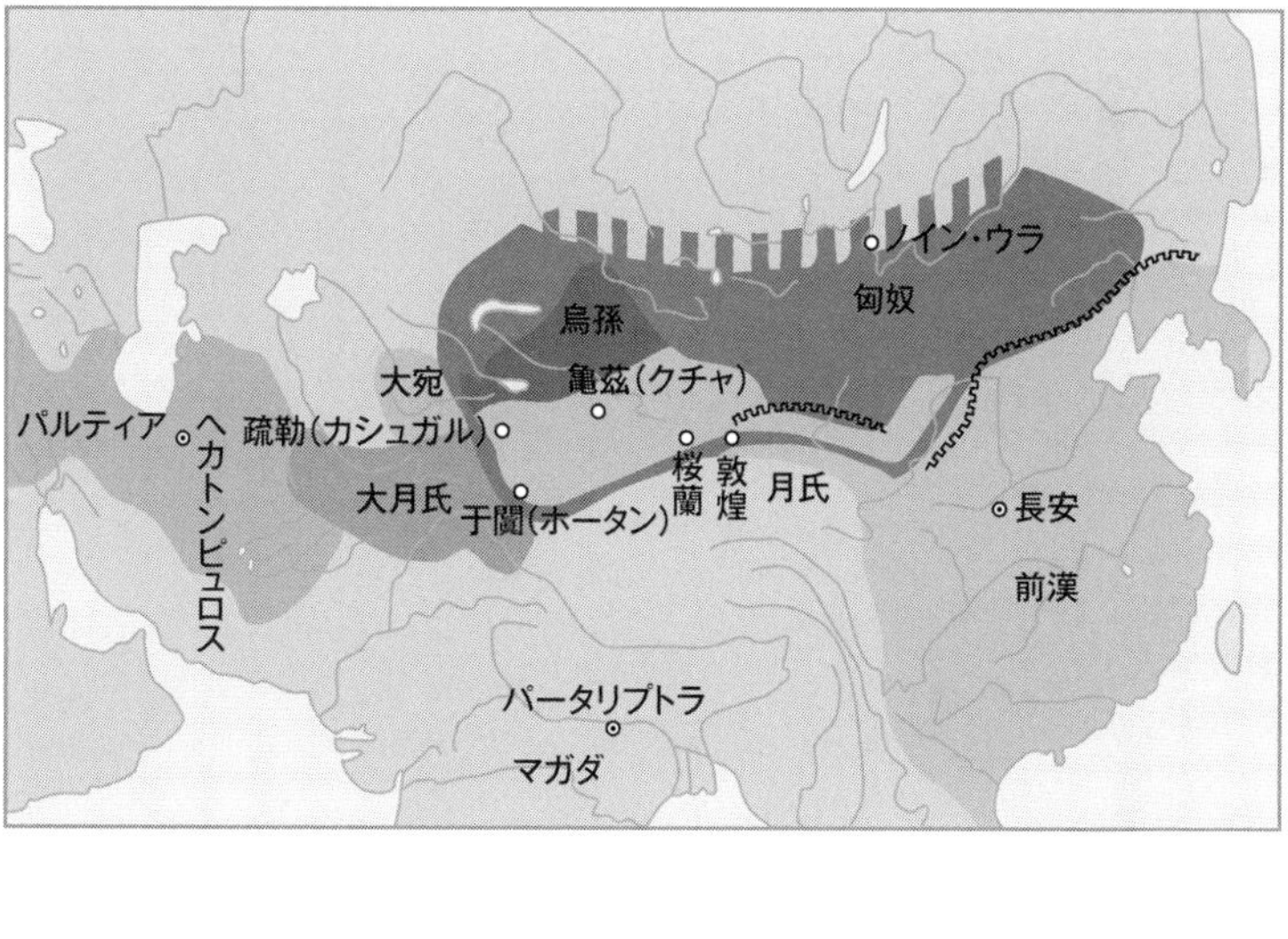

46

組織全体で目標を共有する

声《こえ》和《わ》すれば則《すなわ》ち天《てん》地《ち》の和《わ》応《おう》ず。

声が和らげば天地のバランスも良くなるものです。

前漢武帝

菑《し》川《せん》国の薛《せつ》（現・山東省滕州市）に生まれた公孫弘《こうそんこう》は、若い頃に獄吏をしていましたが罷免され、貧しい豚買いのまま中年となり、40歳を過ぎてから学問を始めました。

武帝が即位した紀元前141年、諸侯王や地方の長官に銘じて、「賢良・方正・文学」に該当する人財を推薦するよう布告を出します。菑川国は既に60歳となっていた公孫弘を賢良として推挙し、公孫弘は都で博士に任ぜられますが、武帝に重用されることなく故郷へ戻ります。

紀元前130年、再び人財推薦の布告が出され、菑川国は既に70歳を超えていたにもかかわらず、公孫弘を改めて都へ送り出します。

試験を受けた公孫弘は不合格となりましたが、答案を読んだ武帝は公孫弘を第一等としました。公孫弘を引見したところ、風格ある立派な人物で、頭脳明晰で弁舌爽やかなことから武帝は公孫弘を博士に任じて重用します。

そんな公孫弘に対した悪口や讒言を聞く度に、武帝はますます信頼し、紀元前124年には公孫弘を遂に丞相に任じます。公孫弘は丞相となってからも質素で粗末な生活を続け、身

漢文 声和則天地之和応矣。

を正して武帝に仕えました。そして3年後に80歳で亡くなりました。
公孫弘は辞を低くして遜《へりくだ》っていましたが、同じく斉の出身で同じく賢良として推挙された90歳を超えた学者である轅固《えんこ》は、それは卑屈な態度なだけであるとして叱責します。

――**務正学以言。無曲学以阿世。（正学《せいがく》を務《つと》めて以《もっ》て言《い》え。曲学《きょくがく》、以《もっ》て世《よ》に阿《おもね》る無《な》かれ）**。

「正しい学問に務めて言論せよ。正しからぬ学問をして世の中に媚びへつらうな」という意味の「曲学阿世《きょくがくあせい》」の出典となりました。

老学者である轅固《えんこ》には、老齢の公孫弘の心に秘めるルサンチマンを喝破することが容易に出来たのでしょう。実際、董仲舒（第44項）を左遷したのは、公孫弘だと言われています。

――**人主和徳於上、百姓和合於下。故心和則気和。気和則形和。形和則声和。（人主《じんしゅ》、上《かみ》に和徳《わとく》あれば、百姓《ひゃくせい》、下《しも》に和合《わごう》す。故《ゆえ》に心和《こころわ》すれば則《すなわ》ち気和《きわ》す。気和《きわ》すれば則《すなわ》ち形和《かたちわ》す。形和《かたちわ》すれば則《すなわ》ち声和《こえわ》す）**。

「トップに和の徳があれば、人々も和合する。心を合わせれば、気も和らぐ。気が和らぐと外観が和らぐ。外観が和らぐと声も和らぐ」

と武帝に求められた答案で公孫弘はこう記してから、本項フレーズで締めくくります。
組織のトップが「和」を尊重し、メンバーもそれに応えて気も一つとなり、気も一つとなれば結果も出る、結果が出れば組織全体が更に強く一つになるという訳です。結束力を持ってベクトルを合わせて目標を共有すれば、組織は強い目標達成力を持つものであり、それは全て組織のリーダーの心構え次第であると紀元前の老賢人が既に示しています。

英訳 If a voice softens, then the balance of nature improves.

47

一瞬の生を懸命に駆け抜ける

人生《じんせい》、朝露《ちょうろ》の如《ごと》し、何《なん》ぞ自《みずか》ら苦《くる》しむこと此《かく》の如《ごと》き。

前漢武帝

人生は日が昇ればたちまちに蒸発して消えてしまう朝露のように儚いものだ。どうして自らこんなにまで苦しむことを望むのか。

1942年に33歳で亡くなった小説家の中島敦の絶筆である短編小説『李陵《りりょう》』は、漢文調の独特の文体で人気があり、長らく教科書に収められていました。『李陵』は、李陵、蘇武、司馬遷の三人を主人公にした物語で、これは『漢書《かんじょ》』に記された史実を基にした話です。

李陵の祖父の李広《りこう》は、漢の文帝、景帝、武帝の三代に仕えた名将として知られています。特に、漢に度々侵入して来た遊牧民族の匈奴《きょうど》たちは、李広を「飛将軍」と呼んで、自分たち以上に機動力のあるその巧みな用兵に畏敬の念を抱いたそうです。

しかしながら老境に入って、若い世代の風下に立つことになり、衛青《えいせい》を大将とした匈奴征伐の際には後軍を任せられた上で失敗して、李広は自殺してしまいます。

李広の長男である李当戸《りとうこ》は李陵の父ですが、武帝の側近を傲慢で生意気だということで万座の席でブン殴ったにもかかわらず、却って武帝に気に入られます。また李当戸の弟である

漢文 人生如朝露、何自苦如此。

李敢《りかん》は李広の自殺は衛青のせいだとして、これまた酒席でブン殴っています。そうした父や叔父の血気盛んな気質が、李陵にも備わっていたはずです。

匈奴相手に苦戦する漢の派遣軍を救援するべく、武帝の命によって李陵は5000の兵を率いて出撃して奮戦しますが、力尽きて匈奴に降伏してしまいます。匈奴の王は李陵の武勇と人柄を気に入って厚遇します。

「李将軍」が匈奴に兵法と軍略を教えているという噂を耳にした武帝は、李陵一族を処刑します。この時に処刑を思い留まるように諫めて、武帝に激怒されたのが、あの司馬遷《しばせん》です。

実はこの「李将軍」とは李陵のことではなく、別人でした。李陵は一族の悲報を聞くと、断り続けた匈奴の王からの申し出を受けてその右腕となり、後に娘婿にまでなります。

李陵の友人である蘇武《そぶ》が、匈奴への使者として遣わされて来ました。その時、匈奴に降伏していた漢人将軍たちの企てに巻き込まれて、蘇武も捕まった挙句に北方へ追放になります。

現在のバイカル湖の畔で地べたを這いずり回るような辛酸を嘗める蘇武を訪れた李陵は、本項フレーズで訴えて、匈奴への降伏を薦めます。蘇武は頑なに拒みました。やがて歳月は流れて李陵は異郷の地で亡くなりますが、蘇武は抑留されること19年にして漢へ帰国することが叶いました。宣帝から関内侯《かんだいこう》の爵位を賜った蘇武は、80歳で亡くなります。

「人生は朝露《ちょうろ》の如し」の表現は古くから日本でもリーダーたちに好まれて、その詩歌に取り入れられました。その代表例の一つが、豊臣秀吉の辞世の句として有名です。

――露と落ち　露と消えにし　我が身かな　浪花のことは　夢のまた夢。

英訳 A human life is like the morning dew that evaporates and disappears. Thus, how come a man suffers on his own for his entire life.

公正によって組織を維持する

48

曲突薪《きょくとつたきぎ》を徙《うつ》せというものに恩沢《おんたく》なし。

曲がった煙突を作り、薪を移せといった者に、何のお礼もない。

前漢宣帝

紀元前87年に崩御する武帝は、その晩年に自分を呪っている者がいると猜疑心に苛まれます。調査を命じられた側近の江充《こうじゅう》は、確執のあった皇太子を謀反の疑いありと告発し、無実を訴えた皇太子が自害し、その母である皇后衛氏も巫蠱《ふこ》（呪詛のこと）の罪で死を賜ります。紀元前91年に起きたこの「巫蠱《ふこ》の獄」によって、武帝は皇太子の妃や子供や孫まで全て処刑してしまいます。皇太子の孫で生まれたばかりの劉詢《りゅうじゅん》だけは、許されました。

巫蠱《ふこ》の獄に連座して宮刑を受けて宦官となった張賀《ちょうが》は、劉詢を庇護します。高祖劉邦の血が騒いだのか、民間で成長した劉詢は闘鶏や競馬に耽って侠客と付き合い、庶民の暮らしに通じます。やがて武帝の曽孫として劉詢は宮廷に迎え入れられ、張賀から学問を教わります。

紀元前74年、儒教に通じて質素倹約であるという理由で劉詢は、武帝の息子である昭帝の皇后であった上官《じょうかん》皇太后（上官が姓）の詔により、18歳で宣帝として即位します。

昭帝が7歳で即位して以来、宮廷で最も権力を握っていたのは霍光《かくこう》（霍去病《かくきょへい》の弟）でした。

紀元前69年に昭帝が崩じると、宣帝は霍光の三族を処刑し、皇后霍氏（霍光の娘）も幽閉し

漢文 曲突徙薪無恩沢。

ます。霍一族の排除に協力した者を取り立て、ようやく自ら政治を行うことになった宣帝は、即位の理由とされた儒教を遠ざけて**「信賞必罰」**の法治主義で政治を行います。

霍光が未だ健在だった頃、その一族が専横を極めているのを見かねて、三度も告発書を出した者がいました。しかしながら、その告発は取り上げられることはありませんでした。後にある人がそれを見かねて、宣帝に上申書を奉ります。

「竈の煙突がまっすぐに伸びている側に薪が積んであるのを見た人が、火事になってはいけないから、薪を早く移動させた方が良いと忠告しましたが、その家の主人は放っておきました。実際に大火事になり、村人が総動員で消火し、喜んだ主人は感謝して村人に酒と牛肉を振る舞いました。その時、『一番初めに忠告してくれた人の言うことを聞いていれば、火事も起きなかったし、酒も牛肉も振る舞って散財の必要もなかった』と指摘した人の話がございます」

と記してから、本項フレーズで問題点を事前に指摘した者が評価されないことに対して、疑義を呈しました。宣帝は尤もだとして、告発者と上申者に褒美を下賜します。

公正な論功行賞を心掛けた宣帝は、善政を敷き、漢王朝の中興の祖として後漢の光武帝から「中宗《ちゅうそう》」の廟号を贈られて讃えられています。

中国の歴代王朝が証明しているように、あらゆる組織において中興の祖が果たす役割は極めて重要です。世のために存在価値のある組織が、衰えの兆しを見せて一気に崩壊の道を歩めば、損失の大きさは計り知れないものがあります。

英訳 A person who points out the truth receives no thanks.

49

順を追って問題を解決する

乱《らん》民《みん》を治《おさ》むるは、乱《らん》縄《じょう》を治《おさ》むるが如《ごと》し。急《きゅう》にする可《べ》からず。

乱れた民を治めるのは、もつれた縄を解くようなものです。急いではいけません。

前漢宣帝

紀元前106年に武帝が全国を13の州に分割し、刺史《しし》（長官）を置きました。そのうちの一つ幽《ゆう》州（現在の遼寧省と河北省）の渤海《ぼっかい》郡（現・河北省滄州市）では毎年飢饉に見舞われ、盗賊が暴れ回って治安が悪化しました。宣帝は優秀な人財と評判の龔遂《きょうすい》を太守に任じます。

「如何なる方法で盗賊を取り締まるのか」

宣帝は引見した際、まずは龔遂に尋ねます。龔遂は反対に宣帝に問い掛けます。

「渤海は都から遥かに遠い地方で、陛下の徳が行き届いていません。ですので、人々が飢えていても役人たちは救おうとしません。それ故、貧民たちが悪事に手を染めてしまいます。それは子供が刃物を盗み出して、水溜まりで悪戯をしているようなものです。陛下は武力で早期の鎮圧をお求めですか、それとも徳化によって人心を安定させることをお求めですか」

「貴公を太守に任じたのは、人々を安心させたいからだ」

宣帝の答えに龔遂は、本項フレーズを述べます。

漢文 治乱民、如治乱縄。不可急也。

「細かな法律で縛ることなく、私に全てご一任下さいますでしょうか」

宣帝はすぐに「良きように」と裁可しました。

龔遂は早速に馬車で渤海に向かいます。郡の境で兵士たちの出迎えを受けます。しかし、護衛は不要ということで兵士たちを帰し、盗賊の捕縛令を撤回させた上で、

――農具を持っている者は良民、武器を持っている者は盗賊と見做す。

というお触れを出します。龔遂は馬車一台で渤海郡の役所へ乗り込みます。盗賊たちの多くは、今度の郡太守は本気らしいと武器を捨てて解散しました。

それでも龔遂は未だ武装している住民を見かけると、丁寧に諭します。

「剣を売って牛を、刀を売って子牛を買いなさい。どうして牛や子牛を腰に帯びているんだね」

こうやって一人ひとりに声を掛けながら、太守自らが郡内を巡回して歩いて回ったことから、やがて人心は安定し、治安も良くなり、渤海郡は豊かになり始めました。宣帝は満足して、龔遂を召喚して水衡都尉（河川を管理する役所の責任者）に抜擢しました。

業績が悪く活気を失っている組織を再生する時、一気呵成に立て直しをしたいものです。しかしながら、多くの利害関係者《ステークホルダー》が存在する場合、急かして無理強いをするとますます事態が悪化してしまうものです。

やはり組織トップが常に現場に足を運び、その回数が多くなればなる程、組織のメンバーの士気も上がります。現場や顧客の承認欲求に細目まで応えることは、リーダーたる者の重要な責務の一つであるということを教えてくれるエピソードです。

英訳 Ruling disheveled people is like disentangling a twisted rope. Thus, one must be patient.

人生の見事な締めくくり方

50

賢《けん》にして財《ざい》多《おお》くすれば則《すなわ》ち其《そ》の志《こころざし》を損《そん》し、愚《ぐ》にして財《ざい》多《おお》くすれば則《すなわ》ち其《そ》の過《あやま》ちを益《ま》す。

前漢宣帝

優秀でも財産が多くあれば、志も低くなり、愚鈍で財産が多くあれば、遊びに耽って過ちを犯す。

紀元前63年、宣帝の皇太子劉奭《りゅうせき》が12歳となりました。皇太子は学問好きで、既に『論語』『易経』に精通し、教えることは最早ありませんでした。そこで太傅《たいふ》（教育庁長官）の疏広《そこう》は、

——**知足不辱、知止不殆。**（**足《た》るを知《し》るは辱《はずかし》められず、止《とど》まるを知《し》れば殆《あや》うからず**）。

と『**老子**』の言葉を引用して、既に務めを果たして名声も得た現在のこの時に、職を辞して去らなければ、いつ去ることができるだろうか、恥をさらして後悔することになるとして、今こそ身を引くべきだと甥で少傅《しょうふ》（教育庁次官）の疏受《そじゅ》に言います。疏受も「私もお供します」と共に宣帝に書を奉って、病と称して骸骨《がいこつ》を乞いました。

最近ではあまり聞かなくなりましたが、役所を退官したり、企業で職を辞したりする際に「**骸骨を乞う**」と日本でもこの故事成語を使って表現しました。

「辞職？　まだもう少し会社の発展に尽くしてもらいたかったんだが」

漢文 賢而多財則損其志、愚而多財則益其過。

「長い間お世話になりました。若い世代に道を譲るべく、骸骨を乞いに参りました」といったような感じで使われていました。項羽に仕えた范増《はんぞう》が、そろそろ潮時と辞去した際のセリフが出典です。仕官することは、一身を主君に捧げることでしたので、骸骨同様となった無用な身体だけでも返して欲しいという意味です。

疏広、疏受の二人は、宣帝と皇太子から多大な報奨金を特に賜り、主要な大臣や大勢の友人たちが都の東門で別れの宴を開いて見送ります。見送りの車も数百台に及びました。

二人は故郷の蘭陵《らんりょう》（現・山東省臨沂《りんぎ》市蘭陵県）に帰ると、下賜された金を毎日使って親戚や友人を招いて一緒に宴を楽しみました。屋敷を買うように勧める友人もいましたが、元々の生まれた時の小さな家があるので、子孫はそれで充分と、皇帝から頂戴した金は皆と楽しむために無くなるまで使うと言うのです。さすがに不安に思った息子たちは一族の長老に父を諫めるように頼みます。それを耳にした疏広は、

「子供のことを思わない訳ではない。しかも小さいながらも家もあり田畑もあるので食べるには十分だ。これ以上に大きくすれば、皆も怠けて働かなくなる」

と答えてから本項フレーズを述べます。自分の子孫が人の恨みや嫉みを買って亡ぶことになって欲しくないという言葉に子供たちはそれ以来、何も言わなくなったそうです。疏広は望み通り、皆に祝福されながら天寿を全うしました。

他人の心に残る様な出処進退がきれいな潔い人が、最近めっきりと減った気がするのは、漢文の授業が必須でなくなり、中国古典が本当の意味で親しまれなくなったからでしょうか。

英訳 A wise man with many properties will lose his will, whereas a foolish man with many properties will show his faults.

3 ひたすらに王道を歩め

51

リーダーが備えるべき大局観

宰相《さいしょう》は細事《さいじ》を親《みずか》らせず。

リーダーたる者は、細かなことまでは自分でするべきではない。

前漢元帝

済陰郡定陶県《さいいんぐんていとうけん》（現・山東省菏沢《かたく》市定陶区）出身の魏相《ぎしょう》は、地方の小役人から丞相にまで出世した人物です。能吏と認められて中央に推挙されて昇進を重ね、河南郡の太守になります。地元の有力者に対しても容赦なく厳罰で臨み、統治実績を残したことから都へ転任になります。しかし清廉で厳格な姿勢は、最高権力者の霍光の不興を買い、獄に繋がれてしまいます。すると都の長安で働く河南郡出身の下級役人３０００人が、魏相の罪を贖うために1年間の労役に従事したいと霍光に申し出ます。河南郡でも1万人近くが、魏相のために助命の嘆願書を出しました。霍光も仕方なく魏相を復職させることにします。

宣帝が即位すると、魏相が丞相に任ぜられます。霍光亡き後の霍一族は保身を図るため、魏相を殺害してクーデターを起こそうとしますが、魏相は未然に企てを防ぎました。

それまで皇帝に上申書を提出する際には、正副の2通を作るというルールがありました。役人は副書を開いて不都合な内容のものは握り潰し、正書を皇帝へ見せずに破棄していましたが、魏相はこの制度を廃止して、皇帝に上申書が全て直接に上がるようにしました。

漢文 宰相不親細事。

友人の丙吉《へいきつ》が御史大夫《ぎょしたいふ》（検事総長）として、魏相を良く扶けて政治を行ったことから、宣帝は二人を重んじます。その魏相が紀元前59年に亡くなり、丙吉が丞相の任を継ぎます。

丙吉は魯（現・山東省の南部）の出身で、牢獄の役人でした。「巫蠱《ふこ》の獄（第46項）」で戾《れい》太子の家族が逮捕された際、その取り調べを命ぜられます。戾太子の生まれたばかりの孫を憐れんで丙吉は、女の受刑者を乳母として私費で養育させました。この時の赤子が後の宣帝です。

丙吉は大将軍の霍光の下で出世し、皇帝となった昌邑王劉賀が乱行に及ぶと、丙吉は宣帝が健在であることを知らせて後継者に薦めました。宣帝が即位してからも自らの功を語ることなく、御史大夫に任じられてからようやく宣帝に真相を告げます。宣帝は仰天したそうです。

ある時に丙吉が外出した際、大通りで死傷者が出る程の大喧嘩に遭遇しますが、丙吉は何事もないかのように通り過ぎました。その後に牛がハァハァと喘いでいるのを見ると車から下り、「どのくらいの距離を歩かせたのか」と問い掛けます。それを見た人が、物事の重要性について順番が違うのではないかと尋ねます。

「都の住民の喧嘩などは、都の長官の取り締まる仕事だ」

と丙吉は答えて、本項フレーズを述べました。そして春のこの時期に牛が暑がって喘いでいるのは異常気象のせいなのかも知れないが、その影響について心配するのは、中央の要職にある者の務めだと説明します。誰もが丙吉の主張は筋が通っていると納得しました。

リーダーたる者は小さなことを処理して支持を得るのではなく、大局的なことに目を配り、見えないところで大事を図ることの重要性を丙吉のエピソードは教えてくれます。

英訳 An effective leader should not care a small matter on his own.

52

時代の流れを読み切る力

俗儒《ぞくじゅ》は時宜《じぎ》に達《たっ》せず。好《この》みて古《いにしえ》を是《ぜ》として今《いま》を非《ひ》とす。

前漢元帝

融通の利かない儒者は時勢を考慮しない。古いものなら何でも素晴らしいと褒め、今の新しいことを褒めない。

紀元前55年に丙吉が亡くなり、紀元前48年には宣帝が崩御します。宣帝の25年の治世は、漢王朝で最も優れた人財が活躍した時期と言われています。

宣帝は民間育ちで庶民の暮らしの厳しさを良く認識していたことから、精力的に政治に取り組み、地方へ赴任する者には親しく面会して政治について良く言い含めたそうです。

宣帝は功ある者は賞して罪ある者は罰する「**信賞必罰**」を厳しく実践したことから、行政、法律、人財の分野において、多くの逸材がその能力を発揮しました。

しかしながら、皇太子劉奭《りゅうせき》は父の宣帝が厳格な法治主義を行い過ぎるとして諫言します。

「陛下は刑罰に頼り過ぎです。儒者を重用なさっては如何でしょうか」

宣帝はたちまちに顔色を変えます。

「我が漢王朝は覇道と王道の二つの良い所を取り入れている。どうして周王朝時代の道徳政

漢文 俗儒不達時宜、好是古非今。

治だけで、世の中を治められようか。頭でっかちの儒学者は、理論と実践の関係も分からず、現実の政治に何が必要かを見極めることが出来ない。どうして政治など任せられようか」と言い切ってから溜息をついて、宣帝は次のように予言します。

「国をおかしくするのは、この皇太子であろう」

皇太子劉奭の母である許后は、宣帝が民間にいた時の居候先の娘で、皇帝となった際に誰もが皇后に立てないだろうと思ったのを宣帝が押し切りました。ところが許后は、霍光に毒殺され、霍光は自分の娘を皇后に押し付けて来ました。宣帝は幼くして母を亡くした劉奭を不憫に思って育て、霍光が亡くなった翌年になって、ようやく劉奭を皇太子に立てます。

儒教を妄信する皇太子劉奭を見て、宣帝は丞相の黄覇《こうは》に廃位を相談しましたが、皇太子に男子が誕生し、宣帝も孫の代までの後継者に恵まれたことから廃嫡は沙汰止みとなりました。

元帝は父の予想した通り儒教を重視して儒者を登用し、理想の政治を行おうとしますが非現実的な政策で混乱を招きます。そして、儒者と対立して勝った宦官が政治の実権を握ります。

儒教も武帝の時代に国教となってから久しく、その優れたエッセンスを体得して応用実践するより、『論語』などの教えを金科玉条の如く妄信するだけの原理主義者、それに加えて少しかじって幅を利かせる頭でっかちの偽物が、宣帝の時代には増えて大勢いたのでしょう。

いつの時代の如何なる組織にも、一見すると頭が良く知識の豊富な人間は存在します。しかし、リーダーたる者は如何に優秀でも実践する意識が無い者を決して登用してはなりません。

英訳 A man who is inflexible dose not consider the tendencies of the times. He only believes that the old ways are better than the new.

虚言にまどわされない精神力

53

易《か》うること勿《なか》れ。因《よ》りて之《これ》を輯《あつ》めて、以《もっ》て直臣《ちょくしん》を旌《あら》わさん。

その欄干は取り換えてはならない。折れた木片を集めて元通りにし、忠義の臣を顕彰したい。

前漢成帝

紀元前33年に元帝が崩御して、成帝《せいてい》劉驁《りゅうごう》が即位します。成帝は、子供の頃は勉強に励んだものの、長じてからは酒食に溺れるようになります。庶民の姿に変装しては少数の供を連れて宮殿を出て、毎晩と街で遊び歩く程でした。

成帝の母である王政君《おうせいくん》は後宮の女官でしたが、元帝が即位すると、皇后に立てられます。王皇后は元帝からは疎まれていたそうですが、息子が成帝として即位すると皇太后となり権力を握ります。兄の王鳳《おうほう》は皇帝の伯父として大司馬大将軍となり、一族の多くの者が諸侯に封じられます。大司馬の地位は王音《おういん》、王商《おうしょう》、王根《おうこん》と外戚の王氏一族で独占されます。

『論語』の大家であった張禹《ちょうう》は、皇太子時代の成帝の師となります。成帝が即位してからは、国家の重大事項については、全て諮問を受ける立場になります。ある意見書が出されました。

――天変地異が多いのは、王一族が政治を壟断しているからだ。

漢文 勿易。因而輯之、以旌直臣。

とそこには記されていました、さすがの成帝も思い当たる節があったのか、張禹の邸宅を訪ねて人払いをしてから意見書を見せます。張禹は自分も老境に差し掛かっている上、子供もまだ幼いことから、王一族に恨まれることを恐れます。

「天災の原因は奥深く測り難いものです。故に孔子も天命に関しては滅多に口にせず、怪力や乱神に関して語っていません」

と尤もらしく『論語』を引用しながら、浅学の者の意見書を取り上げることなど必要ないと成帝に告げます。成帝はこれを信じて、王一族を疑うのを止めてしまいます。

ある時、重臣の朱雲《しゅうん》が皇帝のお側にいるへつらい者の首を刎ねて、百官を激励したいと申し出ます。成帝は誰のことかと尋ねると、朱雲は張禹を名指しします。

成帝は皇帝の指南役を万座で侮辱したと激怒して、死刑を命じました。朱雲は引っ立てられようとした時、宮殿の欄干にしがみ付きます。欄干が折れても諫言を続けていると、将軍の辛慶忌《しんけいき》が頭を床に叩きつけて血を流しながら、成帝に助命を嘆願します。その迫力に押されたのか、成帝は朱雲を許しました。

後になって、壊れた欄干が修理されようとしているのを見掛けた成帝は、本項フレーズを述べたそうです。酒食に溺れながらも、実は性根はまともだったようです。在位すること26年、紀元前7年に成帝は崩じ、子が無かったことから甥が即位して哀帝となります。それからも政治の実権は外戚の間でたらい回しにされて、漢は衰退の道を一気に辿ります。

英訳 Not change the rules. It is the symbol of the loyalty.

コラム 人物9

王昭君《おうしょうくん》

(紀元前52?~紀元前19)

漢も中興の祖と呼ばれる宣《せん》帝が亡くなり、元《げん》帝が後を継ぐ。元帝の時代になると、宦官と外戚が手を結び、政治を動かして王朝の衰えが再び始まった。

他方、北方の匈奴も一時の力はなく、竟寧《きょうねい》元年(前33年)に呼韓邪《こかんや》単于が来朝した。呼韓邪単于は兄の郅支《しつし》単于に敗れて南下し、漢に降っていた。

呼韓邪単于は、来朝した時、漢の皇女を妻にしたいと申し出た。元帝は、後宮の中から王昭君を選んで、皇女と偽って呼韓邪単于に与えた。

ところでこの時、こんなエピソードがある。

「後宮三千人」とのちに歌われるように、後宮には数多くの女性がいた。皇帝はそのため一人ひとり覚えているわけではない。そこで画家に肖像を描かせ、それで夜伽を命じていた。

そのため女官たちは画家に賄賂を贈り、少しでも美しく描かせて、皇帝の目に触れるようにした。

王昭君は、理由はわからないが、賄賂を贈らなかったので、ひどく醜女として描かれてしまった。

さて、元帝は匈奴に送る「皇女」を惜しんで、その肖像画から、一番醜い女性を選んだ。それが王昭君だった。決定したあと、王昭君を謁見した元帝は、実物が美しくて悔しがったという。

かくて、王昭君は匈奴の地へ赴き、一子をもうけたが、2年後の前31年、呼韓邪単于が亡くなった。王昭君は漢への帰還を望んだが、成帝(元帝の子)が許さず、匈奴の風習に従って、呼韓邪単于の長子に嫁ぎ、二女をもうけ、匈奴の地で亡くなった。

コラム　人物10

王莽《おうもう》（紀元前45～23）

王莽は字を巨君といい、魏郡の人。新顕王王《おう》曼《まん》の長子である。王曼は元帝の皇后王氏の兄弟で、兄弟の子弟がこぞって出世したにもかかわらず、王曼が若くして亡くなったので、王莽は不遇な生活を送った。

しかし王莽はじっと耐え、母親に孝行し、ひたすら徳を積み、学問に励んだ。服装も質素で、まるで書生のようだった。また、叔父たちにも礼儀正しく恭しく仕えた。

こうした努力が認められ、30歳の時に新都侯に封じられた。その後、順調に爵位が上がったが、ますます謙虚にふるまった。彼の評判はいやが上にも高まった。

38歳の時、叔父の大司馬王根の病が重く、王莽が代わって大司馬となった。ついには叔父たちの勢威をしのぎ、国政の実権を手に入れたのである。そして本性をむき出しにする。

哀帝が亡くなると、王莽は平帝を擁立した。その5年後、平帝を毒殺し、わずか2歳の幼帝の摂政となり、3年後、帝位を簒奪して、国号を新と改めた。

王莽は、当時信じられていた陰陽五行思想に基づく讖緯《しんい》説に儒教イデオロギーを取り入れ、新しい王朝が出現すると予言していたので、多くの人々は彼の即位を当然なものと受け取った。

王莽の改革は、あまりにも性急だった。即位前にすでに行政区画を大幅に改革していたが、即位後には耕地の売買を禁止し、また貨幣制度を全面的に改めた。

こうした政策の結果、食糧は出回らなくなり、貨幣の流通はとまり、天下は騒然となった。

かくて全国で暴動、反乱が起きた。王莽は、薬石と銅とを混ぜて、北斗星にかたどった威斗という祭器を作り、これで反乱軍を抑えられると信じていた。しかし、結局、押し寄せた漢の兵に王宮の高台で首を斬られた。

大きな仕事を成すための基本

54

古《いにしえ》の興《おこ》りし者《もの》は、徳《とく》の厚薄《こうはく》に在《あ》って、大小《だいしょう》に在《あ》らざるなり。

昔から大業を興した者は、徳の厚薄によってであり、領土の大小ではありません。

後漢光武帝

王莽《おうもう》が帝位を漢から簒奪して新を建国しますが、僅か15年の短命で終わります。赤眉《せきび》軍、緑林《りょくりん》軍などを名乗る勢力が各地で反乱を起こし、大いに世が乱れます。

漢の帝室の末裔と名乗る劉氏が、各地で反乱を起こします。紀元22年、南陽郡（現・河南省南陽市）で、劉縯《りゅういん》が末弟の劉秀《りゅうしゅう》と共に挙兵します。この兄弟は、子沢山であった景帝の息子である長沙王《ちょうさおう》劉発の正真正銘の子孫でした。

劉縯は勇将で優れた人物であったことから、瞬く間に各地の反乱軍を吸収して一大勢力を築き上げます。しかしながら、所詮は寄せ集めの集団でしたので、各勢力の利害が激しくぶつかり合ったことから、優秀なリーダーである劉縯ではなく、劉縯の本家筋で誰からも御し易い軟弱な劉玄《りゅうげん》が皇帝として推戴されます。建てた年号から更始《こうし》帝と後に呼ばれます。

更始帝は劉縯を大司徒、劉秀を将軍に任じて強力な体制を築き上げますが、猜疑心に苛《さいな》まれた更始帝劉玄は、人望のある劉縯を恐れて暗殺してしまいます。更始帝に疑われないよう

漢文 古之興者、在徳厚薄、不在大小也。

に劉秀は兄の喪に服さず、何もなかったように振る舞って何とか災禍を免れます。やがて更始帝の軍は、遂に洛陽、長安を陥落させました。

紀元3年、恭順の態度を示す劉秀に対してようやく疑いを捨てた更始帝は、劉秀を大将軍に任じて、河北へ厄介払いします。その途中、劉秀の許に竹馬の友である鄧禹《とうう》が馳せ参じます。共に手柄を挙げて後世に功名を残そうと語り合って、天下統一の計略を謀ります。

劉秀の軍は真冬に行軍し、暴風雨に晒されながらも厳しい転戦に明け暮れます。薊城《けいじょう》を降したものの裏切りがあり、劉秀の軍は這《ほ》う這《ほ》うの体で南方を目指して逃げ出します。ある時にはあばら屋で雨宿りをした際、将軍の馮異《ふうい》が薪を集め、鄧禹《とうう》が焚火をして劉秀が竈に向かって服を乾かさなくてはならない程、窮地に陥ります。

ようやく信都郡（現・河北省衡水市の一部）に至り、その太守の任光《じんこう》と合流した劉秀の軍はここを拠点とします。その時に劉秀は地図を広げて鄧禹に問い質しました。

「天下はこんなにも広い。今やっと一つを手に入れたばかりだ。お前は以前、天下を平定するのは難しくないと言ったではないか」

と皮肉交じりの劉秀に、鄧禹は天下が乱れている今、人々が優れたトップを待ち望むことは、赤ん坊が母親を求めるのと同じだと指摘して本項フレーズを述べます。この鄧禹の言葉は、

——優れた組織を立ち上げることが出来るリーダーは、資本や従う組織のメンバーの多寡ではなく、優れた人格と公正なマネジメントによって大成するものである。

と現代においては、解釈して良いのではないでしょうか。

英訳 An effective leader is not based on the size of his territory, but the depth of his virtue.

まず相手のことを信じる

55

赤心《せきしん》を推《お》して、人《ひと》の腹中《ふくちゅう》に置《お》く。

自分の真心を取り出して、人の腹の中に置くように人を疑わない。

後漢光武帝

薊城《けいじょう》で別れ別れになってしまった耿弇《こうえん》と合流した劉秀は、河北で皇帝を僭称する王郎《おうろう》が籠る邯鄲《かんたん》を陥落させます。邯鄲に入城した劉秀は、邯鄲の有力者たちを集め、押収した王郎が保管する数千通の書類を残らず焼き捨てさせました。その時、劉秀は次のように言いました。

——**令反側子自安。（反側子《はんそくし》をして自《みずか》ら安《やす》んぜしむ）**。

これで王郎と親密であったり内通したりしていた者も、不安で眠れずに寝返りを打つことがなくなるであろうという意味です。借金の証文や詫び状、裏切りを約した手紙などを処分して、借りのある人間に安心させたり、恩を施したりするエピソードは古今東西に残されています。孟嘗君、曹操、黒田如水、勝海舟などの美談が今日でも知られています。

王郎に勝ってから劉秀の名声は上がり、優れた人財ばかりか、多くの将兵が傘下に集まり始めます。慌てた更始帝は使者を送って劉秀に蕭《しょう》王に封じるという口実で、都の長安へ召喚しようとします。耿弇は劉秀を説いて、河北を平定していないことを理由に拒否させます。

劉秀は河北の各地に割拠する武装勢力を各個撃破して、指揮下に加えます。劉秀の諸将は

漢文 推赤心、置人腹中。

降伏した将兵を信用せず、また降伏した将兵も落ち着かずに互いに疑心暗鬼の状態が続きました。そこで劉秀は丸腰で馬に乗って各部隊を分け隔てなく巡察し、それを見た降兵たちは、本項フレーズで劉秀の器量の大きさを讃え、劉秀のために死力を尽くすことを誓います。

リーダーたる者は、誠実であることが大切です。そして相手を信じさせる前に自分の方から相手を信じる姿勢が肝要です。そこにこそ、人間の真価たる器の大きさが問われるのです。

紀元25年、長安に攻め込んだ赤眉軍は更始帝を殺害します。鄧禹と馮異らの精鋭を率いて関中へ進攻した劉秀は、苦戦の末に赤眉軍を破ります。諸将から推戴されて劉秀は皇帝に即位して光武帝《こうぶてい》となり、都を洛陽、年号を建武と定めます。この時、光武帝劉秀は31歳でした。

斉王を自称していた張歩と度々戦った耿弇《こうえん》は、紀元29（建武5）年、遂にこれを降します。光武帝はこれを労った際、かつて斉国攻略の大計画を披露した時、余りにも志が大き過ぎて、実現は不可能だと思っていたが、初志貫徹をしたことを次の言葉で誉め讃えました。

——**有志者事竟成也**。（**志《こころざし》ある者は事竟《ことつい》に成る**）。

不可能と思えることでも志、即ち明確なビジョンとして定めた時点で、達成し得る戦略目標となります。志ある諸将は各地に盤踞する独立勢力を平らげるために死力を尽くし、紀元36（建武12）年に蜀の公孫述をようやく滅ぼして天下が再統一されました。

光武帝劉秀によって再興された漢は、日本では昔から後漢《ごかん》、中国では東漢《とうかん》と呼ばれていま す。福岡県の志賀島《しかのしま》で1784年に発見された「漢委奴国王」の金印は、洛陽まで来た倭の使節に光武帝劉秀から与えられたものです。

英訳 The loyalty is to give one's heart to his leader.

56

リーダーとメンバーを結ぶ真理

当今《とうこん》は但君《ただきみ》の臣《しん》を択《えら》ぶのみに非《あら》ず、臣《しん》も亦君《またきみ》を択《えら》ぶ。

後漢光武帝

最近ではリーダーが組織で働くメンバーを選ぶのでなく、メンバーが働きたいと思うリーダーの率いる組織を選ぶものです。

2000年前の人である馬援《ばえん》が、本項フレーズで「最近では」と表現をしながら、人間関係の真理を的確に指摘をしていることに感嘆を禁じ得ません。

馬援の曽祖父は、巫蠱《ふこ》の獄（第48項）の張本人ともいうべき江充《こうじゅう》と親しく、江充が誅された後に反乱を起こして殺されました。馬一族は前漢が亡ぶまで謹慎状態におかれます。

馬援は若い頃から大志を抱き、王莽の新王朝時代には漢中郡の太守にまで出世しますが、王莽が滅んでからは隴西《ろうせい》で自立していた隗囂《かいごう》に仕えます。河北の劉秀と蜀の公孫述《こうそんじゅつ》の間に挟まれた隗囂は、どちらにつくか決めかねて、馬援をそれぞれに派遣して様子を窺わせます。

公孫述は馬援の子供の頃からの友人でしたので、馬援は蜀へ赴けば歓待してくれるだろうと期待していましたが、皇帝に即位して4年も経っていた公孫述は、仰々しい護衛兵を整列させて馬援を引見します。昔と変わっていた友の姿に落胆した馬援は隗囂に報告します。

漢文 当今非但君択臣、臣亦択君。

——公孫述は井の中の蛙なり。

そこで隗囂は馬援に親書を持たせて、光武帝劉秀のいる洛陽に派遣します。光武帝が即位して4年目の紀元28（建武4）年のことです。光武帝は宮廷でニコニコして馬援を出迎え、
「隗囂や公孫述の客分と聞きましたが、自分が恥ずかしくなる程、貴公は背も高くて風貌も立派な方ですね（光武帝は身長168センチ程）」
と丁重で親し気に声を掛けてきたので、馬援は感じ入って本項フレーズを述べます。そして刺客かも知れない見知らぬ自分と気軽に面談に応じてくれたことを感謝します。

——卿非刺客、顧説客耳。（卿《けい》は刺客《しかく》に非《あら》ず、顧《おも》うに説客《ぜいかく》なり）。

光武帝は笑いながら、同じ「客」でも「刺す」でなく「説く」方だなと洒落っ気たっぷりで応じます。このあたりのユーモアとセンスの良さは、リーダーたる者の見本である光武帝ならではの才智と魅力の源泉です。馬援は隗囂を説得し、光武帝に従わせます。

隗囂が反乱を起こした時、馬援は光武帝のために隗囂を討伐し、その後任の隴西太守となりました。紀元36年に馬援は交州（現・ベトナム北部）で反乱を平定して功績を挙げます。

紀元48年に地方で反乱が起きた際、62歳の馬援は出陣を願い出ます。

光武帝は「老年だから」と制止します。すると馬に飛び乗って「まだまだ行けます」とアピールをすると光武帝は、年老いても元気な馬援の姿を見て、

——矍鑠《かくしゃく》だな。

と笑って出陣を許しました。以後、「矍鑠」が老人に対する褒め言葉として広まったそうです。

英訳 Recently, not only an effective leader does not choose the members of an organisation, but also it is the members who choose an effective leader.

▲馬援像と墓（陝西省扶風県）

コラム　故事成語8

糟糠之妻（糟糠《そうこう》の妻《つま》）

後漢王朝を建てた光武帝には、重厚で、自説を曲げない、気骨のある臣下が多かった。その中に宋弘《そうこう》という臣下がいた。

宋弘は光武帝に召されて太中大夫の地位に就き、のちに大司空に昇進した人物。彼は、俸禄を全て一族に分け与え、手元には何も残らなかったので、人々はその清廉な品行を賞賛した。

光武帝の姉の湖陽《こよう》公主は夫に先だたれ、やもめ暮らしをしていた。光武帝は、姉のために再婚相手を探そうと、朝廷の官吏たちを話題にして姉の気持ちを聞いた。すると公主は宋弘の名をあげた。宋弘はすでに結婚していたが、光武帝は一計を案じ、宋弘が参内すると、公主を屏風の陰に隠して、宋弘に聞いた。

「諺に、『富貴になれば友を替え、尊貴になれば妻を替える』というが、これが人の心と言うものかな」

宋弘は答えて言った。

「そんなことはございません。貧しい時の友は忘れてはならない。苦労をともにした妻は追い出してはならない（糟糠の妻は堂より下さず）』と私は聞いております」

光武帝は、公主の方を振り返って、

「姉上、この件はあきらめてください」

「糟」は酒カス、「糠」は米ヌカで、酒カスや米ヌカのような粗末な食事。「堂より下さず」とは、座敷から降ろさない、つまり、妻の座から降ろさない、という意味になる。

現代、糟糠の妻は少なくなったとはいえ、夫の出世を願って、貧乏暮らしを我慢している妻はいる。まだ、この諺が生きているようだ。

▼光武帝劉秀

57

しなやかな思考で上り詰める

柔《じゅう》能《よ》く剛《ごう》に勝《か》ち、弱《じゃく》能《よ》く強《きょう》に勝《か》つ。

柔らかくても剛いものに勝つように、弱さで強さに勝つ。

後漢光武帝

光武帝劉秀は、故郷の南陽（現・河南省南陽市）に行幸し、地元に残る一族を集めて酒宴を開きました。その席で伯叔母たちは、光武帝を字《あざな》である文叔《ぶんしゅく》と昔ながらに呼び掛け、「内気で素直な心優しい青年だったのに、良くもまぁ皇帝にまで出世なさりましたねぇ」と遠慮のない話をするのを受けて、光武帝は笑いながら答えました。

――**吾理天下、亦欲以柔道行之。**（**天下《てんか》を理《おさ》むるに亦《ま》た柔道《じゅうどう》を以《もっ》て之《こ》れを行《おこな》わんと欲《ほっ》す**）。

「私は天下を治めるのも、やはり心優しいやり方で治めたいと思います」

親戚のおばさんたちに囲まれて、ほのぼのした感じのこの会話は、都会に出て幾ばくか出世した者が、帰郷した際に覚える親しみに溢れています。

ここで使われる「柔道」は、1882年に嘉納治五郎によって創始されたものでは勿論ありませんが、「柔道」を「柔らかな方法」という解釈は、2000年の時を超えた現代日本人にもすることが出来ます。

光武帝からは、高祖劉邦のような育ちの粗さも、武帝劉徹のような尊大さも感ぜられず、

漢文 柔能勝剛、弱能勝強。

帝室の末に連なり、程良い育ちの良さと穏やかさに加えて、温かさが感じられます。決しておっとりした人物ではなかったのでしょうが、力押し一辺倒ではなく、知略と忍耐力を備えた将軍として人を魅了し、皇帝にまで登り詰めることが出来たのでしょう。28歳で兄の挙兵に加わり、3年で帝位に就くことが出来たのは、シャープな頭の良さに加えて、非常に柔軟な思考の持ち主だったからではないでしょうか。

太公望が記し、黄石公《こうせきこう》が撰じて張良に与えたと伝わる兵法書の『三略《さんりゃく》』にある本項フレーズが、現代において多用されるようになったのは、光武帝が使ったからだとされています。他の皇帝や将軍たちの言葉であれば、現代まで伝わっていたかどうか定かではありません。

光武帝劉秀は戦場で毎日を過ごし、蜀を平定して天下を統一した後、軍事については一切、口を閉ざすようになりました。紀元51（建武27）年に北方の遊牧民族である匈奴が異常気象で疲弊しているという情報を得た将軍二人が、「今こそ討伐すべし」と上書して来た際、光武帝は本項フレーズで、力でおさえつけることはしないと返書を認《したた》めて却下します。更に玉門《ぎょくもん》関《かん》（前漢武帝時代の最西端、現在の敦煌市内）を閉じて、西域との交流も遮断を命じます。諸将には名誉と邸宅を与えて矛を納めさせたので、軍事もやがて語られなくなりました。

日本の「戦国時代」を終わらせて新しい世を開いた徳川家康が、光武帝に近い心境に至った日本人リーダーでしょうか。現代のマネジメントにおいて本項フレーズは、

――**しなやかな思考であらゆる困難を克服する。**

と意訳して解釈すれば、組織のトップリーダーの腑に落ちる言葉ではないでしょうか。

英訳 Gentleness can defeat stubbornness, just as weakness can overcome strength.

多様な人財の中から逸材を発掘する

58

古《いにしえ》より明王聖主《めいおうせいしゅ》は必《かなら》ず不賓《ふひん》の士《し》あり。

後漢光武帝

昔から聡明なリーダーや有徳のリーダーの下には、必ず命令に服従しない高潔な人財がいたものだ。

人格的に優れたリーダーであった光武帝劉秀の下には、多くの優秀な人財が集まりました。「雲台《うんたい》二十八将」という功臣がその代表ですが、実際には28人で収まりきらず、30名を超えてしまっているばかりか、馬援（第56項）は功臣の一人であるにもかかわらず、娘が後漢の二代目の明帝の皇后となってしまったことから、二十八将から外されたりしています。

その馬援は遠征先のベトナムから兄の子に手紙で、

「お前たちが他人の過失を聞くことは、ちょうど父母の名を聞くようにして欲しい。即ち耳で聞いても、安易に口に出してはいけない（子が親の名を口にすることは不孝とされていた）。他人の長所や短所を議論したり、国の政治の是非を問題にしたりするべきではない」

と戒めています。人情に溢れ、慎み深く、人に遜って控えめで、義に厚く、人の悩みを自分の悩みのように、そして人の楽しみを自分の楽しみのようにと同僚を例に挙げて丁寧に説明しています。光武帝劉秀の好む人財の条件であったようです。

漢文 自古明王聖主必有不賓之士。

光武帝劉秀は収賄に対しては厳罰で臨んだことから、洛陽の都はもとより州や郡、県などの地方役人まで清廉な者が多くいました。トップ次第で組織が末端まで変わる模範例です。

光武帝劉秀は特に高節の士を重んじ、無官の周党《しゅうとう》という者の名声を聞くと呼び出しました。その時、周党はわざわざ来てやったという態度で名乗りもせず拝謁の礼も行わなかったので、重臣の一人が非難をしたところ、本項フレーズで堂々と言い返しました。

また同じく無官の厳光《げんこう》という者は、光武帝と若い頃に一緒に学んだ間柄でしたが、光武帝の出仕要請に応じず、姓名を変えて行方をくらましました。光武帝は人相書きを回して探させたところ、斉で羊の皮をまとってノンビリと釣りをしているところを発見されます。

厳光を宮廷へ召して諫議大夫《かんぎだいふ》に任用すべく光武帝は、昔を懐かしんで深酒して一緒にゴロ寝した程でしたが、この厳光は宮仕えを善《よ》しとせずに山中に去り、畑仕事と魚釣りをして過ごして亡くなります。後漢の役人に、清廉で節制を旨とした人財が多く輩出したのは、周党や厳光の生き方や姿に憧れて尊敬していた者が多かったからと言われています。

光武帝劉秀は学問を第一として世の中を治めました。教育機関を整備し、古典の研究をさせて、礼節や音楽を整えました。皇帝は毎朝早くから政務を行い、日が傾くと三公・九卿・五中郎将と呼ばれた高官たちを集めて、夜中まで儒学などについて論じ合ったそうです。

現代の政治やビジネスのリーダーで教育や研修活動に熱心な人は確かに存在しますが、幹部たちと毎日勉強会を開いて議論を夜中まで続けるような話は寡聞にして知りません。

光武帝劉秀は在位33年、62歳で崩御しました。中国史上で一、二を争う屈指の名君です。

英訳 Throughout history, there has always been at least one noble-minded person who does not obey the orders of an effective leader.

▲班超の墓（洛陽市孟津県）

コラム　故事成語9

不入虎穴、不得虎子
（虎穴《こけつ》に入《い》らずんば、虎子《こじ》を得《え》ず）

前漢王朝末期から後漢王朝への交代時期、国内では覇権争いが続き、その結果、対外的な政策に手が回らず、北方の匈奴の勢力が増すところとなった。

後漢の二代目皇帝である明帝の時代、しばしば北匈奴が侵攻して来た。侍従武官の耿秉《こうへい》が上書して、匈奴を討つよう進言した。

明帝はこの進言を入れ、耿秉と竇固《とうこ》の二人を都尉（軍団長）に任命して、前線基地のある涼州に派遣した。竇固は、仮司馬（副司令官）の班超を交渉係として西域に送った。班超は、『漢書』の著者班固の弟にあたる。

班超の一行はまず、鄯善《ぜんぜん》国を訪れた。国王は彼らを手厚く歓迎してくれたが、たまたま匈奴の使者が鄯善国にやって来た。すると、国王の態度がガラッと変わり、冷ややかになった。

班超は、36名の随員を集めて命令した。「『虎穴に入らずんば、虎子を得ず』（危険を冒さなければ、良い結果は得られない）」

こう言って、その夜、匈奴の使者の屯営に急襲をかけ、使者と随員三十余名の首を斬って捨てた。鄯善側は匈奴の復讐を恐れ、恐慌に陥った。班超は、漢が守るからと言って、匈奴との断交に踏み切らせることに成功する。

この後、一行は于闐《うてん》国に赴くと、于闐王は、匈奴の使者を斬って、漢側に降った。

それ以降、西域諸国は、漢に降伏し、つぎつぎと公子を人質として送って来た。こうして、西域諸国との交渉が復活するところとなった。

班超は虎を例にとって、随員に話した。虎は、中国社会では、実際に存在する一番恐ろしい動物として崇められている。聞いた随員は、武者震いしたことだろう。

なお、『後漢書』では、原文が「不入虎穴、焉得虎子」となっている。意味は同じである。

コラム　故事成語10

水清無大魚

（水清《みずきよ》ければ大魚《たいぎょ》無《な》し）

▼班超

　後漢の明帝が亡くなり、章帝が即位すると、西域の政策が変わり、西域都護府を廃止した。班超（「虎穴に入らずんば虎児を得ず」の項を参照）は帰還命令を受け、帰国しようとした。ところが、漢に味方した西域の王や貴族は、北匈奴が攻めてきて復讐されるのを恐れ、班超らに残るよう泣きついた。そこで班超の一行はそのまま駐留して、部下三十余人で過ごすことになった。漢とも連絡が途絶えたが、5年後、援兵がようやく送られてきて、一息つけることができた。

　やがて和《か》帝の代になり、再び西域都護府が復活し、班超は西域都護となった。

　班超は西域に滞在すること26年、西域諸国を平定したことにより、その功績で定遠侯に封じられた。

　永元12年（紀元100年）、班超は滞在31年になり、老齢をもって、「生きて玉門関に入りたい」と帰国の嘆願書を提出した。和帝はこれを許可し、将軍の任尚《じんしょう》を西域都護とした。

　後任の任尚が班超に、西域経営のコツを訊ねると、班超は次のように応えた。

「君は気性がせっかちだ。『水清ければ大魚無し。宜しく蕩佚《とういつ》簡易なるべし』（水が澄んできれいだと、大きな魚は棲みつかない。だから必ず、寛大に対処し、細かいことに拘らずに行動することだ）」

　つまり、「無理に黒白をつけず、厳しく対処しない政策を採ること」とアドバイスした。

　任尚は、その後、知人に語った。

「班超どのはきっと奇策をお持ちだと思っていた。ところがどうだ。平々凡々なことしか言わないんだ」

　ところが、任尚が任地に赴くと、西域の支配力は弱まり、撤退を余儀なくされた。

「水清ければ大魚無し」は一般に「水清ければ魚《うお》棲まず」と使われ、「清廉潔白も度が過ぎると、仲間も居たたまれなくなり、孤立してしまう」という意味から、「寛容さをもって対処することだ」ということを言う時に使われている。

▲玉門関（甘粛省敦煌市・倪小軍氏による撮影）

守るべきルールを厳守する

59 苟《いやしく》も其《そ》の人《ひと》に非《あら》ざれば、民《たみ》其《そ》の殃《わざわ》いを受《う》く。

適任者でなければ、大勢の人にとって災難となる。

後漢明帝

明帝劉荘《めいりゅうそう》は子供の頃から学問好きで賢く、父親の光武帝劉秀から可愛がられていました。母親は光烈皇后陰氏《こうれついん》です。光武帝劉秀がまだ若い頃に将来の夢はと問われた時、

——**仕官当作執金吾、娶妻当得陰麗華。**（**仕官《しかん》するなら執金吾《しつきんご》、妻《つま》を娶《めと》らば陰麗華《いんれいか》**）。

「官職に就くなら制服の格好いい近衛司令官、嫁にするなら絶世の美女の陰麗華」と答えたそうです。実は地元の若者たちは、誰もが同じような夢を抱いていたそうですが、他の青年と違って劉秀は大いに出世して、実際に憧れの美人で富豪の陰氏の娘を娶り、「執金吾」を従える皇帝になりました。

因みに「執金吾」は日本では衛門府《えもんふ》（都の警備と治安を預かる役所）の唐名とされ、「関ヶ原の戦い」で悪名高い小早川秀秋は左衛門督であったことから、「金吾中納言《きんごちゅうなごん》」が通称であったことは日本史好きには良く知られています。

先に光武帝は河北の王郎（第55項）征伐の際、真定《しんてい》（別名を常山、現・河北省石家荘市）を拠点とすべく、地元の有力者の娘にして真定王劉普《りゅうふ》の孫にあたる郭聖通《かくせいとう》を娶って皇后とし、

漢文 苟非其人、民受其殃。

皇太子劉彊《りゅうきょう》が生まれていました。しかしながら、紀元41年（建武17年）に寵愛を失った郭皇后は廃され、皇太子も廃位されます。そこで貴人《きじん》（皇后より一段下の位）の陰麗華が皇后となり、その間に生まれた四男が皇太子となって、後に明帝となりました。

陰麗華は皇后となっても質素で、中国史上において最も優れた皇后の一人とされています。

明帝は光武帝の方針を受け継ぎましたが、前漢の武帝に倣って西域へ積極的に進出します。学問好きで優れた資質を持っていたものの疑い深い性格で、密偵を使って大臣たちを監視させたりして、政務を行っていたそうです。

明帝は父の光武帝が定めたルールはしっかりと遵守し、皇后の一族を諸侯に封じたりはせず、政治にも携わらせませんでした。ある時、姉の館陶公主《かんとうこうしゅ》から自分の息子のために官職を与えてくれと頼まれますが、明帝は本項フレーズできっぱりと断った程です。

明帝は紀元75年に48歳で崩御してしまいますが、父の光武帝の治世から続く平和と安定した時代を継続し、中央も地方も役人は優れた人財を得たことから、後漢の最盛期を築き上げました。

皇太子劉炟《りゅうけん》が即位して章帝《しょう》となります。明帝の皇后であった馬皇后は皇太后となります。馬皇后は光武帝の陰皇后と同じく賢夫人で、皇太后となってからも実家の一門が高位に取り立てられることを拒み続けました。章帝の生母である賈《か》貴人は、この馬皇后の従妹でした。

章帝は儒学を好んだことから、徳治の政治を行って経済や文化が大いに発展しました。しかしながら、その治世は13年ばかりで、紀元88年に32歳で崩御してしまいます。

英訳 If a leader is not well-qualified, then it becomes the misfortune for many members of an organisation.

人財を活かせないのはトップの責任

60

甑《こしき》已《すで》に破《やぶ》る。之《こ》れを視《み》るも何《なん》の益《えき》あらん。

器は既に壊れてしまいました。これを振り返って見ても何の得にもなりません。

後漢桓帝

章帝の後を継いだのが、10歳の和《か》帝劉肇《りゅうちょう》です。その母親である竇《とう》氏は皇太后となり、その兄の竇憲《とうけん》が大将軍となり、幼い皇帝を擁して権力を得ます。やがて竇憲が皇帝の位を狙っていることを察知した和帝は、宦官を利用して竇一族を誅殺することに成功しますが、外戚から宦官の手に政治権力が移動しただけで、むしろ汚職が一層蔓延するようになりました。

紀元１０６年に27歳で和帝は崩御し、生まれて１００日ばかりの皇子劉隆《りゅうりゅう》が即位します。中国歴代皇帝の中で最年少での即位でしたが、殤《しょう》帝劉隆も半年程で崩御してしまいます。

和帝の甥である13歳の安《あん》帝劉祐が継ぎ、和帝の皇后鄧氏が摂政となり、その一族が外戚として政治権力を握ります。鄧一族は倹約主義で、比較的に堅実な政治を行いました。

丁度この安帝の時代、１０７年に倭国王帥升《すいしょう》なる者が奴隷１６０人を献上して謁見を求めて来た記録が、『後漢書』東夷伝に記されています。安帝は在位19年、32歳で崩御し、安帝の後は章帝の孫である少帝劉懿《りゅうい》が即位します。２００日ばかり在位しましたが、宦官主導のクーデターによって廃位され、鄧一族も一掃されてしまいます。

漢文 甑已破焉。視之何益。

１２５年、安帝の息子である順《じゅん》帝劉《りゅう》保《ほ》が即位します。順帝は功労者である宦官を諸侯に封じた上、男性機能を失って子孫がいない宦官に養子を取ることを認め、財産の相続を許すという大きな決断を行います。これにより宦官の権力が更に拡大することになりました。

１４４年に順帝が30歳で崩御すると、僅か２歳の息子である沖《ちゅう》帝劉炳《りゅうへい》が即位し、在位６カ月で外戚の梁氏に毒殺されてしまいます。順帝の皇后梁氏の兄である梁冀《りょうき》は、章帝の玄孫である質帝劉纉《りゅうさん》を即位させます。７歳の聡明な少年皇帝は、専横を極める梁冀を見て、「跋扈《ばっこ》将軍」と呼んだため、激怒した梁冀によって質帝も毒殺されてしまいました。

１４６年、章帝の曾孫にあたる15歳の桓《かん》帝劉志《りゅうし》が、梁冀によって皇帝に立てられます。梁冀は妹を桓帝に皇后として押し付け、七諸侯、三皇后、六貴人、二大将軍を輩出して一族が繁栄を極めますが、桓帝は宦官の助けを得て梁冀を誅殺し、一族３００名を大粛清しました。

荒《すさ》んだ後漢の桓帝の世に、太原出身の郭泰《かくたい》という優れた儒者がいました。１０００人もの弟子を抱え、多くの人財を発掘して世に出します。ある日、担いでいた器を地面に落として割ったにもかかわらず、少しも気にせずに平然と行ってしまう人を郭泰が見掛けます。不思議に思って尋ねたところ、孟敏《もうびん》という名のその男は、本項フレーズでさらりと答えました。郭泰は孟敏が異才であると見抜いて学問を勧めて遊学させたところ、10年を経ずしてその名を天下に轟かすまでになりましたが、どこにも仕官することがなかったそうです。

国や組織のトップが如何に愚かで幹部が欲にまみれても、組織全体を見渡せば清廉な逸材は常にいくらでもいるものだということを教えてくれるエピソードです。

英訳 The container has already been broken. So, what is the point of dwelling on it?

61

状況に応じて最善の手を打つ

聖人《せいじん》は能《よ》く世《よ》と推移《すいい》し、俗士《ぞくし》は変《へん》を知《し》らざるに苦《くる》しむ。

後漢桓帝

優れたリーダーは時勢に順応するが、凡庸なリーダーは変化に対応することが出来ない。

　151年に桓帝は、「独行《どっこう》之《の》士《し》」を推挙するように天下に命令を下しました。「独行之士」とは、人に媚びずに自らを信じて正義を行える人のことです。

涿郡《たくぐん》（現・河北省涿市）の崔寔《さいしょく》という人が推挙されて役所までやって来ましたが、小役人たちのあまりの横柄さと腐敗ぶりに驚いて、試験には白紙回答して家に帰ってしまいました。

崔寔《さいしょく》は筆を執って、本項フレーズで書き始める上奏文を書き上げます。その中で、

——**夫刑罰者、治乱之薬石。徳教者、興平之粱肉也。（夫《そ》れ刑罰《けいばつ》は、乱《らん》を治《おさ》むるの薬石《やくせき》なり。徳教《とくきょう》は、平《へい》を興《おこ》すの粱肉《りょうにく》なり）。**

「刑罰をもって太平の世を統治しようとするのは、薬を食べて栄養にしようとすることと同じであり、徳によって悪人を取り除こうとするのは、美食や過食の習慣を改めないで病気を治そうとしているのと同じく見当違いである」

　つまり乱世と太平の時代では、マネジメントをあべこべにしてはいけないと指摘します。

漢文 聖人能与世推移、俗士苦不知変。

その結果として、マネジメントを行うには厳しさよりも甘さが先行し、本来であれば高いポジションに付けてはいけない者ばかりが跋扈《ばっこ》する組織となってしまうと指摘しています。

太平であったと誰もが羨む前漢の文帝の時代では、死刑が廃止されたことばかり強調されていますが、罪に相当する刑罰以上に厳正な処罰が下されることが多かったとして、

――**是文帝以厳致平、非以寛致平也。（是《こ》れ文帝《ぶんてい》厳《げん》を以《もっ》て平《へい》を致《いた》し、寛《かん》を以《もっ》て平《へい》を致《いた》すに非《あら》ざるなり）**。

「正しい政治が行われた文帝の時代は、厳正さによって平和が達成されたのであって、寛大さによって平和が達成されたのではない」と強調します。つまり、組織マネジメントにおいて、秩序と安定を確保して活性化するには、厳しさが必要であって、甘さでマネジメントを行うリーダーは失格であるということです。

本項フレーズにある通り、優れたリーダーは現在の状況を的確に見極めて、緊張感を持ったマネジメントを行うべき時なのか判断することが出来、凡庸なリーダーは変化している状況を見逃して、成功した人のマネジメントを真似るだけで応用することが出来ずに苦しむということです。この崔寔《さいしょく》の提言書を見た仲長統《ちゅうちょうとう》（仲長が姓）は、

――**凡為人主、宜写一通置之坐側。（凡《およ》そ人主《じんしゅ》たるものは、宜《よろ》しく一通《いっつう》を写《うつ》して之を坐側《ざそく》に置《お》くべし）**。

リーダーたる者は、崔寔《さいしょく》の言葉を座右の銘にせよと言っています。仲長統は、「**王佐之才**」を謳われた荀彧《じゅんいく》の推挙によって、後に曹操《そうそう》の幕僚の一人となった好漢です。

英訳 An effective leader adapts to the tendencies of the times, but an ordinary leader cannot cope with such changes.

禍の根を断つタイミング

62 虎《とら》を縛《ばく》するは急《きゅう》ならざるを得《え》ず。

虎を縛るならば急いでしなくてはならない。

後漢献帝

後漢の桓帝は、「清濁《せいだく》の争い」に悩まされました。「濁流」と蔑まれた腐敗する宦官と、それに対抗して「清流」を自称する外戚や諸侯による権力闘争です。168年に桓帝が崩じると、12歳の霊《れい》帝劉宏《りゅうこう》が即位します。外戚＋《プラス》諸侯連合と宦官の争いは激化し、霊帝は酒と女に溺れて政治を顧みなくなります。

184年に道教の指導者である張角による「黄巾《こうきん》の乱」が起き、瞬く間に全土に反乱が広がりますが、何進《かしん》、皇甫嵩《こうほすう》、朱儁《しゅしゅん》、盧植《ろしょく》、董卓《とうたく》といった将軍や諸侯によって反乱は鎮圧されます。すると今度はこの将軍たちが、軍事力を背景に各地で実権を握ります。中央では賄賂によって官職や爵位が売られる「売官売爵」が横行し、政治は大いに乱れます。

地方反乱の鎮圧で功績を立てた孫堅、公孫瓚《こうそんさん》などの将軍が現れる一方、中央では袁紹《えんしょう》、曹《そう》操《そう》などが頭角を現します。袁紹は「清流」に属する名門の出身、曹操の父は宦官の養子でしたが、霊帝に一億銭を献上して「売官」で最高位の太尉に上りました。

189年に在位22年にして霊帝が崩じ、長子の劉弁《りゅうべん》が即位します。母の何太后《かたいこう》の兄である

漢文 縛虎不得不急。

大将軍の何進が実権を握りますが、宦官によって暗殺されてしまいます。何進の掾《じょう》（副官）を務めていた袁紹が激怒して、宮廷に乗り込んで2000人に及ぶ宦官を皆殺しにしました。

その混乱に乗じて洛陽に入って実権を握った董卓は、劉弁を廃位してその兄の劉協を献《けん》帝として即位させます。董卓の独裁に反発した袁紹は、反董卓のスローガンで諸侯を結集します。董卓は難を逃れるべく長安へ遷都しますが、腹心の呂布《りょふ》によって暗殺されてしまいます。

袁紹は人望もあり、群雄のリーダー格として一時は河北四州を支配するまでになります。袁紹の従弟の袁術《えんじゅつ》も勢力を得て、長沙太守の孫堅《そんけん》が合流し、そこに呂布も加わりました。

呂布は袁術に厄介払いされてから袁紹、張邈《ちょうばく》、張楊《ちょうよう》の所を経て劉備《りゅうび》に身を寄せます。ずうずうしい呂布は、劉備が領する下邳《かひ》（現・江蘇省徐州市）を乗っ取って追い出します。劉備は兗《えん》州を奪取して太守となっていた曹操を頼ります。曹操は献帝を庇護して諸侯に号令をかける程に力を得ていましたので、呂布は参謀の陳登《ちんとう》を派遣して、曹操と和議を試みます。

「呂布将軍は英傑です。虎と同じで、沢山餌を与えないと人に噛み付きます」

和睦交渉に際して陳登は、呂布のために十分な領地を寄越せと交渉しますが、

「呂布は虎ではなく鷹と同じで、飢えた時は人に馴れるが、飽きれば飛び去るであろう」

と曹操は和睦を拒否して、呂布を攻撃します。捕縛されて曹操の前に引き出された呂布は、命乞いをします。曹操はその姿を見ながら、陳登の虎の話を思い出して本項フレーズを述べて、直ちに呂布を絞首刑に処しました。

実力があっても信義を疎かにする者は、早々に粛清する必要性を教えてくれています。

英訳 If you tie up a tiger, do it quickly.

63

聖人《せいじん》云《い》う、迅雷風烈《じんらいふうれつ》には必《かなら》ず変《へん》ず。

心の内側に闘志を秘める

聖人でさえも烈しい雷雨には顔色を変えてビックリしたそうです。

後漢献帝

１９７年、群雄の中で初めて袁術が皇帝を僭称して、都を寿春（現・安徽省淮南市）に定めます。しかしながら僅か2年で財政が窮乏して国を維持することが出来ず、従兄の袁紹を頼って河北へ逃れようとしますが、曹操に派遣された劉備によって阻まれて死去します。

袁術の庇護下に長らくあった孫策《そんさく》はようやく自立して、父である孫堅の本拠地であった江東を平定しますが、２００年に刺客によって暗殺され、その実弟の孫権《そんけん》が後を継ぎます。

幽州に割拠する公孫瓚《こうそんさん》を滅ぼして、冀《き》州・青《せい》州・并《へい》州、幽《ゆう》州（現・河北・山西・山東）の四州を統一した袁紹は、選りすぐりの精兵10万、騎兵1万で、兗《えん》州・豫《よ》州・徐《じょ》州・司隷《しれい》（現・河南・陝西・安徽・江蘇北部）の四州を支配下に置く曹操と雌雄を決しようとします。

「曹操は天子を奉って天下に号令をかけていますので、兵を挙げて南下して許《きょ》（曹操の本拠地）を攻めるのは、天子に弓を引くことになります」

謀臣の沮授《そじゅ》が諫めますが、董卓に擁立された献帝の正統性を認めない袁紹は出兵し、曹操と官渡（現・鄭州市内）で戦って大敗北を喫して、2年後の２０２年に憤死してしまいます。

漢文 聖人云、迅雷風烈必変。

２０７年に袁紹の息子たちを滅ぼして幽州を平定した曹操は、遂に河北（黄河の北岸地域）を統一します。目ぼしい群雄は江東の孫権、荊州の劉表、関中の馬騰、益州の劉璋を残すのみとなりました。

劉備は前漢の景帝の庶子で、武帝の異母兄にあたる中山靖《ちゅうざんせい》王劉勝《りゅうしょう》の子孫と称しています。この劉勝は１２０人以上の子を残したことから、九世孫の劉備の同時代には、実のところ中山靖王の子孫を称する人はゴマンといたそうです。

父は早世したものの親族の支援で盧植《ろしょく》の門下で学ぶ機会があり、同門の公孫瓚《こうそんさん》に兄事していたそうです。あまり学問は好まず、乗馬や闘犬好きで任侠的な性格で人望があり、黄巾の乱が起きた時、地元の有力者をスポンサーにして関羽、張飛らと義勇軍を起します。少し名を挙げてから、昔なじみで高官の子弟である公孫瓚の推挙で地方官の地位を得て、徐州の牧である陶謙《とうけん》から徐州を託された後、転がり込まれた呂布に追い出されて曹操を頼りました。

曹操は劉備を高く評価して、鎮東《ちんとう》将軍、宜城亭《ぎじょうてい》侯、豫州の牧《ぼく》に推挙します。１９８年に曹操は劉備を献帝に紹介し、左将軍に推挙します。更には車に同乗を許し、酒席では同格にする程の歓待ぶりでした。ある食事中の席で、曹操は劉備に告げます。

——今天下英雄、唯使君与操耳。（今天下《いまてんか》の英雄《えいゆう》は、唯《ただ》、使君《しくん》《貴君の意味》と操《そう》のみ）。

曹操の寝首をかこうと企んでいた劉備は、ぶったまげて箸を落とします。たまたま雷鳴が轟いたので、慌てて本項フレーズで曹操に真意を悟られないように平然と言い訳をしました。

一大ピンチにポーカーフェイスが出来るのも、リーダーたる者の重要な才能の一つです。

英訳 Even saint can change his complexion into an intense thunderstorm.

有能な右腕を手に入れるための心得

64

時《じ》務《む》を識《し》る者《もの》は俊傑《しゅんけつ》に在《あ》り。

時勢に応じた任務を理解して仕事が出来る者は、極めて優れた逸材だけです。

後漢献帝

１９９年、曹操から袁術討伐を命ぜられた劉備は、戦火を交える前に袁術が病死したことから、これを好機に曹操のいる許昌に戻らずに古巣の下邳《かひ》に駐留します。更に曹操の任命した徐州刺史を殺害して徐州を手中に収めると、反曹操派も続々と集まり出します。

劉備が袁紹と同盟したという知らせに曹操は、裏切られたと激怒して派兵します。慌てて劉備は袁紹のところへ逃げ込みました。この時、劉備の妻子を守って関羽が曹操に投降します。

袁紹が官渡《かんと》（現・河南省開封市郊外）で曹操と対陣して敗北した後、劉備は曹操からの攻撃を恐れ、荊州へ逃れて劉表の庇護を受けます。漢の帝室一族ということで劉備は、劉表より新野《しんや》城（現・河南省南陽市）を任せられます。

荊州の襄陽《じょうよう》（現・湖北省襄陽市）には、水鏡《すいきょう》先生と呼ばれる司馬徽《しばき》という優れた儒者がいました。多くの人が劉表へ推挙したそうですが、司馬徽は劉表など仕えるに値しないと断り、在野で弟子を育てました。韓嵩《かんすう》（劉表の参謀）、徐庶《じょしょ》（劉備の最初の謀臣、後に曹操の幕僚）、向朗《こうろう》（劉備の重臣）、龐統《ほうとう》（劉備の軍師）などが門下生として名を連ねました。

漢文 識時務者在俊傑。

襄陽の名士である龐徳公《ほうとくこう》は、司馬徽が兄事する程の人物で、若者の才能を良く見抜き、自分の甥である龐統に「鳳雛《ほうすう》」、息子の嫁の弟にあたる諸葛亮に「臥龍《がりょう》」というあだ名を付けました。大事を成すには人財が必要であることを痛感していた劉備は、巷で名高い司馬徽を訪ねて相談します。そこで司馬徽は本項フレーズで、「臥龍」と「鳳雛」の二人しか、劉備の抱える大志のために活躍できる経営戦略アドバイザーはいないと述べます。

一足先に劉備と親しくなっていた徐庶も、諸葛亮を推挙します。

「諸葛亮はまさに臥龍です。一度《ひとたび》、飛び上がれば天下を驚かせる程の人財です」

諸葛亮が自らを管仲《かんちゅう》や楽毅《がっき》になぞらえている誇り高い男なので、居丈高に呼び出しても出仕しないでしょうから、劉備が自ら出向かねば協力しないはずと徐庶はアドバイスします。

劉備は自分より20歳近くも年下の若造に対してわざわざ足を運び、三度目の訪問にして面談が叶った逸話は「**三顧之礼**《さんこのれい》」として良く知られていますが、司馬徽の話を含めてある意味では、諸葛亮が自分をアピールするために入念に仕込まれた仕掛けのようです。しかしながら、優れたリーダーにスカウトされ、全幅の信頼を得て仕事を任せてもらうには、様々な方向から複数の人に推挙される必要があるでしょう。また、その芝居に乗って知らぬ振りをする器量を持つのも、人財確保のためのリーダーたる者の粋な心得です。

諸葛亮は「**天下三分之計**《てんかさんぶんのけい》」を劉備に示し、荊州と益州を占拠した上で呉の孫権と組んで、魏の曹操に対抗する策を披露します。我が意を得た劉備は、「**水魚之交**《すいぎょのこう》」と関羽と張飛に羨しがられる程、諸葛亮を信頼して組織の№2として取り立てました。

英訳 A man who understands his duty based on the tendencies of the times will become an effective leader.

▲劉備（成都市・武侯祠内）

▲諸葛亮（成都市・武侯祠内）

▲三顧堂（湖北省襄陽市・古隆中）

コラム　故事成語11

髀肉之嘆（髀《ひ》肉《にく》の嘆《たん》）

後漢末、天下は乱れ、各地で群雄が割拠した。なかでも、献帝を奉戴した曹操は、官渡の戦いで袁紹を破り、華北平定の道を開いた。

皇帝の献帝は名ばかりで、実権は曹操が握っていた。

車騎将軍の董承《とうしょう》が、献帝の密詔だと言って、劉備に曹操を誅殺させようとした。劉備は暗殺の機会を狙っていたが、機会を見いだせないうちに、曹操の命令で、皇帝を自称していた袁術を迎え討つために徐州に派遣された。

劉備はこの機会をとらえ、曹操打倒の兵を挙げたが、反撃をくらい、冀《き》州に逃れた。

ここで兵をまとめたあと、汝南《じょなん》からさらに荊《けい》州へ逃れ、長官の劉表のところに身を寄せた。

劉備は、挙兵して十数年、初めて落ち着いた日々を送ったが、ある日、座敷で劉表と雑談中、便所に立った。そこで、股《もも》に贅肉がついているのに気づく。思わず落涙し、席にもどったところ、劉表に涙の跡を目ざとく見つけられた。わけを聞かれた劉備は、こう答えた。

「これまで、戦場を駆けめぐり、鞍から離れたことはございません。そのため、股の肉（髀肉）が落ちたことはありませんでした。ところが、しばらく馬に乗らず、贅肉がついておりました。月日がたつのは速く、老境が迫っているのに、今もって功業を成し遂げず、まことに情けなく、それでついつい涙を流してしまったのです」

これが、「髀肉の嘆」である。つまり、名をあげる機会がないことを嘆くことである。

劉備はこの後、「赤壁の戦い」を経て、やがて蜀を根拠地とした。

65

チャンスを待ち続ける忍耐力

恐《おそ》らくは蛟龍《こうりゅう》雲雨《うんう》を得《え》ば、終《つい》に池中《ちちゅう》の物《もの》に非《あら》ず。

後漢献帝

恐らく蛟龍が雲雨を得たならば、もはや池の中に潜んではいないでしょう。

２０８年、荊州牧（長官）の劉表が死去して幼い息子の劉琮《りゅうそう》が継ぐと、曹操に荊州を献上して降伏します。諸葛亮の巧みな工作で、劉備は呉の孫権との同盟に成功しました。

曹操は水軍80万を率いて、呉を討つと宣言します。孫権の重臣たちは降伏しようと薦めますが、ただ魯粛だけは反対し、孫権の兄の孫策の盟友で義兄弟の周瑜《しゅうゆ》を召喚します。周瑜は、

「精兵をお貸し下されば、夏口《かこう》へ進撃して曹操を打ち破ってみせます」

と豪語します。それを聞いた孫権は、刀を振り上げて机を真っ二つにして、重臣たちを睨み、

「曹操に降伏せよという者は、この机と同じになる」

と断じて、３万の兵を周瑜に与えます。周瑜は劉備軍と連合して、２０８年に南下する曹操を赤壁で迎え撃って大勝利を収めます。曹操は呉を諦めきれずにその後も出兵します。しかしながら、なかなかうまくいきません。曹操は思わず嘆息して、

「息子を持つなら孫権のような男が欲しい。それに比べれば劉琮などは豚や犬のようなものだ」

と評します。このことから自分の息子を卑下する際に「**豚児**《とんじ》」というようになったそうです。

漢文 恐蛟龍得雲雨、終非池中物也。

曹操を敗走させて一安心した劉備は、荊州の郡県を次々と従えて支配地域を増やします。それを見た周瑜は、孫権に上申書を差し出します。

「劉備は梟雄の気質があり、おまけに関羽と張飛という熊や虎のような将軍を従えています。この三人を国境近くに置いておくのは危険です」

と前置きして本項フレーズで警鐘を鳴らして、呉の国内で監視下に置くべきだと提案しました。孫権は自分の妹を劉備に娶わせていたことから少し油断をして、周瑜の進言を退けます。

劉備という人は不思議なことに、何か人を惹きつける特別な魅力があったのでしょう。曹操に続いて孫権も、結局は劉備に裏切られることになります。

周瑜は武門の誉の高い家に生まれ、容姿端麗な上に気概もある人物でした。孫権の兄である孫策と歳が同じであったこともあって仲が良く、孫策が若くして亡くなる時、周瑜は弟の孫権の後見を託されます。孫策の腹心たちは若い孫権を侮りますが、周瑜は率先して孫権を奉って従い、その姿を見た他の重臣たちも孫権に自然と臣従するようになったそうです。

盟友との約束を守った周瑜は、粋な計らいが出来る格好良い男です。リーダーたる者は、やはりこのような器量を持たないといけないという見本でもあります。

さて、蛟龍とは臥龍や伏龍と同じく、**「時運に合わずに雌伏して時機を待ち狙う人」**のことのたとえとして中国では昔から使われています。

「蛟《みずち》は千年で龍となる」という記述が中国の史書にありますが、リーダーたる者は千年雌伏する気概を持って、チャンスを待つ蛟龍にあやかる必要が、時にはあるものです。

英訳 If a hidden dragon were getting support, it could no longer be contained in a small pond.

コラム 人物11

関羽《かんう》（?～219）

字は雲長、河東郡解の人。劉備の挙兵以来の部下で張飛と共に三人は兄弟同然の仲だった。『三国志演義』で三人が兄弟の契りを結ぶ「桃園の義」はあってもおかしくないと思わせる場面である。

200年、劉備が曹操の攻撃を受け、袁紹のもとに落ちのびた時、関羽は下邳《かひ》の守りを任されていたが、曹操に降伏した。曹操が関羽を丁重に迎え入れようとしたが、関羽は劉備との「兄弟の義」を重んじて断った。そして「白馬の戦い」で、曹操に敵対する袁紹の将顔良《がんりょう》を斬り、曹操に「義」を果たすと、劉備のもとに帰った。

その後、荊州で劉備とともに兵を休めるが、208年、曹操軍の侵攻にともない、南下して「赤壁の戦い」を迎え、曹操を撃退した。

211年、劉備が蜀へ進出し、関羽は荊州の守備を任された。

219年、劉備が蜀で漢中王を称すると、これに呼応して関羽は、魏の樊《はん》に向けて討伐軍をおこし、救援軍の総大将于禁を生け捕りにするという戦果をあげ、曹操は都の許からの撤退を考えるほどだった。

関羽のこの攻勢に、魏と呉は恐れた。魏の司馬懿、呉の呂蒙、陸遜らによって、関羽挟撃作戦が進められ、関羽の本拠地である南郡を呉軍が陥れた。行き場を失った関羽は麦城に包囲され、脱出を試みるが、先回りした呉軍に捕らわれた。

孫権は生かして使うつもりだったが、「曹操も飼い慣らせなかった」と言う側近に推され、ついに関羽を処刑し、そして首が曹操のもとに送られたが、曹操はそれを見た数日後、亡くなっている。

関羽は「義の人」と称され、各地に「関帝廟」が作られ、神として祭られている。特に、あの広い中国で商売をする人々は、信義に頼らざるを得なく、それを大事にすることから、関羽の行為にこと寄せ、関羽を祭ることに熱心である。

▲関羽（河南省洛陽市・関林）

66

変化に敏感であるということ

士《し》別《わか》れて三日《さんじつ》、即《すなわ》ち当《まさ》に刮目《かつもく》して相待《あいま》つべし。

後漢献帝

リーダーたる者は、3日も会わねば見違える程に成長しているものです。

曹操討伐を計画していた周瑜は、210年に36歳で早世します。周瑜は呉の命運を魯粛に委ねます。魯粛《ろしゅく》は徐州の人で、周瑜が未だ地方の県長であった頃からの友人です。

魯粛は初め袁術に請われて出仕しますが、嫌気がさして、周瑜を頼って長江を渡り、孫策に仕えることになります。喪に服すべく故郷へ帰りますが、周瑜の執拗な招聘を受けて呉に赴き、孫権に気に入られます。魯粛は孫権に、

「漢の再興は無理で、曹操が権力を握っている今、江東をしっかり守って様子を見るべし」と提案します。孫権はその言に従います。

劉表が死去した際、荊州の偵察を兼ねて魯粛は弔問使を買って出ます。夏口（現・湖北省武漢市内）に至った時、曹操が既に荊州討伐の兵を挙げたことを知った魯粛は、引き返すことになった途中で劉備一行と出遭います。魯粛は劉備のみならず諸葛亮とも意気投合し、諸葛亮を劉備の名代に立て、孫権への使者として同道して帰ります。

漢文 士別三日、即当刮目相待。

曹操に降伏する意見が大勢を占める中、厠に立った孫権を追い駆けてまで魯粛が説得し、孫権は断固戦うべしと魯粛の提言を入れて周瑜を召還します。その時の決意が「赤壁の戦い」の勝利をもたらし、曹操の天下統一の夢を阻むことになったことは、前項で触れました。

２１４年、劉備が益州を占領したことを知った孫権は、一時的に劉備の駐留を認めていた荊州の長沙《ちょうさ》、零陵《れいりょう》、桂陽《けいよう》の三つの郡を返還するように劉備に要請します。当然のように劉備は拒否しましたので、孫権は怒って呂蒙《りょもう》に３万の兵を与えて荊州攻略を命じます。

呂蒙は豫《よ》洲《しゅう》汝《じょ》南《なん》郡《ぐん》富《ふ》陂《は》県《けん》（現・安徽省阜南県）の生まれで、貧しい家に生まれて学問もありませんでしたが、武勇に優れて孫策の側近にスカウトされます。その弟の孫権にも気に入られ、孫堅を打ち取った黄祖を攻めて捕虜にして仇を討ち、「赤壁の戦い」では将軍として活躍します。ある時、孫権は呂蒙が目に一丁字もないことを案じて、渋る呂蒙に対して、
「自分も忙しい中で勉強をした。呂将軍にも出来るはずだ。兵法を読むと参考になるぞ」
と諭します。呂蒙は感じるところがあったのか、読書を始めるや儒学者が舌を巻く程の学問を身に付けます。魯粛が呂蒙の宿営地を通り過ぎる際に挨拶に寄り、時事問題を含めて質問をすると、呂蒙がスラスラと答えるばかりか、荊州に盤踞する関羽対策についても語ります。
——**卿非復呉下阿蒙。**（**卿《けい》復《ま》た呉《ご》下《か》の阿《あ》蒙《もう》に非《あら》ず**）。
「呉にいた頃の蒙の奴ではない」と魯粛が感歎すると、呂蒙は本項フレーズで答えます。

つまり、人物を見定める時、昔の頃のままだという先入観を持たず、常に新しい側面に注目することが、リーダーたる者の務めであるということを呂蒙の逸話が教えてくれています。

英訳 If a man is not seen for three day, then he may have changed for everyone to look at him anew.

67

正々堂々と戦うことの意義

各々《おのおの》、分界《ぶんかい》を保《たも》つのみ、細利《さいり》を求《もと》むること毋《な》かれ。

西晋武帝

それぞれが自分の担当分野をしっかり守って、些細な利益を求めてはいけない。

２１６年、曹操は献帝から丞相に任じられ、魏王に封じられます。中国大陸の三分の二を支配する実質的な最高権力者となります。２２０年に曹操が死去すると、息子の曹丕は後漢の献帝から禅譲を受けて、魏の文帝として即位します。

後漢の滅亡の報を受けた劉備は、２２１年に成都で「漢」の正当な継承者として皇帝に即位します。関羽の敵討ちの念にかられた劉備は、呉を攻めますが果たせず、２２３年に白帝城（現・重慶市奉節県内）で息子の劉禅を諸葛亮に託して崩じます。62歳の生涯でした。

２２９年には魏から呉王に封じられていた孫権も皇帝に即位し、三国鼎立の時代となります。

諸葛亮は魏との度重なる戦いを経て、五丈原《ごじょうげん》（現・陝西省宝鶏市近く）にて魏の大将軍である司馬懿と対峙する中、２３４年に54歳で亡くなります。

司馬懿は魏の文帝、そして次の明帝曹芳《そうほう》に仕えます。２４９年に司馬懿はクーデターを起こして政敵である曹爽《そうそう》一派を倒して、漢王朝末期の曹操が得た権力と同じ力を魏王朝で得ます。

漢文 各保分界而已、毋求細利。

２５１年に司馬懿が亡くなると長男の司馬師《しばし》が後を継いで大将軍となり。更に弟の司馬昭《しばしょう》が継ぎます。２６３年に司馬昭は蜀漢へ遠征軍を派遣して滅ぼし、魏の相国に任じられ、晋王に封じられます。その後を継いだ息子の司馬炎《しばえん》は、２６５年に魏の元《げん》帝（曹操の孫）から遂に禅譲を受けて、晋の武帝として即位します。

武帝司馬炎は呉を服属させるべく、伯父である司馬師の妻の弟の羊祜《ようこ》を荊州に派遣します。一方、呉は陸抗《りくこう》に国境へ布陣させます。陸抗の父である陸遜《りくそん》は、呂蒙（第66項）に認められて孫権に推挙され、関羽を討伐した呉の名将です。後に呉の丞相になります。孫策の娘との間に生まれた陸抗も智将でした。羊祜と陸抗は対陣する中、お互いを認め合うようになります。陸抗が羊祜へ酒を贈って寄越した時、毒が入っているかもと静止する幕僚の意見を無視して羊祜は飲み干し、陸抗が陣中で病気になったと聞いた羊祜は、直ちに薬を届けたところ、陸抗は毒殺など羊祜が姑息な手段を取るはずがないと直ぐに服用したという程の間柄です。羊祜は対陣中においても地域の安定を第一として軍政を行い、また呉と合戦する際は日時を決めて行って、不意打ちで攻撃を仕掛けませんでした。呉の人々を圧倒的な武力によってではなく、人々の心を掴むことを戦術の第一に置いた訳です。一方で陸抗も本項フレーズで、国境を固める将兵に揉め事を起して、晋の付け入る隙を与えないように指示をします。リーダーたる者は、職分を超えずに職務を果たすことに第一の存在意義と価値があります。

本項フレーズは現代経営におきかえれば、競い合う同業者同士が目先の利にとらわれたり、つまらぬことで関係を激化させたりする愚を説いた最善の対応策の一つでもあります。

英訳 Each protects his own boundary without getting into minor issue.

コラム　人物12

司馬懿《しばい》（179～251）

字は仲達、河内郡温の人。「死せる孔明、生ける仲達を走らす」という言葉で、字の方が有名だ。魏王朝の曹操、曹丕、曹叡、曹芳の四代に仕え、また晋王朝の基礎を築いた。

少年時代から聡明で、201年、丞相の曹操に招かれ、多くの要職を歴任する。曹操の死後、曹丕に仕え、202年、曹丕が漢の禅譲を受けて、魏王朝をおこすと、録尚書事などの重要な職を任された。

226年、曹丕が死去し、曹叡（明帝）が即位したが、その際、曹丕から他の三人とともに曹叡の輔佐を頼まれた。この年、孫権の軍を敗走させた功績により驃騎将軍となっている。

228年、上庸の孟達が蜀の諸葛亮に呼応して魏に叛いた。宛に赴任していた司馬懿は、孟達に丁重な手紙を送って油断させ、その間、昼夜兼行で上庸に迫り、あっという間に包囲した。孟達の部下が離反し、ついに孟達は斬首される。この結果、二方面から魏に攻撃をかけようとした諸葛亮の戦略は最初からつまずき、魏討伐が失敗に終わるが、司馬懿のこの行動が大きな成果をあげたといえよう。

231年、諸葛亮の攻撃を迎撃する最高責任者の曹真が病に倒れ、急遽、司馬懿が交代して指揮を執り、初めて両者が対戦する。この時は蜀軍の補給がこと欠き、蜀軍は撤退した。

234年、諸葛亮は五丈原に侵出してきた。司馬懿はひたすら守りを固め、持久戦法をとった。対峙すること4カ月、諸葛亮は病を得て陣没。司馬懿の不戦勝だった。

237年、遼東郡太守の公孫淵が反旗を翻し、その討伐を命令された。翌年、これを滅ぼして遼東を平定した。

239年、明帝の死去の際、曹爽とともに後事を託され、幼帝を輔佐する。しかし、曹爽の一党が徐々に朝政を壟断するところとなり、司馬懿は病気を理由に邸に引きこもった。

病気の様子をうかがいにきた曹爽の配下に対

し、いかにも余命幾ばくもない振りをして油断させた。そして隙を見せた曹爽にクーデターを敢行し、実権を握り、丞相となった。

　251年、王淩の反乱を平定し、司馬氏の権力を揺るぎないものとし、同年、洛陽で死去した。

　司馬懿は、相手を油断させ、それをみすまして徹底的に打倒する、という戦法の達人だったといえよう。

▲司馬懿（河南省温県）

68

波乱こそがリーダーの日常である

聖人《せいじん》に非《あら》ざるより、外《そと》、寧《やす》ければ、必《かなら》ず内《うち》の憂《うれ》いあり。

西晋武帝

聖人ではないので、外患が収まれば、必ず内紛が生じるはずです。

荊州に駐留する羊祜《ようこ》は、呉へ侵攻するのではなく専守防衛で戦争を徹底的に避けました。10年に亘って内政を重視して、住民を慈しむ統治を行って力を蓄え、名声を博します。

呉からの投降者を寛大な処置で受け入れ、国境紛争で呉の将兵が戦死した時には遺体を丁重に送り返したことから、呉の人も「羊公」と敬称付きで呼ぶ程に高い人気を得ます。

暗愚な呉の第四代皇帝孫皓《そんこう》（孫権の孫）の圧政に見切りをつけて、晋へ流入する者が増えるようになります。274年、呉の皇帝に諫言し続けた陸抗が亡くなります。一方、羊祜は征南大将軍に任ぜられます。

遂に278年に時期は熟したとして、羊祜は呉の征伐を武帝司馬炎に上奏します。ところが、杜預《とよ》と張華《ちょうか》の二人を除く宮廷の群臣たちから猛反対を受けて却下されてしまいます。

――**天下不如意事、十常七八。**（**天下《てんか》、意《い》の如《ごと》くならざる事《こと》、十《じゅう》に常《つね》に七八《しちはち》**）。

と羊祜は嘆息します。皇帝から絶大な信頼を受けているお気に入りの大将軍ですら、世の中

漢文 自非聖人、外寧必有内憂。

のことは七、八割方も思うようにならないことばかりあるという訳です。

羊祜は病に倒れますが、しつこく皇帝に提案を続けます。ようやく武帝司馬炎も裁可します。そして、病人であるから車上に寝たままで指揮を執れと特に命じました。すると羊祜は、「呉を取るには、私が必ずしも行く必要はありません。但し、呉を平定された後は、必ず善政を敷かれて下さい」

と遺言し、後継者に杜預を指名します。武帝司馬炎は、杜預を鎮南大将軍に任じます。

280年、杜預は改めて呉征伐の許可を求める上奏文を認《したた》めます。盟友の張華は武帝司馬炎と囲碁の最中でしたが、張華は碁盤を脇にどかして皇帝に裁可を迫ります。皇帝は直ちに出陣を裁可しました。

これを伝え聞いた山濤《さんとう》は本項フレーズを述べ、呉などに構わずに粛々と内政に専念すべきではないかともらしました。

山濤は母方で司馬師・昭の兄弟と又従兄弟になりますが、幼少時に父が亡くなり、貧困生活を送ります。酒に溺れて老荘思想に嵌《はま》った山濤は、「竹林の七賢」の一人となりましたが、中年になってから宮廷へ出仕し、優れた人財を見分ける才能を発揮して活躍します。

「内憂外患《ないゆうがいかん》」は続々と押し寄せるのは世の常であり、これに打ち克つことこそ、リーダーたる者の責務です。日々において悩んだり、心配したりする必要はありません。波風が内外で立っているのが日常であるかと思えば何の苦痛もありませんし、また思うようにならないのが人生と覚悟すれば、リーダーたる者は恐れるものが何も無くなります。

英訳 If external pressure is inadequately settled, then internal trouble will occur.

コラム　故事成語12

竹林の七賢（竹林之七賢）

漢末から魏を経て晋に至る時代は戦乱に明け暮れ、人々は不安な毎日を送っていた。そんな中、知識人の間で流行したのが清談である。

清談とは、偽善的な生き方を批判し、形式だけに墜ちた当時の儒教を超え、老荘思想に基づいた哲学的な、俗世間から離れた談話のことである。

魏の正始年間（240～249年）に七人の賢人が竹林の下で（異説あり）、酒を飲み、清談にふけったことから、「竹林の七賢」と呼ばれた。七賢とは阮籍《げんせき》・嵆康《けいこう》・山濤《さんとう》・向秀《しょうしゅう》・劉《りゅう》伶《れい》・阮咸《げんかん》・王戎《おうじゅう》の七名である。

魏晋時代は、知識人は言葉を選んで話さなければ命が保証されなかった時代でもあった。

たとえば「竹林の七賢」の代表的な一人の嵆康は、親友が親不孝の罪で訴えられたのを弁護したが、そのことで嵆康自身も親不孝とされ、また嵆康自身が官職を断っていたことから、親友とともに処刑されてしまった。

また、代表的な一人である阮籍は気に入った人物が訪ねて来ると青眼で迎え、俗物で、気にくわない人物には白眼で迎えた。このことから、「白眼視」という言葉が生まれた。

阮籍は、時の権力者である司馬昭が自分の息子の嫁に阮籍の娘をもらおうと、使者を阮籍のもとに送ると、60日のあいだ酔っ払い続け、使者に言い出せないようにして、この縁談をやんわりと断り、咎を受けないように回避した。

また、母の葬儀の日、大酒を飲み、肉を食べた。当時の礼法では許されない行為であったが、そのあと、血を吐いて倒れた。司馬昭は、痩せ細った阮籍を見て、不孝の罪を赦した。

阮籍は、司馬昭の幕僚にはなったが、いつも酔っ払って、政争に巻き込まれないようにし、また、失言をしないようにした、という。

酔っ払うとつい失言してしまう凡人からすれば、なかなかできない生き方である。

コラム　故事成語13

破竹之勢（破竹《はちく》の勢《いきお》い）

魏、呉、蜀による『三国志』の時代は、263年、まず魏が蜀を滅ぼすが、2年後、その魏も司馬氏の晋に禅譲のかたちで帝位を譲る。残る呉は、孫権の孫の孫晧《こう》が帝位に即くと暴虐と荒淫のかぎりをつくし、臣下の心は離れていった。

279年、晋の司馬炎はついに呉討伐の軍をおこした。20万の大軍を動員し、六つのルートから呉の都の建業をめざした。襄陽から江陵に進撃したのが鎮南将軍の杜預《とよ》だった。

杜預は、子どもの頃から読書に親しみ、とくに、『春秋左氏伝』を好み、常に手元におき、自ら「左伝癖（左伝マニア）」と称した。

杜預の軍は、奇襲部隊を編成し、夜陰にまぎれて長江を渡った。要害の地に陣取ると、まず旗指物を林立させ、近くの山に火を放ち、呉軍の度肝をぬいた。呉の将軍は、

「晋兵は長江の上を跳び越えて来た」

と言って、恐れおののいた。

このあと、杜預は軍を分け、水軍と協力して、要衝武昌を陥落させた。

ここで、杜預は一気に勝負に出た。

「今、わが軍には勢いがある。たとえば竹を割るようなもの（破竹の勢い）だ。最初の一節《ふし》から二節割ってしまえば、あとは向こうの方から割れていく」

かくて、全軍に命令を下し、建業をめざし、ついに呉を降した。

このエピソードから、猛烈な勢いで進むことを「破竹の勢い」と言うようになった。

なお、唐代の詩人杜甫は、杜預の子孫だと言われている。

▼杜預

69

生き延びるための諦念

財《ざい》の禍《わざわい》たるを知《し》らば、何《なん》ぞ早《はや》くこれを散《さん》ぜざる。

西晋恵帝

財宝が禍の種になるのであれば、早くに他人に渡してしまっておけば良かった。

晋の武帝司馬炎は即位した当初は質素倹約を旨にした名君でしたが、天下統一を果たしてから急に快楽に耽るようになり、何千人の宮女を侍らすようになります。

武帝は羊に引かせた車に乗って後宮を回り、羊が止まった部屋で宴会をしたり、泊まったりしましたので、宮女たちは羊の好む笹の上に塩を盛ったものを自分の部屋の前に置いて、羊が立ち止まるように仕向けました。これが今日、飲食店の前に盛り塩をする由来です。

国政には関心を示さなくなった武帝に、山濤《さんとう》らは諫言しますが全く耳を貸しませんでした。活動が著しくなった異民族対策も手遅れとなります。その最中に武帝は崩御します。

290年、武帝司馬炎の息子である孝恵帝《こうけい》司馬衷《しばちゅう》が即位します。中国史上、最も暗愚な皇帝として今日まで知られています。皇后の賈南風《かなんふう》は、権謀術策に長けるやり手の女性でした。

この皇后賈氏は夫を尻に敷くタイプで、夫の恵帝が無能なのを良いことに政治を壟断します。しかしながら皇后賈氏は政治の要諦は良く心得ていて、張華などの賢臣を使いこなした

漢文 知財為禍、何不早散之。

ことから、暗愚な皇帝の治世もかろうじて平和が保たれます。

やがて皇后賈氏の一族の専横に怒った晋の王族で征西大将軍である趙王司馬倫《しばりん》(司馬懿の九男)が、クーデターを起こして皇后を自殺に追い込み、賈一族を皆殺しにして宮廷を牛耳ります。司馬倫は学問をしなかったために書物を読むことが出来ず、晋の第三代皇帝に即位しますが精彩を欠いて、股肱の臣の孫秀に政治を任せます。

恵帝の衛尉であった石崇《せきすう》には緑珠《りょくしゅ》という美人の側室がおり、権力を握る孫秀が横取りしようとしますが、石崇は拒否します。そこで孫秀は皇帝へ石崇の悪口を並べ立て、謀反の兆しありと密告します。皇帝は、石崇を捕えるように命じました。

石崇が本項フレーズを述べて後悔します。ここでいう財宝とは美しい愛妾のことです。

紀元301年、皇帝司馬倫に対して、司馬一族の淮南王《わいなんおう》の司馬允《しばいん》(恵帝の弟)は、斉王司馬冏《しばけい》と共に、司馬倫が好き勝手に振る舞っているのを咎めて、司馬倫を討ちます。やがて司馬一族の東海王劉越は、同族の王たちを滅ぼします。恵帝の侍中である嵇紹《けいしょう》は自身が身を挺して皇帝を守ります。恵帝の衣服は嵇紹の血で汚され、着替えを薦めます。

——**嵆侍中血、勿浣也。**(**嵆侍中《けいじちゅう》の血《ち》なり、浣《あら》うこと勿《なか》れ**)。

とボンクラのはずの恵帝が重臣の忠義を讃えます。この逸話からすると、恵帝はそれ程に愚かな皇帝ではなかったのではないかと窺えますが、恵帝は307年に麺を食べて中毒死します。世の中が飢餓に見舞われた時、

「米が無ければ、肉粥を食べれば良いのに」と宣《のたま》ったことで知られています。

英訳 If wealth brings disaster, then why not give it away early?

常に自らを律してチャンスを待つ

70

大禹《たいう》は聖人《せいじん》なり。乃《すなわ》ち寸陰《すんいん》を惜《お》しめり。衆人《しゅうじん》は当《まさ》に分陰《ぶんいん》を惜《お》しむべし。

聖人の禹王は、1分でも惜しんだそうだ。ましてや凡人なら1秒でも惜しんではいけない。

東晋明帝

316年、晋は前趙《ぜんちょう》の皇帝劉曜《りゅうよう》によって滅ぼされます。武帝司馬炎から始まった50数年間は、長安に都を置いたことから西晋と呼ばれます。その後、司馬一族の最後の生き残りの司馬睿が、江南の貴族たちの支持を受けて建康（現・南京）で即位します。東晋の中宗元帝《ちゅうそうげんてい》です。

323年にその後を継いだ息子の明帝は、賢者に遜ってその提言に耳を傾けました。

東晋の建国の功臣である王敦《おうとん》が丞相となると専横を極め、明帝がこれを責めたところ反乱を起こします。その従弟の王導《おうどう》は明帝からの信頼も厚く、司徒に任ぜられて325年に王敦の反乱を平定します。明帝は大義のために親族をも滅ぼした大忠臣として、王導を重用します。

明帝は僅か27歳で崩御します。東西の晋を通じて随一の名君でしたが、王導の他にも多くの人財を登用しました。その中でも陶侃《とうかん》はピカ一の逸材です。

陶侃は父を子供の頃に亡くして、機織りで生計を立てる母の手一つで育てられ、東晋を代表する名将となりました。陶侃が未だ駆け出しの地方役人をしていた頃、突然の来客があり

漢文 大禹聖人。乃惜寸陰。衆人当惜分陰。

ました。持ち合わせがない陶侃の母は、自らの髪を売って酒と料理を用意してもてなしたそうです。後にその訪問客の推挙を受けて、陶侃はトントン拍子に出世します。

荊州で善政を敷いた羊祜（第68項）、その後継者の劉弘から指名された陶侃は荊州刺史に任ぜられましたが、王敦に妬まれて広州へ左遷されます。陶侃は広州では朝になると、大瓦を100枚ばかり部屋から外へ運び、夜になると外から部屋に運び込むことを毎日のようにしていました。それを不思議に思ったある人がその理由を尋ねると、陶侃は、

――吾方致力中原。故習労耳。（吾方《われまさ》に力《ちから》を中原《ちゅうげん》に致《いた》さんとす。故《ゆえ》に労《ろう》を習《なら》うのみ）。

と答えます。地方へ左遷されたからといって腐らずに、本社で活躍できる再起のチャンスを得るまでの間、心身が鈍《なま》らないように労苦を自らに課して鍛えているというのです。陶侃が現代に生きていれば、さぞ筋トレに励んだことでしょう。

王敦の乱で功績のあった陶侃は、征西大将軍に加えて再び荊州刺史に任ぜられます。荊州の人々は誰もが悦び、それに応えた陶侃は疲弊した荊州を見事に復興させます。

陶侃は非常に勤勉で、また誰に対しても低姿勢で謙虚でした。その陶侃の仕事に対する原理原則《プリンシプル》ともいうべきものが本項フレーズです。

若い頃から逆境にあり、自らを律して刻苦勉励した人物だけあり、何事にも厳格でした。自分の部下が持っている酒器や博打道具を見付けると、直ぐに川に投げ捨てさせた程です。

自らに厳しいだけのリーダーは尊敬されますが、慕われることはありません。しかしながら、陶侃のような苦労人の真摯な姿には、誰もが魅力を感じてファンになるものです。

英訳 If King Yu treasures every minute of his time, then an ordinary man must cherish every second of his time.

71

正攻法で勝負するという美学

大丈夫《だいじょうぶ》の事《こと》を行《おこな》うや、当《まさ》に礌礌落落《らいらいらくらく》、日月《じつげつ》の皎然《きょうぜん》たるが如《ごと》くなるべし。

リーダーたる者の仕事は、公明正大で、人前で堂々と行うようでなくてはいけない。

東晋成帝

304年、魏に帰順した匈奴の子孫である劉淵《りゅうえん》は、蜀漢の後継者を自称して晋から自立して皇帝となります。漢人と異民族を吸収して、一大勢力を築き上げます。

この劉淵の傘下に入り、将軍に任ぜられて頭角を現した石勒《せきろく》は、上党《じょうとう》郡（現・山西省南東部）に定住していた少数民族である羯《けつ》族の出身です。石勒は若い頃に西晋の司馬騰《しばとう》の軍に捕まって奴隷として売られたことがありますが、頑健な身体に豪胆さを有する騎射の得意な武人として活躍し、最後は皇帝にまで立身出世した人物です。

劉淵の後を継いだ長子の劉和《りゅうか》を暗殺し、皇帝となった劉淵の弟の劉聡《りゅうそう》が、316年に「永嘉《えいか》の乱」と呼ばれる異民族による大反乱を起こし、西晋を滅ぼして華北を統一します。しかしながら、その劉聡も病に倒れると、息子の劉粲《りゅうさん》の補佐として一族の劉曜を丞相、石勒を大将軍に任じます。

318年に権臣の靳準《きんじゅん》が反乱を起こし、漢の皇帝劉粲《りゅうさん》が殺害されると、靳準を倒した劉曜

漢文 大丈夫行事、当礌礌落落、如日月皎然。

が洛陽で皇帝となり、翌年に国号を漢から趙へ変更します。同じく趙王を自称していた石勒は、劉曜から自立します。後代の人は、劉曜の趙を前趙、石勒の趙を後趙《こうちょう》と呼び分けています。

328年、洛陽を攻めて劉曜を処刑した石勒は、前趙を滅ぼして後趙の初代皇帝として即位します。翌年1月、高句麗の使者をもてなす宴の際、石勒が重臣たちに問い掛けます。

「自分は昔のどの帝王に比肩するだろうか」

「漢の高祖劉邦より優れています」

と重臣の一人が答えます。石勒は世辞が過ぎると苦笑しながら、

「高祖劉邦の時代に生まれたなら、韓信や彭越と肩を並べて臣従したであろう。後漢の光武帝の時代に生まれたならば、共に天下を競って最後にそのどちらが勝ったであろうか」

と自分の器量くらいは良く分かっていると前置きして、本項フレーズを述べました。

――**終不効曹孟徳司馬仲達、欺人孤児寡婦、狐媚以取天下也。（終《つい》に曹孟徳《そうもうとく》・司馬《しば》仲達《ちゅうたつ》が、人《ひと》の孤児寡婦《こじかふ》を欺《あざむ》き、狐媚《こび》して以《もっ》て天下《てんか》を取《と》るに効《なら》わず）。**

曹操や司馬懿のように、幼君や皇太后などをたぶらかして天下を取るのではなく、自分のように正々堂々と大人同士で、男の勝負をして決着を付けてみろと石勒は豪語します。

五胡十六国時代の中国は、大量殺戮は当たり前で人の命は鴻毛より軽く、非道がまかり通った時代でした。しかしながら、対等でない関係を利用して権力を奪取することは、武人として卑怯であると石勒は考えていたようです。

現代のリーダーたる者も、石勒のように大きな度量と気概を持ってもらいたいものです。

英訳 An effective leader should perform well by being transparent and open-minded.

72

野心を抱いて困難に打ち克つ

男子《だんし》、芳《ほう》を百世《ひゃくせい》に流《なが》す能《あた》わずんば、亦《ま》た当《まさ》に臭《しゅう》を万年《まんねん》に遺《のこ》すべし。

男なら、名声を百年まで伝えることが出来ないならば、悪名を万年まで残すべきだ。

東晋帝奕《ていえき》

後漢末の１８４年に「黄巾《こうきん》の乱」が起きて天下が乱れてから、５８９年に隋《ずい》の文帝によって天下が統一されるまでの間、「三国時代」「五胡十六国時代」「南北朝時代」と複数の呼び名がありますが、一括りにして「魏晋南北朝時代」とも呼ばれます。

その中で、経済と文化が大いに発展した長江流域を基盤として、三国時代の呉、東晋、宋《そう》、斉《せい》、梁《りょう》、陳《ちん》の六つの繁栄した王朝を合わせて、「六朝《りくちょう》時代」という呼び方もありますが、華北は暴力と殺戮に荒れ狂う異民族の侵入を受けながらも、江南では風雅な貴族文化が栄えました。この時代、漢族の中で最も傑出した人物の一人に、東晋の桓温《かんおん》がいます。

桓温は豪快にしてハンサム、明帝の娘婿にして東晋の最大の要所である荊州《けいしゅう》の刺史となり、将軍としては洛陽を異民族から奪回する程の武功を挙げました。

更に桓温は、１万の兵を率いて蜀と漢中を支配していた成漢《せいかん》（氐族の李雄が建国）を僅か３カ月で滅ぼしました。司馬昭が蜀漢の劉禅を討伐した際には、20万の兵を派遣したことと

漢文 男子不能流芳百世。亦等遺臭万年。

比べれば、桓温の軍事的才能の高さが推し量られます。

桓温は三度に亘って北伐を試みました。華北を占拠する異民族を相手にしての大奮闘は、後の南宋時代の岳飛を凌駕する働きぶりでしたが、東晋の幼帝から禅譲を目論んで失敗したことから、後世の評判が極めて悪い人物になってしまっています。

曹操の息子の曹丕が父の亡き後に魏を打ち建てたように、桓温の息子の桓玄《かんげん》も父の亡き後に楚を建国しますが、僅か3カ月で滅亡したため、必要以上に桓温の偉業を霞ませています。

しかしながら、桓温は東晋の宮廷において自他共に認める実力者として、自信過剰なきらいもあり、その野心を隠すことがなかったとも伝えられています。

桓温はある夜に枕をなでながら、その秘める大志を本項フレーズとして述べたそうです。

この言葉は、寝所に侍る者の誰かが聞いて桓温の政敵に密告したので残ったのか、それとも如何にも桓温が吐きそうな言葉だったからか、酒の入った席で機嫌の良い時の日頃からの口癖だったのか、いずれかなのかは分かりませんが、これくらいの大志がなければ、大戦乱の時代をトップリーダーとしては生き抜くことは出来なかったとして今日まで伝わっています。

組織において「文」が栄えると「武」が衰えます。安定志向は積極性を阻害します。事を荒げずにややもすると臆病で腰が引けたようなメンバーが主流となる組織では、内部においての足の引っ張り合いが大きな力を得ます。そして外部からの圧力に対して、内部が結束しなくてはならない時に至っても内紛が終わらないのは、五胡十六国時代に例がたくさんあります。

英訳 If a man's reputation is not favourably remembered for hundreds of generations, it is the same as his reputation is trashed for eternity.

コラム　人物13

王羲之《おうぎし》（303?～361?）

字は逸少、瑯琊《ろうや》郡臨沂《りんぎ》の人。「書聖」と呼ばれている。彼は、魏晋時代を代表する名門、瑯琊の王氏の家系に生まれた。7歳の時から書を習い始めたと言われている。

その人格と識見で、多くの有力者から嘱望され、要職を任命されたが、その都度辞退した。しかし友人からの懇請で、護軍将軍となる。やがて地方転出を申し出、右軍将軍、会稽内史となって、会稽に赴任する。

会稽の土地柄に魅せられた王羲之は、ここを終焉の地と定め、謝安ら名士たちとの交友を楽しんだ。権力闘争に嫌気がさした王羲之は、病気を理由に官を辞して隠棲した。

彼は、楷書、行書、草書など五体にいずれにも優れ、代表作品には、『黄庭経』『楽毅論』『十七帖』『蘭亭集序』などがある。七男の献之とともに、二王と称せられ、その後の書の世界に大きな影響を与えた。

王羲之の書がとりわけ有名になったのは、唐の太宗が好んだことからと言えよう。太宗はその死去にあたって自分の陵墓である昭陵に『蘭亭集序』を副葬したと言われている。

コラム 故事成語14

旁若無人
（傍《ぼう》若《じゃく》無《ぶ》人《じん》）

▼王猛

東晋の実力者である将軍桓温《かんおん》は、354年、前秦の攻撃のため、長安をめざした。やがて覇水のほとりに軍を進めた。そこに、北海郡の出身で王猛《おうもう》という男が、ぼろを身にまとい、面会を申し込んできた。

王猛は大望を抱きながら、華陰《かいん》に隠棲して、英雄と会える機会を伺っていたのである。

桓温が会って見ると、王猛はシラミをつぶしながら、当今の天下の大事を語ったが、人を人と思わない態度（傍若無人）だった。

桓温はこのあと、前秦軍と戦ったが、戦況ははかばかしくなく、引き揚げることにしたが、王猛に幕僚に加わるように誘った。王猛はいったん華陰に戻り、師に相談すると、行くことはないと言われ、桓温の幕僚にならなかった。

やがて王猛は前秦の苻堅《ふけん》に招かれ、苻堅に合うと、まるで旧知の仲のようで、天下を語り、意気投合した。これ以降は、王猛は苻堅の下で、大いに腕をふるった。前秦の隆盛は王猛に寄るところが大きかったと言えよう。

傍若無人は、中国語では「旁若無人」と書かれる。漢文読みにすれば、「旁らに人無きが若《ごと》し」で、他人のことなど気にかけず、勝手に振る舞うことで、人を人と思わない態度を指す。

王猛は、桓温に会ったとき、それまで考えたことをここぞとばかりに述べたため、それが傍若無人にうつったのであろう。

ところで、「傍若無人」の出典は、『史記』の「刺客列伝」の荊軻《けいか》の話に出てくる。

衛出身の荊軻は、燕に逃れ、そこで筑の名人高漸離《こうぜんり》らと毎日のように酒を飲み、感極まると、彼らは大声で泣き、まるで周りにだれもいないかのようであった（旁若無人）、とある。本来の意味はマイナスイメージだが、王猛の場合は、周りを見る余裕がなかった、と言うべきであろう。

プレッシャーに屈したリーダーの末路

73

長星《ちょうせい》、汝《なんじ》に一杯《いっぱい》の酒《さけ》を勧《すす》めん。世《よ》、豈《あ》に万年《ばんねん》の天子《てんし》有《あ》らんや。

ほうき星よ、お前にも一献。この世に1万年も生きるリーダーなぞ存在しないんだから。

東晋孝武帝

司馬懿《しばい》の曽孫である司馬睿《しばえい》が、紀元317年に晋の皇族の最後の生き残りとして、建業（現・南京市）で即位して東晋の元《げん》帝となってから、明《めい》帝、成《せい》帝、康《こう》帝、穆《ぼく》帝、哀《あい》帝と経て皇帝司馬奕《しばえき》の時、東晋の最大の実力者である桓温《かんおん》は皇帝を廃して、元帝の息子である司馬昱《しばいく》を第八代皇帝の簡文《かんぶん》帝として擁立します。

僅か8カ月の在位で372年に崩御する簡文帝は、桓温へ禅譲しようとしましたが、謝安《しゃあん》らの重臣たちの妨害工作によって、12歳の太子が孝武《こうぶ》帝として即位します。まもなくして桓温が62歳で病死すると、謝安が宰相に任ぜられます。謝安は元々は桓温に仕えていた人物で、後に宮廷で出世して皮肉にも桓温への帝位禅譲を阻む立場になりました。

その頃、前秦《ぜんしん》皇帝の符堅《ふけん》は氐《てい》族出身ながら、漢人宰相の王猛《おうもう》の補佐を受けて各民族を糾合して華北統一を果たします。更に符堅は、桓温が征服して東晋の領土となった蜀も占領します。

東晋征伐に反対していた前趙の名宰相である王猛が亡くなると、383年に符堅は

漢文 長星、勧汝一杯酒。世豈有万年天子邪。

１００万と称する兵と共に天下統一を目指して南下します。しかしながら、謝安の弟である謝石《しゃせき》と甥の謝玄《しゃげん》らによって「淝水《ひすい》の戦い」で符堅は大敗し、長安へ逃げ帰り亡くなります。華北は羌《きょう》族の姚《よう》氏と鮮卑族の慕容《ぼよう》氏の争いの場となります。

自ら政治を行うようになった孝武帝は、そのプレッシャーからか酒と女に溺れるようになり、酒から醒める時が全く無い程のアルコール中毒となります。一切の政治も弟に任せっ放しで、謝安らの重臣が支えて全盛期を迎えていた東晋も急激に国力が傾きます。

宮殿で酒宴を毎晩のように開いていたある時、ふと夜空を見上げるとほうき星が現れました。孝武帝は酒杯を挙げて、本項フレーズを呟きました。

皇帝とはいっても1万歳まで生きるような者はおらず、生きている限り楽しまなくては損だという訳です。確かにその通りですし、その達観ぶりも見事ではありますが、マネジメント不在の組織に仕える者たちにとっては、まさに大変なリーダーです。

ストレス解消には酒は良薬にもなりますが、やはり溺れてしまっては何事も台無しです。

深酒をした孝武帝が、30歳になった寵姫の張貴人《ちょうきじん》に対して、

「本当ならお前もお払い箱の歳なんだよなぁ」

と軽口を叩いたところ、それを信じた張貴人は女官に命じて、酔いつぶれた孝武帝の顔に布団を押し付けさせて殺害してしまいました。３８６年、孝武帝は35歳でした。酒と異性はリーダーたる者にとっては、時によっては危険極まりないことを一発で示すエピソードです。

やがて宰相の劉裕《りゅうゆう》が、恭帝（孝武帝の次男）を廃して東晋を滅ぼし、宋を建国します。

英訳 I give you one drink, my dear shooting star. There has never been a top leader who was able to live for ten thousand years.

心の余裕を持つという才能

74

吾《われ》、豈《あに》能《よ》く五斗米《ごとべい》の為《た》めに腰《こし》を折《お》りて郷里《きょうり》の小児《しょうに》に向《む》かわんや。

薄給のためにあんな田舎の小僧にまでペコペコしなくてはいけないとは。

南北朝　宋

中国の歴代王朝には、「宋《そう》」という国名が幾つかあります。４２０年に東晋を滅ぼした劉《りゅう》裕《ゆう》が建国した「宋」は、後世の歴史から「劉宋」「南朝の宋」と呼ばれています。

劉裕は一介の兵士から東晋の鎮東将軍、相国まで登り詰めて宋王に封じられ、東晋の安帝、恭帝兄弟を殺害して遂に帝位を奪った梟雄です。

この劉裕が東晋の将軍だった頃に仕えていたのが、魏晋南北朝時代を代表する文学者の陶《とう》淵明《えんめい》（淵明は字で、潜が名）です。陶侃（第70項）の曽孫でしたが、陶淵明の時代には陶家もかなり落ちぶれていました。

４０５年に陶淵明は彭沢《ほうたく》県（現・江西省九江市彭沢県）の県令に任ぜられます。県令となって80日ばかりした頃、県をいくつか統轄する郡の督郵《とくゆう》（巡察官）が視察に突然やって来ました。慌てた小役人が、県令の礼服に着替えて出迎えねばと陶淵明を急かします。その時に本項フレーズを述べるや直ぐに県令の印綬を返納、つまり辞職して故郷に帰ってしまいました。

漢文 吾豈能為五斗米、折腰向郷里小児。

自分より年下の上役に媚びを売るのが嫌だったのか、名臣の子孫であるというプライドのなせる業なのか、3カ月も地方役人の生活をしたらバカバカしくなったのか、他の理由があったからかは分かりませんが、スパッと辞めてしまうのは爽快です。41歳の時だったそうです。尋陽《じんよう》県柴桑《さいそう》（現・江西省九江市柴桑区）の実家に帰った後、陶淵明は山中で隠遁生活を行います。宋を建国した劉裕からは、何度となく出仕するよう召喚されますが、東晋に対して節を曲げずに、ついぞ受けずに「晋の徴士《ちょうし》（召されても辞して出仕しない賢人）」として427年に63歳で没します。

本当に勤めが嫌いな性分であっただけなのかも知れませんが、従弟も隠遁生活をしていたそうですから、官途に就かない厭世的な血が陶侃の子孫には残されていたのでしょう。

単に仕事嫌い、組織に属するのが嫌で、引き籠る人は現代でも珍しい話ではありませんが、陶淵明の凄いところは、『田園詩』と呼ばれる晴耕雨読をテーマとした詩を130以上も今日まで残していることです。まさにノーベル文学賞級の詩人です。

質素にして風流なる隠遁生活は、老荘思想や「竹林の七賢」に通じる中国の読書人《インテリ》の理想像でもありました。仕事だけに熱中して繰り広げる出世競争も人間にとっては重要ですが、俗世間から離れて自由に生きることがいつでも出来る気持ちを持って、普段から組織運営を行える能力や余裕があることは、リーダーたる者の資質の一つでもあります。

さもなければ、潔い出処進退がいつ如何なる時にも直ぐに出来なくなるからです。陶淵明の『桃花源記』によれば、俗世的な目的のある者は「桃源郷」へは辿り着けないそうです。

英訳 How could one bend over to such a young country supervisor over such a small payment?

75

慢心が組織にもたらす害悪

畊《こう》は当《まさ》に奴《ど》に問《と》うべく、織《しょく》は当《まさ》に婢《ひ》に問《と》うべし。

田を耕すことは百姓に問い、織物は機織りに問うべきです。

南北朝　宋

南朝の宋を建国した武帝劉裕は即位して僅か3年で崩御し、少帝劉義符《りゅうぎふ》が即位します。すると直ちに北朝の魏（北魏）が攻めて来ます。劉裕の片腕として名将の誉れ高い檀道済《だんどうせい》は魏軍を撃退し、新皇帝を不行跡を理由に廃して、その弟の文《ぶん》帝劉義隆《りゅうぎりゅう》を立てます。

優秀な文帝によって、宋は「元嘉《げんか》の治《ち》」と呼ばれる全盛期を迎えます。有名な「倭の五王」のうち、讃、珍、済の三王は、この元嘉の時代に宋へ入貢して、その名を記録に留めています。

前秦の符堅（第73項）が「淝水《ひすい》の戦い」で敗れた後、力を得た鮮卑《せんぴ》族が３８６年に建国したのが北魏です。４４２年に北魏の太武《たいぶ》帝は、符堅以来１５０年ぶりに華北を統一します。

その北魏と宋の檀道済は互角に争います。因みに陶淵明の才能を惜しんだのは、武帝劉裕より檀道済でした。檀道済は「三十六計　**逃げるに如かず**」の出典となった『**兵法三十六計**』を著した用兵家でしたが、讒言を信じた文帝によって捕らえられます。死の間際、

——**壊汝万里長城。**（**汝《なんじ》が万里《ばんり》の長城《ちょうじょう》を壊《やぶ》る**）。

「万里の長城ともいうべきワシを殺すとは愚かだ」と頭巾を床に叩き付けながら叫びます。

漢文　畊当問奴、織当問婢。

檀道済が誅殺されたと聞いた北魏は喜び、うるさ型の重鎮が居なくなった文帝の宮廷も安堵します。450年の夏、王玄謨《おうげんぼ》という官僚が文帝に北伐を薦めます。すると檀道済の部将であった沈慶之《しんけいし》は、色をなして本項フレーズで文帝を諫めます。続けて、

「敵国を攻めるのに、実戦経験のない学者に相談してどうするのですか」

と詰め寄りますが、文帝はこの諫言を退けます。そして王玄謨に北魏討伐を直ちに命じます。宋の侵攻の報せを聞いた北魏の太武帝は激怒します。真冬になって黄河の水が凍結するのを待った太武帝は、自らが100万と称する兵を率いて南下し、王玄謨を一気に蹴散らして敗走させます。北魏兵は今にも長江を渡って都の建康（現・南京）に攻め入る勢いです。

「檀道済が生きていれば、胡《えびす》（異民族）の騎馬がここまで迫ってくることはなかったであろう」

と石頭城の望楼に登った文帝は後悔します。敗戦の責任者として王玄謨を斬ろうとする者を押し留めて沈慶之は、北魏は強国なので机上の空論で勝てるはずなど元から無理な話だと言い、

――**殺戦将以自弱、非計也。（戦将《せんしょう》を殺《ころ》して以《もっ》て自《みずか》らを弱《よわ》むるは、計《けい》に非《あら》ざる也《なり》）**。

と戦時におけるリーダーの交代の非を指摘します。北魏兵は宋人の幼子から若者までを大殺戮して、北へ帰ります。「元嘉の治」28年の成果がこの一事で全て失われてしまいました。

本項はリーダーたる者の在り方として、数多くのことが凝縮されています。文帝も檀道済も立派な人物でしたが、驕りがありました。王玄謨も逸材でしたが、実践力がありませんでした。計画実行中に責任者を代えようとした者もいました。しかし全ての災禍の根源は、慢心したトップ達にあり、自ら招いた結果と言えるでしょう。

英訳 Asking a farmer how to plough a field is like asking a weaver how to weave cloth.

コラム　故事成語15

不覚屐歯折（屐歯《げきし》を折《お》るを覚《おぼ》えず）

謝安（320年〜385年）は、若い頃、清談にふけり、出仕しなかった。40歳になって出仕し、やがて実力者桓温《かんおん》の死後、東晋王朝の実権を握った。

華北の統一政権である前秦の苻堅《ふけん》は、全国統一をめざし、383年、大軍を南下させて東晋を攻め、肥水《ひすい》をはさんで両軍は対峙した。

謝安の甥の謝玄は、先鋒軍の指揮官となったが、使者を前秦の陣営に送って、申し入れた。

「貴軍の陣を少し後退して、わが軍を渡らせてもらいたい。そのうえで堂々と決戦をしたい」

苻堅はこの申し入れを受け入れた。東晋の軍が渡江中に攻撃を仕掛けるつもりだった。ところが、いったん後退し始めると、浮き足立ち、停止しない。捕虜になっていた者が、叫んだ。

「戦に負けたぞ」

前秦軍は雪崩を打って潰走し、東晋軍は追撃に移り、苻堅は命からがら長安に逃げ帰った。

謝安は、勝報が届いたとき、客と碁を打っていた。彼はさっと目を通すと側に置き、喜んだ様子もなく、そのまま碁を続けた。碁が終わり、客がその内容を訊ねると、おもむろに応えた。

「若い連中が敵を撃退したそうです」

ところが、客が帰ると、謝安は部屋に駆け戻ったが、喜びのあまり、下駄の歯が折れたのにも気づかなかったという。

「屐《げき》」とは下駄のこと。このエピソードから、「不覚屐歯折」は、嬉しくて我を忘れるということになるが、中国では諺として「折屐」と略され、驚喜することを言う。

なお、『十八史略』では、このあとに、謝安が感情を表に出さず、状況に左右されないことを述べている。驚喜することより、謝安の落ち着いた振る舞いに重点をおいている。

▼謝安

4

組織を未来につなげる覚悟

76

壮大なビジョンを描く

まさに黄金《おうごん》をして土《つち》の価《あたい》に同《おな》じからしむべし。

南北朝　斉高帝

黄金を土と同じような無価値にしてみせる。

宋の文帝の後、息子の孝武帝が継ぎ、その息子の前廃帝《ぜんはいてい》の後に文帝の弟である明帝を経て、更にその息子である劉昱《りゅういく》が9歳で即位します。

この劉昱は4年程して蕭道成《しょうどうせい》に宮殿で暗殺されて後廃帝《こうはいてい》と称されますが、大変に残忍な性格でした。側近をすぐに殴るばかりか、お忍びで街に出かけては自ら殺人をしばしば行ったそうです。最近、ストリートキラー的な未成年が日本でも増えていますが、その先駆けが1500年前の中国にいたようです。

後廃帝を暗殺した蕭道成は、南朝の宋の一介の兵士から出世して、将軍、相国、斉王となった人物です。477年に蕭道成は後廃帝の弟である8歳の順帝を擁立します。

順帝が即位して間もなくして、荊州刺史で車騎大将軍の沈攸之《しんゆうし》（第75項の沈慶之の甥）が、蕭道成を打倒すべく挙兵しますが返り討ちに遭います。宋において反抗する者が一人としていなくなった蕭道成は、479年に宋の順帝から禅譲を受けて斉を建国し、高《こう》帝となります。

漢文 当使黄金同土価。

禅譲を迫られた時、順帝は、

——願後身世世、勿復生天王家。（願《ねが》わくは後身世世《こうしんせいせい》、復《また》天王《てんおう》の家《いえ》に生《うま》るる勿《なか》らんことを）。

「来世は帝王の家にだけは生まれたくない」と嘆いたそうです。禅譲後しばらくしてから、反乱の動きありとして、順帝は他の皇族と共に皆殺しにされました。

さて残忍な武人のイメージの斉の高帝蕭道成ですが、若い頃から度量が大きく、学問にも秀でて文章も上手く、大勢の人から人気がありました。北朝の魏との戦争で功名を挙げて、宋の明帝から将軍に任じられ、混乱する宮廷の中で力を蓄えて宋における随一の実力者となりました。

皇帝に即位してからも、清廉で倹約を旨にして政治に臨み、いつも側近や重臣たちに、

——使我治天下十年。（我《われ》をして天下《てんか》を治《おさ》むること十年《じゅうねん》ならしめば）。

と言ってから、本項のフレーズを繰り返し述べていたそうです。つまり、

「10年の間、天下を治めさせてくれるなら、黄金なんかどうでもいいと思わせてみせる」

と豪語していた高帝蕭道成は、戸籍を整備すると共に私兵を禁じるなどの政策を行って富国に努めますが、その在位は10年に満たず、４年しか続きませんでした。宋の皇帝一族を皆殺しにしたことが人々の反感を買って、それまでの名声や人気を全て失ってしまったそうです。

10年にして経済を安定させるという理想の目標を掲げ、それを組織のメンバーに呪文のように唱えて自らを律するトップは正しいリーダーの姿ですが、この蕭道成の場合は人生の最終段階における選択肢を誤ったことにより、美名ではなく汚名を後世に残してしまった例です。

英訳 One could make gold the same price as soil.

知識だけではマネジメントできない

77

読書万巻《どくしょまんかん》、猶《な》お今日《こんにち》あり。

何万冊の本も読んで勉強したにもかかわらず、今日の憂き目にあってしまった。

南北朝　梁元帝

斉の第六代皇帝蕭宝巻《しょうほうかん》は暴君で、皇帝の遠い親戚である蕭衍《しょうえん》によって討伐されてしまいます。蕭衍は新たに和帝《か》を立て、その和帝から502年に禅譲を受けて皇帝となり、国号を梁《りょう》とします。南朝において、珍しく50年近くも在位した梁の武帝です。

梁の武帝は、中国歴代皇帝の中で最も仏教に帰依した皇帝として記憶されています。仏典に関する注釈書や解説書を著し、仏教集団を保護するばかりか、自らも仏教の戒律を守る菜食主義者として知られていました。

梁の武帝は囲碁打ちとしても知られ、名人級の腕前もさることながら、歴史上始めて国がスポンサーとなって、全国囲碁大会を開催した程の文化人としても歴史に名を残しています。

治世のほとんどは善政でしたが、仏教や文化活動に傾倒するあまり、武備を疎かにしてしまいます。帰順した北朝の東魏の将軍だった侯景《こうけい》が反乱を起こすと、武帝は幽閉されて餓死させられてしまいます。

侯景の傀儡として、武帝の息子の簡文《かんぶん》帝蕭綱《しょうこう》が即位します。簡文帝は侯景を相国、宇宙大

漢文　読書万巻猶有今日。

将軍（宇宙が役職名に付いた最初の面白い例）に任じました。

侯景は1年もすると簡文帝を廃してその甥を擁立し、禅譲を受けて自らが皇帝となります。しかしながら僅か5カ月余りで、侯景は武帝の息子で、簡文帝の弟である蕭繹《しょうえき》によって討ち滅ぼされてしまいます。蕭繹が即位して元《げん》帝となります。

侯景は武帝を追い詰めて建康（現・南京市）を陥落させた時、10万人近い人々を虐殺や餓死させたことで評判が悪く、侯景の遺体は建康の市に曝された後、膾《なます》にして食べられてしまいました。近代の日中戦争の際、日本軍が南京を占領した時、侯景以来の災難と地元の人は嘆いたという話がありますが、侯景の非道は生々しく後世まで記憶されていたそうです。

一方、南朝が梁の頃の北朝は、北魏が東魏と西魏に分裂していました。西魏の実力者である相国の宇文泰《うぶんたい》は、侯景の乱の際に蕭繹を支援するのに乗じて蜀を占領し、梁を圧迫します。554年、西魏は大軍で遂に梁を攻めます。都の江陵を西魏軍が囲む中、元帝は現実から逃避したかのように武装した重臣たちを前に『**老子**』の講義を行います。そして講義を終えると14万巻に及ぶ蔵書を自らの手で焼き捨てて、元帝は降伏します。それを知った人が何故にそのようなことをしたのかと尋ねると、元帝は本項フレーズで答えたそうです。

組織のトップとしてマネジメントを疎かにした末路ですが、教養や学問がいくらあっても、リーダーとしての資質や能力とは無関係であるという逸話です。

どんなに書籍を読んで知識を得ても、責任者として行動する意識に欠けた結果は滅亡でしかないということをリーダーたる者は強く肝に銘じておかねばなりません。

英訳 What we have achieved today is a result of reading thousands of volume of books.

逆境はリーダーにとっての試金石

78 禍《わざわ》いを転《てん》じて福《さいわ》いと為《な》さん。

唐高祖

不利な状況を有利な状況に変えてしまおう。

――臣聞古之善制事者、転禍為福、因敗為功。（臣聞《しんき》く、古《いにしえ》の善《よ》く事《こと》を制《せい》する者《もの》は、禍《わざわい》を転《てん》じて福《ふく》と為《な》し、敗《はい》に因《よ》りて功《こう》を為《な》す）。

本項フレーズと同じような語句は、『史記』蘇秦列伝にもあります。

失敗に学んで成功を収めるという意味で、今日でも良く使われている代表的な故事成語の一つです。元々は身に降りかかった禍や災難を自分に有利になるように転用することによって、厄介なことが一転してラッキーの種に転じるような状況にすることを指します。

資金が枯渇して部品在庫が少なくなった状況を利用して、高効率のトヨタ生産方式が生まれたのは、現代経営における禍を福となした最大の見本例でしょう。

また禍を福に転じることが出来る人は、逆境にある状態を肯定的に認識して、積極的な態度をとることが出来る人です。逆境がない人生などありません。順風満帆で一生を終える人生など、全く面白味もないでしょう。なぜ自分が逆境にあるかを問い質し、それに果敢に対処することにこそ人生に醍醐味が生まれ、リーダーたる者の人格に深みが生まれるものです。

漢文 転禍為福。

不幸な出来事や災難が起きると、直ぐに前向きな考え方や姿勢を持つことは難しいものですし、たとえ持てたとしても、それを粉々に打ち砕くような惨事が続けて押し寄せて来ます。

何とか一旦は押し留めることが出来ても、そこからこれを経験にして何か学ぼう、今後に活かそうとして、新しいことに取り組むことが出来れば理想的ですが、後ろ向きになって落ち込んだり、不遇を嘆いたりしては、そこで終わってしまいます。

隋《ずい》の煬帝《ようだい》の圧政によって天下が乱れて全国に盗賊が跋扈した時、山西と河東の両郡で暴れる賊を退治するべく、唐公李淵《りえん》が派遣されます。聡明で勇猛果敢な息子である李世民《りせいみん》と共にたびたび賊軍に勝利を収めた李淵は、世の中の多くの人の期待を集めるようになります。

北方民族の突厥《とっけつ》は勢力が衰えた隋へ何度も侵入を企て、さすがの李淵も敗れることも増え、煬帝から咎めを受けるのではないかと戦々恐々とするようになります。その時、李世民は**「多大な出費を伴う南方への行幸を頻繁に行って、都の長安を留守にする煬帝の隙をつけば、容易に長安を占拠して天下を平定することが出来る」**

つまり正義の兵を挙げて民心の離れた煬帝を討って天下を取ろうと父親に迫り、本項のフレーズで決起を促します。自分たちが突厥征伐の責任を負わされる前に、非道な政治を行っている皇帝を排除してしまおうという訳です。躊躇する父親を何とか説得し、敵方である突厥から援軍を得て、李世民は一気に長安まで駆け抜けて占拠することに成功します。

まさに禍を転じて、300年に亘る大唐帝国の礎を築くことになります。後に皇帝となった父の後を継いだ李世民は、第二代皇帝として中国歴代王朝の最高の名君の一人となります。

英訳 Turning a disaster into a fortune.

王佐之才（王佐《おうさ》の才《さい》）

隋末の混乱に、晋陽の唐公李淵は挙兵すると、他の群雄を降伏させて、６２４年、天下を平定した。挙兵および平定には次男の李世民の力に寄るところが大きかった。

　ところで、長男で太子の建成や三男の斉王元吉は、世民の功名が日に日に盛んになるのを快く思わなかった。

　彼らは世民の失脚を狙い、世民配下の人材をつぎつぎと地方官に転出させた。そして、ついに腹心の杜如晦にまで地方転出の命令が出た。腹心の臣下である房玄齢が世民に進言した。

「他の者なら、さして惜しむに足りませんが、如晦は、まさに帝王の輔佐にふさわしい人物（王佐の才）です。将来、天下を治めようとお考えなら、如晦がいなければ無理でしょう」

　李世民は、すぐに帝に奏上して、杜如晦の転出を阻止することができた。

　やがて、建成、元吉は、世民殺害の行動を起こそうとした。この噂を耳にした世民の属官は二人の殺害を進言した。最初は首を縦に振らなかった世民も、彼らの必死の説得に折れ、建成と元吉を殺害した（「玄武門の変」）。太子となった世民はついで父から帝位を譲られて、ついに即位した。これが太宗である。

　その治世は、年号が貞観《じょうがん》のところから、「貞観の治」と称されている。

「王佐の才」と称された杜如晦だけでなく、房玄齢、魏徴、虞世南など有能な臣下を手元に置き、その才能を充分に働かせた李世民だからこそ、理想的と思える政治が行われたのであろう。

　なお、「王佐の才」の出典は、『漢書』董仲舒伝にあるが、『三国志』で、曹操に仕えた謀略の臣である荀彧《じゅんいく》も「王佐の才」と称されている。

▲李世民（陝西省咸陽市・昭陵博物館内）

泰然自若としてトラブルに対処する

79

唾《つば》は拭《ぬぐ》わざるも、自《おの》ずから乾《かわ》かん。当《まさ》に笑《わら》って之《これ》を受《う》くべきのみ。

唾は拭わなくとも自然に乾く。だから笑って受け流すのみ。

周武則天

太宗李世民《たいそうりせいみん》の側室であった武照《ぶしょう》は、太宗が崩御するとその息子の高宗《こうそう》李治の皇后に収まります。生まれつき明敏で、政務の処理を良く行い、高宗も政務を全て任すようになります。唐の高宗が崩御すると皇后武照（則天武后《そくてんぶこう》）は、高宗との間の二人の息子の中宗と睿宗《えいそう》を次々に皇帝に立て、自らが政治の実権を握り続けます。６９０年、唐の皇族をほぼ皆殺しにしてから、自ら「聖神皇帝」を称して即位し、唐を廃して周を建国します。67歳の時でした。15年程の治世における則天武后の功績は、皇族や貴族でなく、身分が低くとも優秀な人財であれば思い切って登用したことです。既得権を持つ唐の功臣である門閥貴族に頼ることが出来なかったことから、優秀で新しい人財を引き上げるというのは当然の選択でした。

密告も奨励して「**信賞必罰**」で臨んだ則天武后は、巧みに人を操り、賢者や人財が良く集まりました。誰もが喜んで則天武后のために働き、魏元忠《ぎげんちゅう》、婁師徳《ろうしとく》、狄仁傑《てきじんけつ》、姚元崇《ようげんすう》、宋璟《そうけい》といった名臣が活躍しました。中でも婁師徳は、寛大で清廉な人物として知られています。

漢文 唾不拭自乾。当笑而受之耳。

足の引っ張り合いや妬み嫉みの多い組織において、婁師徳の処世は見事でした。如何なる無理難題を押し付けられても、全く相手にせず従容と受け流したそうです。

婁師徳の弟が代州の長官に任ぜられた時、弟に次のように問い掛けました。

「兄弟揃って出世して羽振りが良いと、他人からは憎まれる。どうしたものだろうか」

「他人が私の顔に唾を吐いても、拭い去れば良いではないですか」

「そこが心配しているところだ。他人がお前に唾を吐き掛けるのは、お前に対して怒っているからだろう。それにもかかわらず唾を拭い去ったら、怒りを倍増させてしまうだけだ」

と婁師徳は落ち着いて弟を諭しながら、本項フレーズを述べました。

他人を侮辱する人間は器量が狭い証拠ですが、その他人から何を言われても気にしない度量を持つことが、本当の意味でのリーダーたる者です。なかなか真似することが出来ないことですが、組織において大きな仕事をするためには、この心掛けを見習わなくてはなりません。

何よりも他人を侮辱する人間になっては、本当の大人の仕事は出来ないものですが、組織における上下関係や企業同士の取引関係において、心得違いしている者があまりにも多いのが現実です。唾を拭わずに我慢しなくてはならないことは、幾度となくあるものです。

狄仁傑はライバル関係にあった婁師徳にいつも批判的でしたが、狄仁傑を優秀な人財であると則天武后に推挙していたのは婁師徳でした。則天武后はある時、その重用している理由を狄仁傑に伝えたところ、狄仁傑は婁師徳の組織全体のことを思う大きな度量に感服します。ライバルを心服させる器量ある人間こそ、リーダーたる者の大切な要件の一つです。

英訳 There is no need to wipe salvia off the face, since it dries naturally, so accept the matter with a laugh.

80

笑っている人間の凄み

怒《いか》る者《もの》は常《つね》の情《じょう》なり。笑《わら》う者《もの》は測《はか》る可《べ》からざるなり。

唐代宗

怒る者の腹中は簡単に分かるが、笑う者の胸中は推し量ることが出来ない。

中国歴代王朝の中で、日本にとって最も深い関係にあったとされている王朝は、言うまでもなく唐でしょう。日本人にとって「唐《とう・から》」は、長らく異国全体を指す言葉でもありました。唐は３００年近くも続き、その間に社会構造も大きく変わりましたので、1年を春夏秋冬に分けるように、唐の時代も初唐、盛唐、中唐、晩唐と四つの時期に区分されます。

「安史《あんし》の乱」を境に唐の国力も傾き始めます。７５５年、反乱によって都の長安を脱出した玄宗は蜀の成都に落ち、一方、霊武（現・寧夏回族自治区霊武市）に逃れた皇太子は、李輔《りほ》国《こく》らの宦官の勧めで粛宗《しゅくそう》として即位します。

粛宗は長男の広平王李俶《りしゅく》を大元帥に任じ、将軍の郭子儀《かくしぎ》と共に反乱を討伐させ、2年後に都への帰還を果たします。李輔国は、まず上皇となった玄宗を幽閉します。玄宗は失意のうちに崩御します。更に李輔国は、玄宗の側近で絶大な権力を振るっていた宦官の高力士《こうりきし》を配流とします。高力士は元々は李輔国の上役でした。

漢文 怒者常情、笑者不可測也。

広平王李俶は、李輔国の推挙で皇太子となりました。７５８年、その皇太子の暗殺を目論んだ弟の越王李係《りけい》を返り討ちにした李輔国は、７６２年に皇太子を代宗として即位させます。李輔国の権力は更に絶大なものとなりました。

代宗李俶も当初は、李輔国に擁立された恩から敬っていましたが、李輔国の目に余る増長ぶりに、李輔国に次いで№２の宦官の程元振《ていげんしん》を抜擢して、李輔国を謀反の罪で誅殺させます。すると李輔国に代わって程元振が、今度は権力を握ります。やがてその専横を代宗に憎まれて流されます。続いて同じく宦官で、宮殿の護衛兵士を統べる魚朝恩《ぎょちょうおん》が力を得ます。

魚朝恩が高官たちを前にして『周易《しゅうえき》』の講義を行った際、大臣たちが無能であることを暗示するような内容で嫌味を言ったことから、宰相王瑨《おうしん》（詩人の王維《おうい》の弟）は宦官のくせに無礼だと大激怒します。同じく重臣の元載《げんさい》は泰然としてニコニコしてやり過ごしました。すると魚朝恩は、本項フレーズを側近に伝えて警戒させます。魚朝恩は日々の政治において、

――**天下事有不由我者邪。（天下《てんか》の事《こと》、我《われ》に由《よ》らざる者《もの》有《あ》りや）**。

と自分が少しでも預かり知らないことがあると非常に怒りました。

「オレは聞いていない」「必ずオレを通せ」と力を誇示して威張る魚朝恩のような上席の役員や年長者は、現代でもどこの組織にもよくいるものです。その横柄な言動に堪忍袋の緒が切れた代宗は、隙を見て元載に命じて、魚朝恩を誅殺して排除しました。

現代でも激怒する者の心は読むことが出来ますが、笑みを絶やさない者の本心はなかなか読むことが出来ないものです。常に笑顔は、リーダーたる者の大切な心掛けの一つです。

英訳 Understanding the feelings of an angry man is easy, but do not guess the feelings the mind of a smiling man is a challenge.

コラム 故事成語17

伴食宰相（伴食宰相《ばんしょくさいしょう》）

唐の玄宗皇帝の開元3年（715年）、黄門監（黄門省長官で宰相クラス）となったのが、盧懐慎《ろかいしん》だった。彼は清廉な人柄で、質素を旨とした生活を送った。私腹を肥やさず、俸禄さえ親族にあげてしまい、彼の妻子は常に餓えと寒さにさらされ、住まいは吹きさらしで、雨漏りがするというあばら屋だった。

ところで、同僚の姚崇《ようすう》が、あるとき、10日の休暇をとって帰省した。その間、政務がとどこおったが、盧懐慎はただ手をこまねいているだけで決裁できなかった。

やがて休暇を終えた姚崇は、戻ってくるとまたたく間にすべてを処理した。

姚崇は傍らに控えていた部下に訊ねた。

「宰相としてわしの能力はどうかね」

「あなたは時弊を矯正できる宰相と言えましょう」

盧懐慎は、自分の才能が姚崇にまったく及ばないことを知った。以来、何ごとにつけても姚崇を先にたて、自分はそれに従った。

当時、宰相たちは、朝廷に出ると、会食をした。盧懐慎は、結局、宰相としての職務をせず、その会食にお相伴するだけだったので、人々は「伴食宰相」と揶揄した。

のち、大官になっても、その職や地位にふさわしい才能がない者を指すようになった。

最近の日本では、宰相という言葉を使う機会がなくなり、「伴食大臣」と使う機会が増えた。

▼姚崇

コラム　人物14

安禄山《あんろくざん》（703〜757）

もとの姓は康、名は軋犖山《あつらくさん》。営州の人。ソグド人と突厥系の両親から生まれた、唐代の軍人で、「安史の乱」の首謀者。

開元年間初頭（713年〜）、彼の住む部落が襲われ、一族とともに営州に逃れ、そこで6カ国語を駆使し、貿易の仲買人を勤めた。やがて節度使の張守珪《ちょうしゅけい》から気に入られて部下となり、東北諸民族の鎮撫に功績をあげた。その一方で、中央から派遣された役人に賄賂を贈り、玄宗の覚えめでたき人物となった。

742年、平盧《へいろ》節度使に抜擢された。そして744年、平盧節度使を留任したまま范陽《はんよう》節度使になる。玄宗は安禄山を寵愛し、また楊貴妃の養子になることを許した。

751年、河東節度使を兼任するに至り、唐の辺防軍全体の3分の1近い大兵力を握った。

安禄山は巨体の持ち主で、大きな太鼓腹をしていた。玄宗が指さして、その腹に何が入っているか訊ねた。すると、安禄山は応えた。

「この腹には、陛下に対する赤誠だけがつまっています」

752年、5、6万の兵を率いて契丹を攻めるが、長雨で、兵は疲弊し、数千人の将兵を失い、安禄山自身も矢傷を受けるほどの大敗をくらった。

この頃から、安禄山の運命は暗転する。この年、宰相の李林甫《りりんぽ》が亡くなった。跡を襲ったのが、楊国忠《ようこくちゅう》である。彼は玄宗に進言した。

「安禄山はかならず謀反を起こします」

次第に追いつめられていった安禄山は、755年冬、「君側《くんそく》の奸《かん》」である楊国忠を誅伐するためと称して、挙兵した。

756年、自ら大燕皇帝と名乗った。長安を陥落させ、一時は華北の主要部を制圧した。

しかし安禄山は、挙兵した頃から視力が衰え、苛立ちから周りの者に乱暴をはたらき、ついに息子の安慶緒《あんけいしょ》に殺害されてしまった。

何が正しいかを適切に見極める

81

正人《せいじん》は邪人《じゃじん》を指《さ》して邪《じゃ》と為《な》し、邪人《じゃじん》も亦《また》正人《せいじん》を指《さ》して邪《じゃ》と為《な》す。

善人は悪人のことを悪とし、悪人もまた善人のことを悪とします。

唐武宗

唐の代宗の玄孫である穆宗《ぼくそう》は30歳で崩御しましたが、三人の息子の敬宗、文宗、武宗がそれぞれ皇帝となりました。中唐から晩唐にかけての皇帝たちは、宦官と官僚の派閥抗争に悩まされ、政務を疎かにして神仙の世界へ逃避しようとして、酒色や女色に溺れたので誰もが短命です。19歳で崩じた敬宗の後を継いだ文宗は、重臣たちの争いを見て、

——**去河北賊易、去朝廷朋党難。**（**河北《かほく》の賊《ぞく》を去《さ》るは易《やす》く、朝廷《ちょうてい》の朋党《ほうとう》を去《さ》るは難《かた》し**）。

と異民族や反乱者を征伐するより、中央政界の派閥争いを収める方が難しいと嘆いています。

８４０年、文宗が32歳で崩じると、末弟の武宗が即位し、直ちに李徳裕《りとくゆう》を同平章事《どうへいしょうじ》（宰相）に任じます。李徳裕の父である李吉甫《りきつほ》は、43歳で宦官に暗殺されてしまった憲宗《けんそう》（穆宗の父）の宰相を務めたことから、李徳裕は若い頃から地方官を歴任し、各地で行政手腕を発揮して評判を得ます。しかしながら、派閥争いが苛烈を極め、中央に呼び戻されては失脚して、また地方へ飛ばされるの繰り返しで、李徳裕もなかなか宰相になることが出来ませんでした。

漢文 正人指邪人為邪、邪人亦指正人為邪。

李徳裕がある時、武宗に向かって本項フレーズを述べます。そして続けて、

――**在人主弁之。（人主《じんしゅ》の之《これ》を弁《べん》ずるに在《あ》り）**。

「人の善悪をしっかりと見分けることこそが、リーダーたる者にとって最も重要な心得」

武宗はこの言葉を大変に気に入り、李徳裕を大いに褒めました。武宗は名君の素養があったそうですが、惜しいことに6年後に33歳で崩御してしまいます。宣宗が即位すると、李徳裕はまたも地方に左遷されてそのまま没してしまいます。李徳裕には宰相に就任する1年前の839年に、日本の留学僧である円仁《えんにん》から陳情を受けたという記録が残されています。

成長した組織は、必ず安定という名の停滞期を迎えます。その中で、組織本来の目的や意義を忘れて、利権を奪い合う派閥抗争が激化することは世の古今を問いません。人間は誰しも自分が正しいと思うものです。悪巧みをしている人間ですら、悪事に手を染めているという自覚はあっても、自分自身が邪《よこしま》で極悪人であるとまで自認している人は少ないものです。

自分と意見や価値観を異にする人間に対して、とりわけ共に同じ組織に属している時、自分が正しいのか相手が正しいのかを判断する材料は、組織全体のためか、自分自身の私利私欲のために働いているのか否かの一点にあります。

世の中の動きは昔も今も激しく、目まぐるしく環境や条件が変化していきます。その中で自分の立ち位置が「正」であるのか「邪」であるのか、常に細心の注意を払って見極め、時々刻々と修正していかなくてはなりません。組織において高い地位に就けば、誰しもこの修正力が鈍り始めます。若かりし頃の高い理想は、欲と老化によって消滅してしまうものです。

英訳 A good person assumes that a bad person is evil, whereas a bad person assumes that a good person is evil.

リーダーが注視すべきポイント

82

遠《とお》しと謂《い》う勿《な》かれ。此《こ》の階《かい》前《ぜん》は則《すなわ》ち万《ばん》里《り》なり。

遠方だからといって油断するな。この場にいて遠くの果てまで見通している。

唐宣宗

皇帝の言行をほぼリアルタイムで記録した『実録《じつろく》』が戦乱によって失われてしまったため、宣宗《せんそう》の詳しい業績は不明ですが、宣宗は名君と知られる太宗になぞらえて「小太宗」と呼ばれ、その治世の年号を取って「大中《たいちゅう》の治《ち》」と称される太平の世を作りました。

実は宣宗は子供の頃から阿呆と噂されていて、兄や甥三人が皇帝の位にあった時代でも愚鈍な人物と見做されていました。武宗が夭折したことから、宦官たちは皇族の中で最も操縦し易い暗愚な人物ということで、８４６年に第一九代皇帝に立てられました。

しかしながら、宣宗は即位するや専横を極めていた宰相の李徳裕《りとくゆう》を直ちに罷免して地方へ左遷し、次々と見事な政治判断と裁きを行ったことから、宮廷の群臣たちはこの時に及んで初めて、宣宗が目立たないようにずっと阿呆を装っていたことに気付きました。

宣宗は記憶力が非常に優れていて、各州の土地柄や名産品等に精通し、新しく任命されて参内する地方官に事細かに適確な質問と指示を行うことから、不勉強な者は皇帝の前で冷や汗をかく程でした。都に居ながらも自分はと前置きして、宣宗は本項フレーズを述べます。

漢文 勿謂遠。此階前則万里也。

組織のトップというものは**「無為に化す」**に従って、本社の社長室の皮張り椅子にデーンと構えて、優秀な人財にそれぞれの仕事を任せて、全体に睨みを利かすのが最も効果的です。但しボーッと座っていて良いものではなく、組織の細部まで常に目を光らせてなくてはいけません。

地方の動向を事細かに気にして、地方官が赴任する際に唐の太宗は必ず引見して指示をしたという逸話が『**貞観政要**《じょうがんせいよう》』にあります。確かに宣宗は、その『**貞観政要**』を屏風に仕立て威儀を正して良く読んでいたと史書に記されていますので、その教えを実践したのでしょう。ある時、李遠《りえん》という者を杭州の長官に任ずるべく宰相の令狐綯《れいことう》（令狐が姓）が奏上すると、

「『長日《ちょうじつ》**ただ消す一局の碁』**（**一日中、碁ばっかり打っている**）という悠長な詩を吟じているような者が、人々の上に立って地方を治めることができるのか」という宣宗の詰問に、

「杭州は風光明媚な土地ですので、李遠のような詩人が良いのです」

宰相は冷や汗をかきながら、思わず言い訳をしたというエピソードも残されています。

宣宗は宮廷で群臣たちの前では常に威風堂々とした姿で、誰も仰ぎ見ることが出来ない程であったそうです。まさに太宗の再来です。群臣が奏上を行うと厳しい顔で耳を傾け、それが終わるとにこやかに無駄話をするものの、また奏上が始まるとたちまちに厳しい顔になり、

「皆の者はしっかりと職務を全うせよ。私に顔向けができないようなことをするな」

と常に厳命し、前の皇帝の治世と比べて陛下のご威光は素晴らしいと煽てても、

「まだまだ。驕ってはならない」と自らを戒める口癖のように言っていたそうです。

英訳 Do not believe that carelessness goes unnoticed. An effective leader can see it a mile away.

射人先射馬（人《ひと》を射《い》るに先《ま》ず馬《うま》を射《い》よ）

この言葉は、杜甫《とほ》の「前出塞《しゅつさい》九首」の中の第六首目にある句だ。

挽弓当挽強（弓を挽《ひ》かんとせば当に強きを挽くべし）
用箭当用長（箭を用いんとせば当に長きを使うべし）
射人先射馬（人を射んとせば先ず馬を射よ）
擒賊先擒王（賊を擒《とりこ》にせんとせば先ず王を擒にせよ）
……

この「人を射んとせば先ず馬を射よ」は、「将を射んとせば、まずその馬を射よ」と、人を将に換えて、よく用いられている。馬から連想すれば、将の方が的確と言える。

「敵将を討つにはその乗っている馬を射る」とは、戦略的にすぐれた言葉だと思う。これに近い英語の諺では、彼女をお嫁さんにしたいときは、彼女の母親の心をつかめ、という、いずれにせよ応用の利く諺だ。

杜甫は、唐代の詩人で、唐詩といえば、李白と杜甫と言われるくらい、素晴らしい詩を数多く作っている。李白の詩が豪快な感じをあたえて「詩仙」と呼ばれるのに対して、杜甫の詩は非常に誠実な感じを受け、「詩聖」と言われた。

杜甫は安禄山の反乱で、逃れようとしたが捕まり、監禁された。やがて、脱出して粛宗に仕えるが、不興を買い、官を辞める。

その後、長安に戻る途中、湘江で客死した。官僚として不遇だったが、その詩は今でも読まれ続けている。

▼杜甫

コラム　人物15

李克用《りこくよう》（856~908）

字は翼聖、突厥沙陀《とっけつさた》部の出身。父の朱邪赤心《しゅやせきしん》が軍功をあげ、869年、唐王朝から李国昌という姓名を下賜された。子の克用は唐末の軍閥で、のちに後唐の事実上の始祖となる。片目を失明していたため、「独眼竜」の異名を持つ。

881年、李克用は沙陀軍を率いて唐王朝に反乱を起こした黄巣の軍を大いに破る。これ以降、彼は黄巣、その配下の朱全忠との戦いで一生を過ごしたと言っていいだろう。

克用は黒装束に身をかため沙陀族の部隊を率いたため、賊軍は克用の部隊が来ると、「鴉軍が来た」と言って恐れた。

883年、長安を占領していた黄巣を破り、これを追撃。李克用はこの功績により、河東節度使に任命された。黄巣の部下は、黄巣を斬って降伏した。

汴州に入城した李克用は、汴州を本拠地とする宣武節度使の朱全忠のもてなしを受けたが、酒に酔った克用は全忠を腰抜け呼ばわりした。腹にすえかねた全忠は、その夜、克用を襲撃した。克用は酔いつぶれていた。側近から顔に水をぶっかけられてたたき起こされ、命からがら逃げ出して、晋陽に帰り着くという醜態だった。

895年、三節度使が都の長安で反乱をおこして新帝を擁立したが、李克用は反乱を鎮定し、その功により晋王に封じられた。

903年、朱全忠が都に上り、宦官を皆殺しにし、翌々年、哀帝を廃して自ら帝を称し（後梁の太祖）、ここに唐王朝は亡びた。李克用は唐王朝復興のため、朱全忠と争うが、翌年、病死した。子の李存勖《そんきょく》が継いで、後唐王朝を建国し、克用に武皇帝の諡を贈り、太祖と号した。

保身は常に選択を誤らせる

83

恐《おそ》らく異日《いじつ》大《おお》いに中国《ちゅうごく》の患《うれい》を為《な》さん。

恐らく将来において中国における大いなる禍となるであろう。

五代　後漢

907年に唐が滅亡してから、宋の太祖《たいそ》によって天下が再統一される960年までの間は、五代十国時代と呼ばれています。華北の統一政権であった後梁《こうりょう》、後唐《こうとう》、後晋《こうしん》、後漢《こうかん》、後周《こうしゅう》の五つの王朝、華中と華南を支配した地方政権の十か国が興亡しました。

晩唐に大反乱を起こした黄巣《こうそう》の部下で、唐に帰順して将軍となった朱全忠《しゅぜんちゅう》が、唐の第二三代の昭宣《しょうせん》帝から禅譲を受けて、洛陽を都に定めて後梁を建国します。その後梁を滅ぼした後唐の明宗李嗣源《めいそうりしげん》の養子である李従珂《りじゅうか》は、義理の兄にあたる閔帝《びんてい》を毒殺して皇帝になります。

後唐の明宗の娘である魏国公主を妻とする石敬瑭《せきけいとう》は、突厥沙陀《さだ》部の出身で、勇敢で戦上手な将軍として知られていました。皇帝李従珂は石敬瑭を暗殺しようとしたことから、石敬瑭は病を理由にして、辛うじて本拠地の晋陽（現・山西省太原市）へ逃れます。

石敬瑭の重臣である桑維翰《そういかん》が、北方民族の契丹《きったん》から兵を借りて、後唐の皇帝李従珂を討とうと献言します。契丹へ送る親書には、契丹の皇帝を父として仕え、勝った暁には北方の土地を割譲することまで約束した内容でした。

漢文　恐異日大為中国之患。

その文案を見た石敬瑭の片腕である劉知遠《りゅうちえん》は、これは過分な譲歩であり、金銀や貢物を送れば兵を借りることは出来るので、土地は譲っては絶対にいけないと本項フレーズで反対します。しかしながら、石敬瑭は退けます。

石敬瑭からの申し出を受けた契丹の皇帝は喜んで、自ら5万の騎兵を率いて南下し、後唐を晋陽で撃破して滅してしまいます。936年に石敬瑭は後晋の高祖として即位しました。

高祖石敬瑭は約束通り、幽州（現・北京を中心とする地方）、雲州（現・大同を中心とする地方）を初めとする十六州の土地を契丹に献上します。

この割譲された土地は、万里の長城周辺で農耕を行う漢族が定住する土地で、後に「燕雲《えんうん》十六州」と呼ばれて、劉知遠が予想した通り漢族の奪回悲願の土地となります。この十六州は契丹の後、金《きん》、元《げん》の統治下にもおかれ続け、中華の版図に戻ったのは、1368年に明《みん》が元をモンゴルの彼方に追い返した時になってからです。

400年もかかって領土を回復した漢族の執念は、最近はややもすると諦めムードが広がる北方領土の返還を目指す日本人は大いに尊敬して見習うべきところではないでしょうか。

さて契丹に大きな借りを作った高祖石敬瑭が崩じた後、甥の石重貴《せきじゅうき》が後を継ぎます。二代目皇帝は契丹とは対等に付き合うべきだと強気に出ます。怒った契丹は大軍を繰り出して後晋を攻め、大敗した皇帝石重貴は契丹に拉致され、947年に後晋は滅亡してしまいます。

自らの出世のために超えてはいけない一線というものがあるとすれば、まさにこの石敬瑭の判断でしょう。償うことが出来ない程の大きな罪過の上で、獲得したトップの地位でした。

英訳 It will eventually be seen as the great disaster of the organisation in the future.

組織崩壊の必定パターン

84 天下《てん》《か》は須《すべか》らく長槍大剣《ちょうそうだいけん》を用《もち》うべし。安《いずく》んぞ毛錐子《もうすいし》を用《もち》いん。

天下を治めるには、長い槍や大きな剣を用いるべきだ。毛筆などに用はない。

五代　後漢

河東《かとう》節度使に左遷されていた劉知遠《りゅうちえん》は後晋の滅亡を受けて、腹心の郭威《かくい》らの勧めで開封において即位し、後漢の高祖となります。しかしながら僅か1年足らずで崩じ、18歳の息子の劉承祐《りゅうしょうゆう》が即位します。叔父の劉崇《りゅうすう》を太原節度使に任じて地方へ飛ばし、劉崇のライバルである将軍の郭威を都で枢密使として軍権を握らせます。郭威は一兵士から出世して、劉知遠にその才能を認められて片腕となり、後漢の建国の功臣となりました。

中央の軍がしっかりと統括されると、自然に政治も安定を取り戻します。やがて優れた人財も登用されるようになり、世の中が落ち着き始めます。

同平章事《どうへいしょうじ》（宰相）に任じられた楊邠《ようひん》は、公平無私の優れた政治家でした。国家の財政を預かる王章《おうしょう》は能吏で、税の取り立てを公平に且つ強化したことから、後漢の財政も安定します。

都の治安を預かる将軍の史弘肇《しこうちょう》は、取り締まりを厳しくしたことから、人々は道に落ちている物さえ拾わなくなりました。武力を背景にした史弘肇は、自らの功績を誇ります。

漢文 天下須用長槍大剣。安用毛錐子。

ある時、史弘肇が本項フレーズで文官たちを罵ります。すると王章が、

——若無毛錐、財賦何由取弁。（若《も》し毛錐《もうすい》無《な》くんば、財賦《ざいふ》何《なに》に由《よ》ってか取弁《しゅべん》せん）。

毛筆で帳簿に出納を記載する者がいなければ、どうやって租税を取り立てて出納管理をするのかと反論します。ただ、この王章は武官だけでなく、同輩の文官も小馬鹿にする人物で、

——此輩握算不知縦横。何益於用。（此《こ》の輩《はい》、算《さん》を握《にぎ》って縦横《じゅうおう》を知《し》らず。何《なん》ぞ用《よう》に益《えき》あらん）。

と数字に明るくない者ばかりでは、国家の役に立つはずはないと同僚を罵倒しています。

後漢には実際のところ碌でもない人物が皇帝の左右に侍るようになりますが、宰相の楊邠《ようひん》が政治を一貫して総覧し、トップに代わる№2としてしっかりとマネジメントを行います。

ある時、楊邠《ようひん》が大臣たちと揃って皇帝に拝謁して述べます。

「陛下は何事にも口出しなさらないで下さい。私共重臣たちがおりますからご安心願います」

これを聞いた時から皇帝劉承祐は、バカにされたと楊邠に対して恨みを抱きます。このあたりのトップの猜疑心が読めないと、組織で働く者は命取りになります。

950年、遂に皇帝劉承祐は楊邠、王章、史弘肇を誅殺します。遠征中の郭威は変事を知るや大軍を率いて都へ戻り、その途中に皇帝劉承祐が護衛の兵士に殺されてしまいます。

後漢の高祖劉知遠を腹心の郭威たちが皇帝に担いだように、今度は郭威が自分の将兵たちに担がれて皇帝に即位し、後周の太祖となります。後漢は僅か4年で滅亡してしまいました。

後漢の皇帝劉承祐に家族を皆殺しにされた後周の太祖が即位した時、養子にしていた義理の甥である親衛隊長の柴栄しか、親族は残されていませんでした。

英訳 Use a long spear and a large sword to rule the world. A writing brush will have no effect.

公明正大なマネジメントに徹する

85

奈何《いかん》ぞ民《たみ》の膏血《こうけつ》を浚《さら》いて、此《こ》の無用《むよう》の物《もの》を養《やしな》う。

どうして人々の汗と血を絞り採って、この役にも立たない大軍を養う必要があるのか。

五代 後周

後周の第二代皇帝の世宗柴栄《せいそうさいえい》は、父を早くに亡くしたことから、叔母の嫁ぎ先である郭威《かくい》の家で養育されますが、その利発さを気に入られて、郭威の養子となりました。少年の頃から茶の行商をして、庶民の暮らしに通じます。郭威が皇帝となると、節度使に任ぜられます。

９５４年、後周の太祖郭威が崩御すると、北漢王劉崇《りゅうすう》は契丹と共に3万の騎兵で来襲します。しかしながら、即位したばかりの世宗柴栄は陣頭に立ってこれを一気に撃破して、天下にその名を轟かせました。

五代十国時代には巨大な軍事力を持つ者の手に天下が次々と握られましたが、それは唐の時代の７２３年に農民に兵役義務を持たせる徴兵制でなく、国家が兵士を雇って給与を払うという募兵制となったことに遠因があります。

各地に置かれた軍の拠点に司令官として任じられた節度使は、日本の征夷大将軍と同じように軍権のみならず幕府を開いて行政権を持つようになります。この節度使は「安史の乱」の前までは、異民族対策として国境に十の節度使が置かれていましたが、唐の末期には国内

漢文 奈何浚民之膏血、養此無用之物乎。

中に五十近い節度使が置かれ、それが各地で軍閥化した訳です。

現代でも軍が政権を握っている国家では、軍人が過度に重んじられることから、組織にぶら下がっているだけの者も多くなり、軍人の数も必要以上に増えてしまいます。

――兵務精不務多。（兵《へい》は精《せい》を務《つと》めて多《た》を務《つと》めず）。

世宗柴栄は、兵士は精鋭であるべきで、多数である必要はないと宣言します。

――農夫百、未能養戦士一。（農夫百《のうふひゃく》も、未だ戦士一《せんしいち》を養《やしな》うこと能《あた》わず）。

１００人の農民から得る税金収入で、兵士一人を養うことも出来ないという現実を指摘して本項フレーズを述べます。そして世宗柴栄は、軍全体の兵士一人ひとりを吟味し、老兵や弱兵、員数合わせで従軍している者を全て辞めさせ、屈強な若者だけを集めた軍に改革します。

世宗柴栄は更にその中で優秀な兵士を選抜し、号令一下で誰一人動かぬ者、軍規を犯す者がいない精強な親衛隊を組織し、司令官に最も信頼する趙匡胤《ちょうきょういん》を任命します。

世宗柴栄は非常に勇敢で臨機応変の智謀を備えていたばかりか、洞察力にも優れた文武両道の名君でした。暇があれば儒学者を呼んで歴史書を講義させ、歴代王朝の興亡について研究し、

――必不因喜賞人、因怒刑人。（必《かなら》ず喜《よろこ》びに因《よ》って人《ひと》を賞《しょう》し、怒《いか》りに因《よ》って人《ひと》を刑《けい》せず）。

「喜怒によって**信賞必罰**を行わない」というのが口癖の世宗柴栄は、文武百官の意見を常に公平に聞いて一方に偏ることなく、各自の能力を存分に発揮させて使いこなしたそうです。

『**韓非子**』のマネジメントを実践した世宗柴栄は、惜しいことに天下統一を目前にした９５９年に39歳で崩御してしまいますが、「一代明君」として鮮やかにその名を歴史に留めています。

英訳 While squeezing the sweat and blood of people, why is it necessary to feed a large army of useless solders.

コラム 人物16

馮《ふう》道《どう》（882～954）

▲李嗣源の陵墓（河南省孟津県）

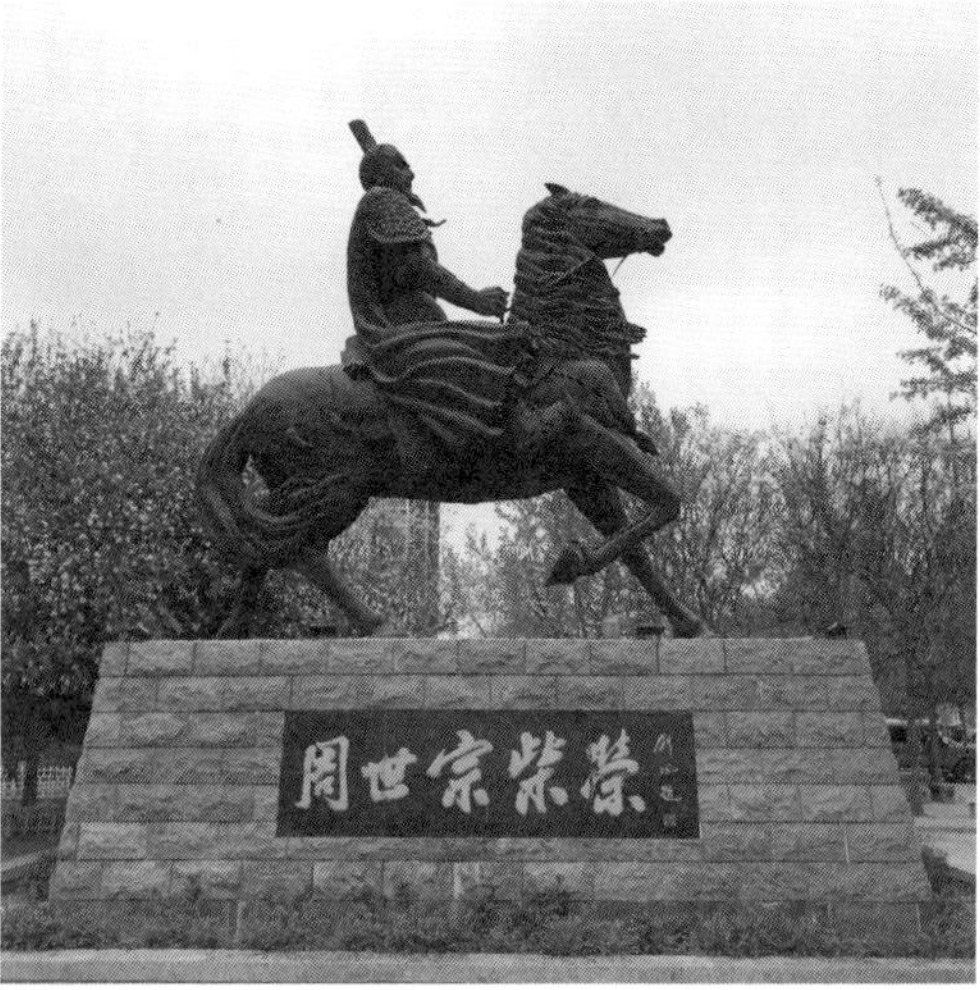

▲柴栄の像（河北省邢台市）

字は可道、号は長楽。瀛《えい》州景城の生まれ。「五代十国時代」の政治家で、五王朝の十一君主に仕えたことで有名である。

馮道は豊かな農家の家に生まれ、勉学に励んだ。はじめ幽州節度使の劉守光《りゅうしゅこう》の属僚となったが、劉守光が定州を攻撃したときに、諫言して幽閉される。その後、出獄し、劉守光が敗れると、太原に逃れ、晋王の李存勖《りそんきょく》に身を投じた。

９２３年、李存勖が後唐を建国して帝を称した。馮道は後唐で徐々に位をあげていった。

９２６年、荘宗李存勖と将軍李嗣源《りしげん》（のちの明宗）が対立し、李存勖が近衛兵に殺され、李嗣源が帝位に即き、馮道は李嗣源に仕えることになった。しかし李嗣源が病死すると、閔《びん》帝によって左遷された。

閔帝は諸事大まかで決断力を欠いていた。潞《ろ》王李従珂《りじゅうか》が反旗を翻し、閔帝を追放した。

帝位に即いた李従珂はかねてから河東節度使の石敬瑭《せきけいとう》（後晋の高祖）と仲が悪かった。石敬瑭は反旗を翻し、契丹に援軍を要請した。契丹は後唐の軍を蹴散らして、李従珂は自殺する。９３６年ここに後唐は滅亡し、後晋が建国された。

馮道は左遷されていたことが幸いして後晋の宰相となった。馮道は契丹の耶律堯骨《やりつぎょうこつ》（遼の太宗）のところの使者となり、耶律堯骨からすっかり気に入られた。

９４２年、石敬瑭が病死し、馮道は左遷された。

９４６年、契丹が後晋を滅ぼし、馮道は耶律堯骨と再会し、ふたたび宰相となった。しかし、耶律堯骨が契丹へ戻る途中、病死し、馮道は開封に戻った。

９５１年、郭威は後周を建国し、９４７年に開封で建国された後漢を滅ぼし、馮道はふたたび宰相となったが、９５４年、波乱に満ちた生涯を終えた。

目まぐるしく王朝が交代し、その中で宰相を歴任するという離れ業を行ったが、馮道が農民出身ということから、農民の命を少しでも守ることに徹した。

のち、朱子学の影響もあって、「二君に仕えず」という思想からほど遠い馮道の生き方に厳しい批判が出た。しかし、現代の視点からもう一度見直すべきであろう。

86

人生《じんせい》は白駒《はっく》の隙《げき》を過《す》ぐるが如《ごと》し。

時間を活かすリーダーの力量

人生とは白馬が走り過ぎるのを戸の隙間からチラッと見るようなものだ。

北宋太祖

月日の過ぎるのが極めて早いことのたとえですが、『荘子』知北遊が出典です。「光陰矢《こういんや》の如《ごと》し（光陰如箭）」と全く同じ意味です。実は「光陰矢の如し」は唐詩に出典があるとされていますが詳細は不明で、日本では江戸時代から現代まで好まれて使われている表現です。共に単純に時間の流れの速度をあらわすものではなく、アッという間に流れる時間を大切に使いなさいという自戒の意味が込められています

後周の世宗によって親衛隊の司令官に引き立てられた趙匡胤《ちょうきょういん》は、世宗の片腕として各地を転戦して活躍します。世宗が９５９年に39歳で崩御すると、７歳の皇太子が即位します。その翌年に幼君では弱肉強食の時代は乗り切れないと考えた将兵たちが陳橋《ちんきょう》（現・河南省封丘県）で深酒をして熟睡していた趙匡胤をたたき起こして、黄袍《おうほう》（皇帝だけが着用する黄色い衣装）を着せ掛けて、皇帝に推戴してしまいました。

史書には再三辞退したことになっていますが、黄袍が道端や商店で売っているはずもないので、用意周到に計画された禅譲劇だったのでしょう。但し、趙匡胤は後周の幼帝を殺害せ

漢文 人生如白駒過隙。

ず、その子孫を末代まで保護しました。西晋滅亡以降は、禅譲した前王朝の皇帝一族は皆殺しにされるのが慣例となっていましたが、その悪弊は趙匡胤によって廃されました。

宋州節度使であったことから、国号を宋とした太祖趙匡胤は、皇帝になるや天下の兵乱を止め、国家長久の計を立てようとします。

「唐末から五代に入って以降、皇帝が次々と変わったのは、節度使の権力があまりに強かったからで、トップが弱くメンバーが強いことに原因があります」

と指摘した宰相の趙普《ちょうふ》による提案を採用して、節度使の軍権を奪います。

「ワシは皆の力が無ければ今日の地位に就くことはなかった。しかしながらトップになった今でも、安心して枕を高くして眠ることができない。誰だって皇帝になりたいであろう」

と酒宴の席で諸将を前にして漏らします。仰天した将軍たちは誰も謀反を起こしませんと弁明します。太祖趙匡胤は、劉知遠、郭威や自分と同じように無理やりに黄袍を着せられたらどうすると反論すると、皆が平伏します。すると太祖趙匡胤は本項フレーズを述べます。続けて

「地方で将兵と一緒に引き籠るのでなく、都で大きな屋敷に住んで酒三昧で楽しく生きよ」

と諭します。翌日、将軍や節度使の職にある全員が、病気を理由に辞職を願い出ました。

節度使の軍権を剥奪して名誉職とすることに成功した太祖趙匡胤は、武官出身にもかかわらず科挙制度を大改善して、文官が武官の上に立つ文治主義《シヴィリアンコントロール》のシステムを整備しました。

時間は過ぎてしまえば戻って来ませんが、過去を振り返ることで、未来を変えることは出来ます。太祖趙匡胤は見事にそれをやり遂げました。これこそリーダーたる者の真骨頂です。

英訳 Human life is like a glancing at a running white horse through the gap of the doors.

アメとムチを鮮やかに使いこなす

87

鼎鐺《ていとう》、尚《な》お耳《みみ》あり。

鼎《かなえ》や鍋にだって耳はあるぞ。

北宋太祖

リーダーたる者は、必ずしも戦略家である必要はありません。

大業を成す優れたリーダーには、常に優れた補佐役がいるものです。パートナー、参謀役、軍師、女房役、組織における№２など色々な表現があります。トップと対等もしくはそれ以上の視座で助言を行い、あらゆる問題について議論し、戦略戦術や妙案を提示したり、リーダーの欠点や過失、誤った判断を躊躇なく指摘してくれたりする存在です。

優れたリーダーが有能な補佐役に支えられて天下統一を果たすというのは、中国の歴史ではお決まりのパターンで、名君と名臣は常にセットです。周の文王と太公望《たいこうぼう》、斉の桓公と管仲《かんちゅう》、漢の劉邦と張良《ちょうりょう》、蜀の劉備と諸葛亮《しょかつりょう》、唐の太宗と魏徴《ぎちょう》が名コンビとして知られています。

宋の太祖にとってのパートナーは、趙普《ちょうふ》です。

趙普は現在の北京で生まれ、趙匡胤が後周の節度使であった頃に秘書室長として採用されました。忠実な仕事ぶりから趙匡胤の信頼は揺るがず、９６４年に宰相に登用されてから30年近くもその職にあって、太祖趙匡胤と共に北宋南宋３００年の基盤を築いた人物です。

漢文 鼎鐺尚有耳。

趙普は下級役人上《ノンキャリ》がりということもあって科挙及第《キャリア》の官僚から嫌われ、必ずしも聖人君子的な清廉潔白な人物ではありませんでしたので、雷徳驤《らいとくじょう》という者が判官（裁判所の判事）に任命されるや否や、趙普は地位利用をして私腹を肥やしていると弾劾されます。趙普の意向を忖度して裁判所と宰相府が勝手に刑罰の量刑を変えているという告発に、太祖趙匡胤は大激怒します。しかもそれは不正を疑われた趙宰相ではなく、雷判官に対してです。

本項フレーズで鼎や鍋にも両手で持てるように耳があるように、雷判官も耳を二つも持ちながら、常日頃から趙普が国家の重臣であることを聞いていないのかと太祖趙匡胤は責め、斧で雷判官の歯を砕いて宮殿の外に放り出し、判官から降格して左遷してしまいます。とんだ災難に遭った雷判官は正義を実行していたかも知れませんが、物事の重要性や優先順位、そして普段から組織のトップが大切としている方針や人財などについて、柔軟に咀嚼して腹に収めて対応したり、融通を利かせたりすることが出来ないタイプだったのでしょう。

唐の太宗は補佐役の魏徴に対する謀反の嫌疑を密告して来た者は、その真偽を確かめるまでもなく即刻に処刑したと言われていますので、時代が少し下がった宋の時代では、歯が砕けるだけで命まで取られなかったので、幸いであったと言って良いかも知れません。

トップからの絶大な信頼無くば、如何なる者も大きな仕事は出来ません。但し何事にも許容限度はあるものですので、それをどの程度とするかはトップの匙加減です。また、組織で働くメンバーにはそれがどれくらいなのかを読み切る微妙な才覚が必要です。

英訳 Even tripods and pans have edges.

88

攻める時を知り、退く時を知る

臥《が》榻《とう》の側《かたわら》、豈《あに》他人《たにん》の鼾《かん》睡《すい》を容《い》れんや。

寝台の側で、他人の鼾を聞きながらどうして眠れるだろうか。

北宋太祖

五代十国時代の十国の一つで、文化的にも経済的にも最も発展したのが南唐《なんとう》です。金陵《きんりょう》（現・南京市）を首都とし、建国者の李昪《りべん》は唐の憲宗の玄孫を自称していました。

二代目の李璟《りけい》の時には同じく十国の閩《びん》と楚を降して、現在の江蘇省、江西省、安徽省、湖北省、湖南省、福建省を版図とします。この絶頂期の頃から、淮河《わいが》を挟んで北方に接する後周の世宗の侵攻を受けるようになり、趙匡胤が宋の皇帝となってからは属国となります。

三代目の李煜《りいく》は、政治的なセンスは全く無いものの、芸術的な才能には恵まれました。書や絵画はもとより花鳥風月や甘美な恋の詞は非常に巧みで、今日でも親しまれています。

この南唐は、異才の初代が創業し、優れた二代目の時に隆盛期を迎え、ボンボンの三代目は経営能力ゼロということで典型的な三代で滅びるオーナー企業の見本です。組織興亡のサイクルとしては、昔も今も変わらないということでしょう。

975年、宋の太祖趙匡胤は曹彬《そうひん》に命じて南唐を攻略させます。出陣に際して、

「絶対に住民への乱暴略奪をせず、威光と信義によって相手から降伏するように仕向けよ。

漢文 臥榻之側、豈容他人鼾睡乎。

急いで征服する必要はない」

と太祖趙匡胤は厳命します。曹彬は南唐に侵攻して金陵を包囲させますが、力攻めを仕掛けません。交渉の余地ありとみた南唐は、太祖趙匡胤のところに使者を寄越して来ます。

「南唐は大国の宋に対して父に仕えるように従順です。どうして南唐を攻めるのでしょうか」

低姿勢ながらも熱弁を振る使者に対して太祖趙匡胤が、

「父子ならば別々の家に住むこともないであろう」

と統一の意志は揺るがないとやんわり諭します。使者は反論することも出来ずに帰国します。

南唐は力づくで宋が攻めて来ないことから、やや安心をしながら交渉の使者を宋へ再び派遣します。足元を見られてはいけないと考えたのか、今度は使者も強い口調で非難しました。

「南唐の住民には何の罪もございません。なぜに苦しめるようなことをするのですか」

すると今度は太祖趙匡胤は激怒して、剣の柄を握りしめ、

「南唐の住民には何の罪もなかろう。確かに天下は一家だ」

とは言っても邪魔な者は煩わしいと本項フレーズで、つべこべ言うなと怒鳴りつけます。

交渉事は初め丁寧にやんわりと冷静に行われるべきですが、ここぞという時には果敢に厳しい姿勢で臨まなくてはなりません。太祖と南唐の使者はその通りに振る舞っていますが、交渉前に勝負は明らかについています。弱い立場ならば潔良くあるべきだとリーダーたる者は、この話から学ぶべきではないでしょうか。

10カ月の包囲戦によって、遂に南唐は宋に降伏して三代40年の歴史を閉じました。

英訳 How it is possible that one can sleep next to a snoring person.

無用な争いには近づくな

89

若《も》し一《ひと》たび名姓《めいせい》を知《し》らば、則《すなわ》ち身《み》を終《おわ》るまで忘《わす》れず。知《し》る無《な》きに如《し》かざるなり。

北宋太宗

一度その名前を聞けば、生涯忘れることはないでしょう。知らないに越したことはない。

宋の太祖趙匡胤は、天下統一の一歩手前の976年に50歳で急死します。後を継いだ弟の太宗趙匡義《ちょうきょうぎ》によって絞殺されたという疑惑があります。太祖の長子は自殺し、次子も23歳の若さで病死したことから、「千載《せんざい》不決《ふけつ》の議《ぎ》」として、1000年を経ても結論が出ない議論なので詮索しないとされました。

太宗は後周時代から兄の太祖趙匡胤を支え、自らが即位してからは、978年に呉越、979年に北漢を滅ぼして中国を再統一してから、文治主義を進めます。

太宗によって同中書門下平章事《どうちゅうしょもんかへいしょうじ》（略して同平章事《どうへいしょうじ》、宰相のこと）に任じられたのが、呂蒙《りょもう》正《せい》です。北宋が初めて実施した科挙で、31歳にして状元《じょうげん》（首席）で及第します。

その呂蒙生が参知政事《さんちせいじ》（副宰相）に任じられて初めて参内しようとした時、帳《とばり》の向こうで、

「あんな奴でも副宰相になれるのか」

小役人の誰かが、呂蒙正に聞こえよがしに囁きました。呂蒙生は聞こえないふりをして通

漢文 一如名姓、則終身不忘。不如無知也。

り過ぎましたが、同僚が激怒して、どこの誰が暴言を吐いたのかと問い質そうと帳《とばり》に詰め寄ろうとすると、呂蒙正は慌てて同僚を押し留め、本項フレーズを述べました。

人間ならば悪口を言われたりすれば、誰しも心に深く傷が付き、いつか恨みを晴らそうとはしないまでも、嫌味の一つも言い返したくなるものです。しかしながら、組織において大きな仕事を成そうと志した時、後々に足手まといになるような問題の芽を自ら摘んでおこうという強い意志は、まさに大きな器量を備えたリーダーたる者として不可欠な条件です。

いつの時代にも、自分より若い者や地位の低い者の出世を妬む人は大勢います。そういった人間に関《かか》わる時間を無駄だと思って、やり過ごすことも、器量あるリーダーたる者の対応です。決断力に乏しく論争を起こし易いという批判があった時、呂蒙正は答えました。

「実は私は無能なのだが、一つだけ優れた点があると思う。それは人を使うことに長けていることだ。これが本当の宰相の仕事なのだよ」

普段から評判となる人物の名を聞けばメモをとっておいて整理し、いつでも優れた人物を推挙できるように心掛けていたそうです。病に倒れて見舞いに来た真宗が尋ねます。

「卿に万一があった時、卿の子供の中で誰を宰相に登用したら良いだろうか」

「私の子供は豚か犬のようなものです。敢えて申し上げれば甥の呂夷簡《りょいかん》がその器でしょうか」

と答えます。呂夷簡は叔父の呂蒙生と同じく、三度に及んで宰相となりました。

『韓非子』にある**「内挙するに親を避けず」**とはまさにこのことで、最も難しい判断です。

英訳 Once one hears the name of a person, he will never forget it. So, it is better not knowing it.

無欲という最強の武器

90

恩《おん》を己《おのれ》に帰《き》せんと欲《ほっ》せば、怨《おん》は誰《だれ》をして当《あ》たらしめん。

北宋仁宗

施した恩に報いてもらおうと思えば、恨まれた時は誰に責任を取らせれば良いのか。

９９７年に太宗趙匡義《ちょうきょうぎ》が崩御すると息子の真《しん》宗が即位し、太宗の文治主義を更に進めます。宋は南唐を併合して以来、豊かな江南の地から得られる莫大な租税によって経済発展し、武力でなく金で平和を解決する道を選びます。１００４年に契丹（後に国号を遼《りょう》と改める）と宋は、国境維持と不戦を決めた「澶淵《せんえん》の盟《めい》」を結びます。これにより契丹を兄とし宋を弟として、年間20万匹の絹、10万両の銀が宋から契丹に贈られることになりました。

平和を金で買った宋は、ますます国内経済が繁栄し、文化も栄えます。真宗は26年間在位して崩御しました。１０２２年に13歳の息子である仁《じん》宗が即位します。仁宗が即位すると王《おう》曾《そう》が宰相に任じられ、7年に亘って国政を委ねられます。青州（現・山東省）生まれの王曾は、8歳の時に孤児となって叔父に引き取られ、勉学に励みました。

高級公務員選抜試験である「科挙」には、郷試《きょうし》、会試《かいし》、殿試《でんし》と三段階の試験がありますが、その全てにおいて首席を占める「三元及第《さんげんきゅうだい》」の快挙を成し遂げた者は、隋から清末までの

漢文 恩欲帰己、怨使誰当。

1300年間で14人しか存在しません。王曾はその一人です。

因みに麻雀における最強の役の一つである「大三元」は、郷試の首席を「解元《かいげん》」、会試の首席を「会元《かいげん》」、殿試の首席を「状元《じょうげん》」と呼んだことから、「三元及第」が由来となっています。

王曾が進士に挙げられて官職に就いた時、ある人が羨んで言いました。

「貴公は『三元及第』ですから、高い地位に就かれて一生食べるに困ることがないでしょうね」

――**平生之志、不在温飽。（平生《へいぜい》の志《こころざし》、温飽《おんぽう》に在《あ》らず）**。

平素からの志は、良い着物を着てたらふく美味しいものを食べることではなく、天下国家のために力を尽くすことですと王曾は毅然と述べ、それを見事に最後まで実践しました。

仁宗の治世では優れた人財が多く登用されましたが、それは全て王曾の推薦でした。しかしながら、官職に就いて出世した者の誰一人として、王曾からの強い推挙があったことを知りませんでした。それを見かねた王曾の友人が、どうして本人に一言でも言ってやらないのか理由を尋ねます。そこで本項フレーズで王曾が答えました。

出世させたことを恩着せがましく言って何かの恩返しをしてもらおうとするのは簡単なことでも、クビになったり左遷したりした時に、その恨みや怒りをぶつけられたら困るので、余計なことは言わないに越したことはないという訳です。

まさにリーダーたる者は組織の最善のために、自らの私利私欲を徹底的に排除する姿勢が第一に必要です。ここでいう私利私欲とは、単に金銭に対してではなく、組織運営を円滑にするための派閥を作るための人事、即ち自らの地位を安泰にすることまでも含まれています。

英訳 Whom should take responsibility for having a grudge, even though a favour was repaid?

91

時代を超越する人事の要諦

衆賢《しゅうけん》の進《すす》むは茆《かや》の斯《ここ》に抜《ぬ》くるが如《ごと》く、大姦《たいかん》の去《さ》るは距《けづめ》の斯《ここ》に脱《だっ》するが如《ごと》し。

芽《かや》の根を一本抜くと何本も一緒に抜けるように、一人の人財を引き立てれば大勢の人財が任用され、悪辣な側近は爪を無くした闘鶏と同じように朝廷から去る。

北宋仁宗

仁宗は41年間在位しました。その間、西夏や契丹などの異民族の侵攻が止まず、対外的には緊張状態が続きます。内政においても新旧の官僚たちが政争を繰り広げましたが、多くの逸材が現れて活躍した時代でもありました。

前項の王曾をはじめ、丁謂《ていい》、王欽若《おうきんじゃく》、呂夷簡《りょいかん》、范仲淹《はんちゅうえん》、文彦博《ぶんげんはく》、富弼《ふひつ》、杜衍《とえん》、韓琦《かんき》、欧陽《おうよう》脩《しゅう》、司馬光《しばこう》、王安石《おうあんせき》といった名臣が今日まで知られています。また彼らは詩または詞や散文など多くの優れた文芸作品も残しています。

范仲淹は江南の三大名楼の一つである岳陽楼《がくようろう》の情景を記した『**岳陽楼記**』という作品の中で、

——**天下《てんか》の憂《うれ》いに先《さき》んじて憂《うれ》い、天下《てんか》の楽《たの》しみに後《おく》れて楽《たの》しむ。**

という「**先憂後楽**《せんゆうこうらく》」の言葉を残しました。江戸時代、日本に亡命した明の遺臣である朱舜水《しゅしゅんすい》は、水戸光圀の依頼によって水戸藩の江戸上屋敷に作った庭園に、范仲淹のこの言葉にヒン

漢文 衆賢之進如茆斯抜、大姦之去如距斯脱。

トを得て、「後楽園」と名付けたことから、范仲淹は日本でも比較的に名の知られた文人になりました。

宋は北方に契丹、西北に西夏という強力な異民族国家に悩まされました。現在の甘粛省や寧《ねい》夏《か》回族自治区あたりを基盤とした西夏は、タングート族というチベット系の騎馬民族が作った非常に戦争の強い国でした。その国境の州の長官や将軍に范仲淹や韓琦が選ばれると、

——**軍中有一韓、西賊聞之心胆寒。軍中有一范、西賊聞之驚破胆。（軍中《ぐんちゅう》に一韓《いちかん》有《あ》り、西賊《せいぞく》之《これ》を聞《き》いて心胆寒《しんたんさむ》し。軍中一范有《ぐんちゅういちはんあ》り、西賊之《せいぞくこれ》を聞《き》いて胆《たん》を驚破《きょうは》す）。**

という歌が流行る程、さすがの西夏や契丹もビビってこの二人が国境近くにいる時は宋に攻めて来ませんでした。ここから察すると必ずしも北宋の時代は、軟弱な文官だけによって政治が握られていた訳ではなかったことが窺えます。

西夏や契丹は北宋の宮廷内の争いを良く観察していて、人事の間隙を突いて手際良く出兵して北宋を脅かしました。北宋の国際的立場は、どことなく現代の日本に似ています。

１０４３年、仁宗は范仲淹と韓琦を中央で軍務を統轄する枢密副使として召還し、その上役の枢密使に宮廷を牛耳る夏竦《かしゅう》を任じます。夏竦は狭量で、組織内では威張り散らす割には、組織外の敵である西夏に対しては腰が引ける評判の悪い人物でした。諫官の欧陽脩が、

「夏竦は、安撫使として怯懦、性は姦邪である」

と容赦なく糾弾します。科挙の及第序列だけで決まる人事に対して、欧陽脩などの若手官僚からの度重なる諫言によって、さすがに仁宗も遂に夏竦を罷免します。

英訳 A great number of wise men is the same as stings beans. If one excellent person is chosen, then many excellent people will come with him. Once an evil person loses his position, he will be the same as a fighting cock without nails.

その知らせを聞いた国子監《こくしかん》（官僚の養成機関）の教授である石介《せきかい》は、仁宗の聖断に喜んで詩を作ります。その中に本項フレーズがあります。衆賢とは范仲淹と韓琦のことで、大姦は夏竦のことです。これは「**衆賢芽茹**《しゅうけんぼうじょ》」という故事成語の出典の一つとなりました。

リーダーたる者が互いに力を合わせることが組織にとって大切で、優れた人財が一人登用されればその優れた仲間達も集まり、共に良い仕事をして良い結果を生み出すという意味です。良い方向へ作用した「類が友」を呼ぶポジティブ効果の働く組織は無敵です。

さて、夏竦の後任として仁宗は、杜衍《とえん》を任用します。杜衍は清廉剛直でその名を知られていたこともあり、革新派の若手官僚たちはこの人事に喜びます。

そんな折、杜衍の娘婿の蘇舜欽《そしゅんきん》が役所の反古紙を売った公金で、祭祀や宴会に流用する事件が起きました。かねてから杜衍らの動きを恐れていた夏竦派の御史台の副長官王拱辰《おうきょうしん》が、この機会をとらえて杜衍を弾劾しました。数人の関係者が処罰されます。王拱辰は喜んで、

「ワシはただの一網で、全員を捕らえたぞ（一網打尽）」

と誇らし気に言い捨てました。杜衍は僅か七十余日で、枢密使を罷免されてしまいました。

尚、「**一網打尽**」の出典は、魏泰『東軒筆録《とうけんひつろく》』巻四にありますが、このエピソードの方が有名です。

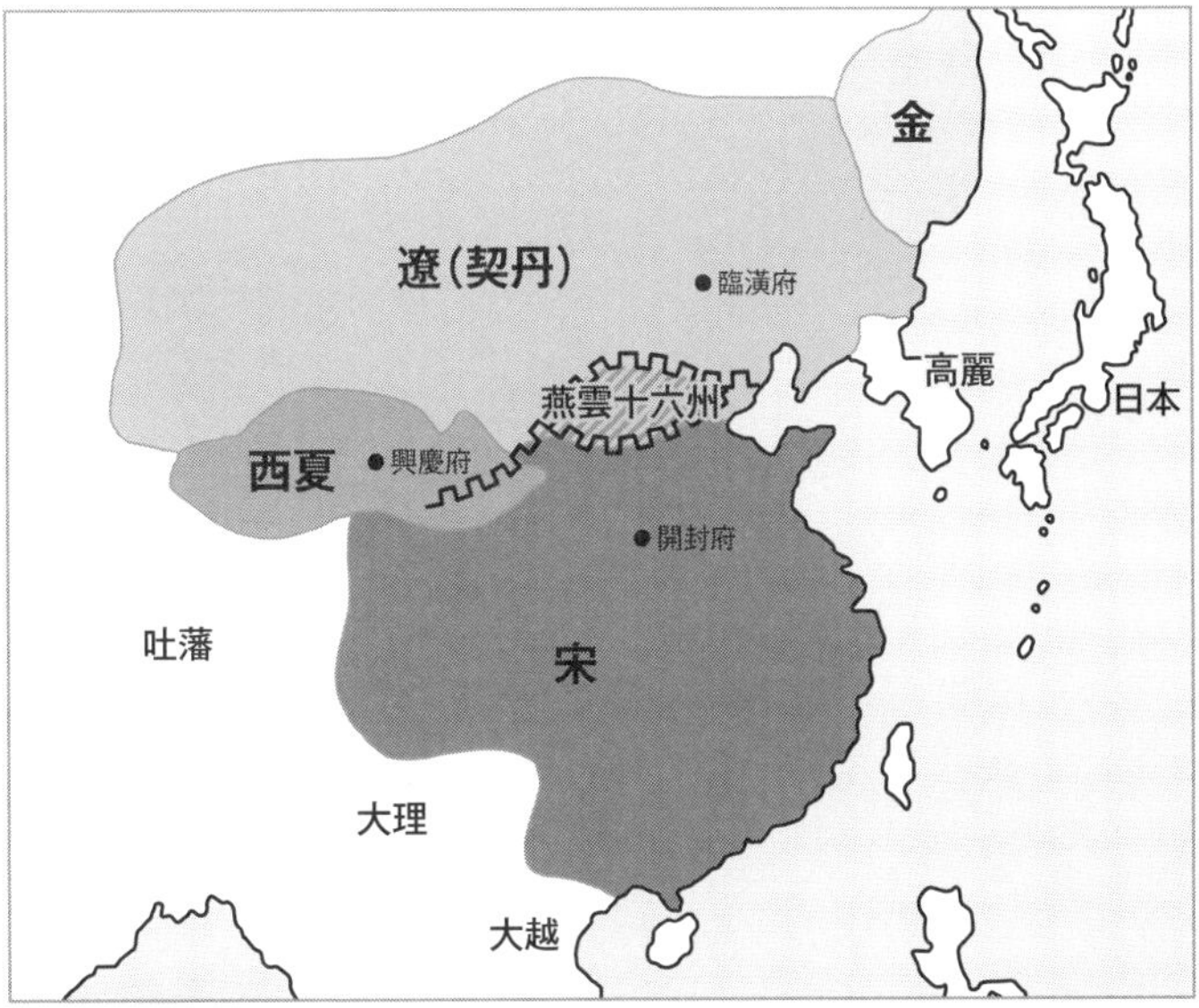

▲12 世紀初頭の東アジア

▲欧陽脩の廟（河南省新鄭市）

心から信頼できる仲間を持っているか

92

小人《しょうじん》は朋《ほう》なし、惟《た》だ君子《くんし》のみ之《こ》れあり。

愚かなリーダーには真の友はなく、ただ優れたリーダーにのみ真の友はあるものです。

北宋仁宗

前項フレーズで罷免されたことを揶揄された夏竦《かしゅう》は大いに怒り、自分に従う官僚たちに後任の杜衍《とえん》を批判する論文を書かせて、派閥争いを企む「党人」として非難しました。

私利私欲の塊であると見做されていた夏竦《かしゅう》に反論するべく、天下を正しく治めるための、即ち組織を円滑にマネジメントするための要諦について、欧陽脩《おうようしゅう》が本項フレーズを含む上奏文を記して仁宗に奉りました。更に、愚かなリーダーに本当の友や同士がいない理由は、次の通りと指摘します。

・利益を同じくする時にだけ仲間を作る
・利益が尽きる時には仲間割れを起こして罵り合う

続けて欧陽脩は、優れたリーダーというものは、

・主義主張を同じくしている者は互いに助け合い、組織のために心を一つにする
・その志は終始一貫していて、ブレることがない

と言及してから、組織のトップは愚かな者を登用せず、優れた者を重用することによって円

漢文 小人無朋、惟、君子有之。

滑なマネジメントを行い、組織を更に発展させることが出来るのだと持論を述べます。

欧陽脩は北宋の仁宗、英宗、哲宗の三代に仕えた優れた政治家です。「唐宋八大家《とうそうはちだいか》」と呼ばれる八人の優れた文化人の一人とされています。『新五代史』『新唐書』を編纂した歴史家でもあります。

日本でも江戸時代の前から、優れた中国大陸の人物として尊敬されていました。北宋で珍重された美術品である日本刀を手にして作った『日本刀歌《にほんとうか》』は、欧陽脩の詩として有名です。そこには、秦の始皇帝が「焚書坑儒《ふんしょこうじゅ》」を行う前に徐福《じょふく》が日本へ渡ったことから、日本には失われた中華文明の古典が残り、本物の孔子の教えが伝えられていると詠われています。「欧陽」と聞けば現代では、『雨の御堂筋』『ラヴ・イズ・オーヴァー』の欧陽菲菲をついつい思い出してしまいますが、彼女は台湾に渡った欧陽脩の一族だそうです。欧陽脩は詩にメロディーをつけて吟じるのが巧みと伝えられていますので、然もありなんというところです。

欧陽脩の名言として、良いアイデアが生まれやすい場所は、

——馬上、枕上、厠上。（乗り物の上、ベッドの上、トイレの上）。

というのがあります。現代の様々な分野のリーダーたちも似たようなことが、閃きの秘訣だと語ります。また文章の上達の基本は、三多にあるとしています。即ち、

——看多、做多、商量多。（多く本を読む、多くの文章を作る、多く推敲する）。

ことと述べています。まさに優れた文筆家の言です。当たり前のことを当たり前に積み重ねるところに、何事も優れた結果が残されるという訳です。

英訳 An effective leader has true friends, while an ordinary leader has none.

リーダーが知るべき絶対真理

93

君徳《くんとく》に三《さん》有《あ》り。曰《いわ》く仁《じん》、曰《いわ》く明《めい》、曰《いわ》く武《ぶ》なり。

北宋仁宗

優れたリーダーの三条件は、人柄、笑顔、決断力です。

陝州《せんしゅう》夏県（現・山西省連城市夏県）の生まれの司馬光《しばこう》は、「三国時代」の魏の大将軍であった司馬懿《しばい》（仲達）の弟である司馬孚《しばふ》（叔達）の子孫を称する名門の生まれです。

司馬光が19年の歳月をかけて編纂した『資治通鑑《しじつうがん》』は、毛沢東が17回も読破した愛読書です。紀元前４０３年に晋が趙、魏、韓に分裂してから北宋が建国される前年までの１３６２年間に亘る歴史を記し、**『貞観政要《じょうがんせいよう》』**と並ぶ帝王学の聖典《バイブル》と古来から見做されています。

司馬光は学識豊かだけでなく人望も厚く、宮廷のみならず一般の人々からも尊敬を集めた人物でした。後世になって誇張されたり脚色されたりした部分もありますが、人格と見識の高さはずば抜けており、宋のみならず中華文明における名臣中の名臣とされています。

北宋時代は**「新法《しんぽう》・旧法《きゅうほう》の争い」**と呼ばれる派閥争いが激烈でした。旧法派のリーダーとされた司馬光は、新法派のリーダーである王安石《おうあんせき》と対立しましたが、その王安石の人格や学識を最も正しく評価していたのは司馬光で、対立する人物をも認める度量の持ち主でした。

司馬光が諫院《かんいん》という皇帝に厳しい意見を提起する部門の責任者、即ち現代企業の監査室長

漢文 君徳有三、曰仁、曰明、曰武。

のような職にあった時に、組織のトップが心掛けるマネジメントの原理原則《プリンシプル》として、「**三箚**《さんさつ》」という三通の意見書を仁宗に献じました。その一通目に本項フレーズがあります。

人財登用の基準は、人柄が良くて明るく、そして勇敢な将軍のように失敗を恐れずに決断することが出来る人物であり、司馬光は仁《じん》、明《めい》、武《ぶ》の三つの漢字でシンプルに明言しました。

仁宗は宋の名臣と後に讃えられる呂夷簡《りょいかん》、韓琦《かんき》、范仲淹《はんちゅうえん》、富弼《ふひつ》、杜衍《とえん》、文彦博《ぶんげんはく》、蘇軾《そしょく》らを登用する一方、ややもすると名臣とは言い難い人物でも、まずはとにかく信頼して引き立てる傾向があったそうで、司馬光が諫めた訳です。

続けての二通目では、トップとしてメンバーをコントロールする方法について、「**適材適所**」と「**信賞必罰**」が肝要と論じ、三通目では軍の「**少数精鋭**」主義が説かれていました。まさに組織マネジメントにおける絶対真理なのでしょう。司馬光は仁宗に対して、「**五規**」の戒めについても提言しています。

- トップとしての責任を自覚すること
- 時間を惜しむこと
- 長期的なビジョンを失わないこと
- 小事を軽視しないこと
- 実践を心掛けること

激動の中国史を俯瞰した司馬光が凝縮したこの五つは、一項を加えることも減じることも出来ない程の完璧な戒めです。リーダーたる者は、座右に明記して日々省みるべきでしょう。

英訳 Three virtues for a wise and effective leader: benevolence, wisdom and braveness.

人の内面を見極める眼力

94

大姦《たいかん》は忠《ちゅう》に似《に》たり、大詐《たいさ》は信《しん》に似《に》たり。

一見したところ、大悪人は忠臣面《づら》をし、詐欺師はマジメ人間に見えます。

北宋神宗

1063年、仁宗が崩じて英宗が立ちました。英宗は財政再建に取り組もうとしましたが、僅か4年で崩御します。20歳の息子の神宗が即位します。神宗は同平章事《どうへいしょうじ》（宰相）に富弼《ふひつ》、参知政事《さんちせいじ》（副宰相）に王安石を任じ、国政改革案の策定を命じます。新しい方策をもって国家を改革しようと試みる王安石に対して、既存の勢力から多くの抵抗の声が挙がります。

司馬光が宮廷へ参内する途中、御史中丞《ぎょしちゅうじょう》（監察院次官）の呂誨《りょかい》に遭遇します。呂晦も皇帝に謁見を求めて赴くところで、道すがら今日は何の奏上をするのか司馬光が呂誨に尋ねます。

「私は袖の中に一枚の弾劾文を持っています。あの王安石に対してです」

呂誨が真顔で話すのを聞いて、司馬光はびっくりします。王安石の人物と学識を高く評価していたこともあり、司馬光は何故にと問い詰めます。

「貴公までがそんなことを仰るのですか。王安石は評判も良く皇帝の意に適っていますが、何も分かっていない頑固者で、自分に阿《おもね》る人間ばかりを使います。理路整然としていますが、現実的ではありません。侍従ならばまだしも、副宰相にすれば大問題を引き起こします」

漢文 大姦似忠、大詐似信。

呂誨が熱く語ります。司馬光は参内を終えてからも、呂誨から聞いた言葉を熟慮しましたが、どうしても納得がいきませんでした。しばらくすると、呂誨の王安石に対する弾劾上奏文の中身が漏れ伝わります。そこに書かれていた内容は、まず本項フレーズを掲げて、「王安石も外面は装っていますが、内面は嘘に満ち溢れ、自分の能力を鼻にかけています。あのような大悪人に政治を任せてはなりません」

と指弾して、十カ条に及んで綿々と王安石を批判したものでした。

王安石を信頼する神宗は、二度も自ら詔勅をしたためて呂誨の翻意を促しましたが、呂誨は王安石弾劾を撤回することはなく、神宗も遂に呂誨を免官にしました。

しかしながら、呂誨が予想した通り、宰相府には中書省が普段から王安石に阿諛追従《あゆついしょう》していた者たちばかりがブレーンとして登用され、国政改革の名の下に天下をマネジメントするのは自分たちと、従来の法律や慣例を容赦なく廃止します。大臣の中でも異議を申し出る者は全て解任されて、王安石の改革が推進されていきます。

王安石の改革はかなり一般の人々に痛みを伴うものであったことから、呂誨の上奏文はやり過ぎでないかと批判した者たちも、呂誨には先見の明があったと感服するようになります。しかしながら、呂誨は既に鄧州《とうしゅう》（現・河南省南陽市内）の知事という閑職に左遷されていました。

改革には強引さも必要ですが、極端過ぎれば如何に良い方策であっても反発を招くものです。リーダーたる者は人情や人徳を兼ね備えたマネジメントをしてこそ、円滑に進むのでしょう。

英訳 An evil person can pretend to be loyal, and a lie can appear to be true.

95

至誠を貫き通す生き方

吾《わ》れ人《ひと》に過《す》ぎたること無《な》し。但《た》だ平生《へいせい》の為《な》す所《ところ》、未《いま》だ嘗《かつ》て人《ひと》に対《たい》して言《い》う可《べ》からざる者《もの》あらざるのみ。

北宋哲宗

私は何にも人より優れた点などはありません。ただ今まで誰にも話せないようなことをしていないだけです。

北宋時代の「新法・旧法の争い」は、政策や思想的背景を理解することが難しい政治抗争です。簡単に言えば、経済的文化的に大きく発展した北宋の社会において、既得権を持つ古くからの支配層である大地主や大商人たちと、新興勢力との主導権争いです。現在の国家や企業組織であれば、利益配分を誰がどう行うのかで生じる二大グループの対立と同じです。

１０６７年に英宗が崩御し、皇太子が即位して神《しん》宗となります。財政赤字に陥った国家を再建するために神宗は、地方政治で実績のある王安石を登用し、政治、財政、軍事からなる国家の仕組みを改革し、税負担を軽減する「新法」を採用します。

１０８５年に神宗が崩御し、息子である哲《てつ》宗が継ぎます。少年の哲宗に代わって宣仁太后《せんじんたいごう》高氏（英宗の皇后で神宗の母）が摂政として実権を握ると、「新法」を廃止して「旧法」に戻します。宣仁太后は司馬光を再び宰相に任じますが、僅か８カ月で急逝してしまいます。

漢文 吾無過人、但平生所為、未嘗不可能対人言者耳。

司馬光が亡くなった時、都の商店は全て休業して喪に服し、肖像画を印刷したところ飛ぶように売れて、金持ちになった画家も出たそうです。司馬光は温国公《おんこく》を贈られたことから、後に司馬温公、またはその諡から司馬文正公《ぶんせい》と呼ばれ、今日まで尊敬されている人物です。

「どうすれば先生のように素晴らしい人間になれるのでしょうか」と晩年に司馬光が問い掛けられた時、本項フレーズで淡々と答えたそうです。また、弟子の劉安世《りゅうあんせい》が、**「人間として一生かかっても目指すべきことは一言で言えば何でしょうか」**と尋ねた時、司馬光は**「それは誠である」**と答えました。続けて、それに至るためには、

――**自不妄語入。（妄語《もうご》せざるより入る）**。

「嘘を言わないことから始まる」と答えました。恐らく司馬光は子供の頃から実践していたのでしょう。司馬光のこの言葉を知れば、誰しも人間は嘘を重ねて生きて来たことを痛感し、恥じ入るのではないでしょうか。そして改めて虚心に返って、リーダーたる者ならば少しでも司馬光に近づけるような人間になりたいと思うはずです。

さて、司馬光が亡くなってから、旧法派は後継リーダー争いで分裂しますが、宣仁太后は一族の者を優遇することなく公平な政治を行ったことから、太后の9年間の治世では国中の賢者が宮廷に集まり、「女の中の堯舜《ぎょうしゅん》」と褒め讃えられる善政となりました。

１０９３年にはその宣仁太后が崩御します。親政を始めた哲宗は、父の神宗の政策を継承して「新法」を再採用します。哲宗は8年の治世の後に24歳の若さで崩御しますが、この後も**「新法・旧法の争い」**は結局、北宋の滅亡まで続くことになります。

英訳 I can share all I have one in this life – I have nothing to hide.

▲司馬光（司馬光祠内）

▲司馬光祠（山西省夏県）

コラム　人物17

蘇軾《そしょく》（1037〜1101）

字は子瞻《しせん》、東坡と号した。眉《び》州眉山の出身。北宋の政治家、詩人、書家。父の蘇洵《そじゅん》、弟の蘇《そ》轍《てつ》と共に「唐宋八家」の一人であり、また「宋の四大書家」の一人でもある。

１０５７年、弟と共に進士に合格し、地方官を歴任後、中央に戻る。

神宗の代、財政難に陥った国政の建て直しに、王安石が「新法」と呼ばれる様々な法で改革を断行する。

蘇軾は、守旧派の欧陽脩、司馬光と共に反対の立場に立った。このため、１０７４年、蘇軾は自ら地方への転出を願い出て許され、その後、地方官を歴任する。

１０７９年、皇帝に上書した文面が問題になり、国政誹謗の罪で黄州へ流罪となった。ここで5年の歳月を過ごすことになったが、当地の山紫水明にすっかり魅せられた蘇軾は、仕事のかたわら城東の坡（坂）を開墾し、「東坡居士《とうはこじ》」と号した。

１０８５年、神宗が亡くなり、哲宗が即位した。旧法党がふたたび権力を握り、蘇軾も名誉が回復され、中央に復帰できた。

しかし、司馬光と対立し、さらに新法派が復権すると、蘇軾はふたたび左遷された。恵陽（現在の恵州）に追放され、さらに海南島の儋《たん》州に流された。

４年後、哲宗が亡くなり、徽宗が即位すると、蘇軾は許された。しかし都に戻る途中、病を得て亡くなった。

蘇軾の一生は、旧法党と新法党との争いの中で翻弄されたといっていいだろう。二度も当時辺鄙な場所であるところに左遷されたが、強靭な精神で持ちこたえ、数々の詩と書を残した。

理想的な合意形成を目指せ

96

偏重《へんちょう》ならば其《そ》れ行《や》る可《べ》けんや。或《ある》いは左《ひだり》し或《あるい》いは右《みぎ》するも其《そ》の偏《へん》は一《いち》なり。

一方だけに偏ったら前に進めません。左に偏っても右に偏っても偏ったらダメです。

北宋哲宗

1093年に親政を始めた哲宗は、父である神宗が推し進めた「新法」を復活させるために、宣仁《せんじん》太后の任命した旧法派の宰相である呂大防《りょだいぼう》を罷免します。そして、宣仁太后に左遷された章惇《しょうとん》を地方から召還して、尚書左僕射《しょうしょさぼくや》（宰相）に任じます。

王安石に引き立てられて参知政事（副宰相）になった章惇は、王安石のライバルであった司馬光を論破する程の勢いがありましたが、その攻撃的な性格を宣仁太后に嫌われて、地方の閑職に左遷されていました。

その章惇が哲宗によって召還されて都へ向かう途中、通判の陳瓘《ちんかん》と遭遇しました。章惇は以前から気骨ある官僚としての陳瓘の名前を聞き知っていたので、自分のスタッフとして役立つかどうか、人物定めを兼ねて自分の船に同乗しないかと誘います。

章惇は昨今の政治について、早速に陳瓘に意見を求めます。すると同乗している船にたとえて陳瓘は、本項フレーズで忌憚なく答えます。つまり、

漢文 偏重其可行乎。或左或右、其偏一也。

――「新法」でも「旧法」でもいずれに偏ってもうまくいきません。その間を取った政治を行う必要が急務ではないでしょうか。

という現実的な妥協策の採用を勧めました。生粋の新法派である章惇の耳に痛い言葉に、章惇は思わず黙り込みましたが、陳瓘を自らの陣営にしきりに誘おうとします。

新法派のリーダーとして宰相に任じられるために、章惇が都へ上るのを陳瓘は承知の上で、物おじせずに重ねて反論します。

――船の傾きを直して平にしようとするのに、左にある石を右に移せば、もっとバランスを崩してしまいます。貴公も天下の支持を失ってしまうでしょう。

この諫言を聞き入れなかった章惇は宰相に任じられると、直ちに司馬光らの既に亡くなった旧法派の官位を下げて諡をも取り上げ、呂大防らの現職の旧法派を例外なく地方へ飛ばします。陳瓘も章惇に召し出されましたが、章惇の方針に従わないために左遷されました。

自分と異なる意見を退けることは、組織のリーダーや幹部には容易なことです。また方針の異なるグループを排除することも簡単なことです。意見の相違や恩讐を超えて組織のためにマネジメントすることが最も重要なことは自明ですが、章惇には出来ませんでした。正確には章惇を支える新法派が、それを許さなかったのでしょう。

こうして宋は国力を加速度的に衰えさせます。哲宗が崩じて弟の徽宗が立ち、その息子の欽宗の代になって宋は一旦、滅亡してしまいます。章惇は『宋史』の奸臣《かんしん》（邪悪な大臣）伝《でん》の中にその名が記されています。

英訳 Not being able to move forward or advance is like a boat that only deviates to the left or right.

97

正しい目的を使命とする

為《た》めにする所《ところ》ありて為《な》すは利《り》なり。為《た》めにする所《ところ》なくして為《な》すは義《ぎ》なり。

自分のためを考える行動は「利」であり、自分のためを考えない行動は「義」です。

南宋孝宗

１１２６年、北方の狩猟民族である女真《じょしん》族が建国した王朝の金《きん》が、宋の都である開封《かいふう》を陥落させます。宋の上皇の徽宗《きそう》と皇帝の欽宗《きんそう》の親子を始め皇族や官僚は捕虜として、金の都である上京《じょうけい》（現・ハルビン市）に拉致されて宋は滅亡してしまいます。「靖康《せいこう》の変」です。

欽宗の弟である趙構《ちょうこう》は金の追跡を逃れ、１１２７年に臨安《りんあん》（現・杭州市）で即位して高宗となって宋を復興させます。宋は欽宗までを「北宋」、高宗からを「南宋」と呼び分けます。

高宗は息子に恵まれなかった上、兄弟、従兄弟らは金によって全て殺害または拉致されたことから、太宗趙匡義の子孫はほぼ全滅していました。そこで帝位は男系を遠く遡って、太宗の兄である太祖趙匡胤の六世孫を養子として後継者にします。36年間在位した高宗は、１１６２年に養子の孝宗に譲位します。孝宗の時代に、日本の平清盛が日宋貿易を行いました。

南宋は金、モンゴルの脅威に晒されながらも経済的には大繁栄します。かりそめの平和を享受する中、文化も大いに花ひらきました。その南宋時代に朱子学《しゅしがく》が盛んとなります。

漢文 有所為而為者利也。無所為而為者義也。

朱子学は明清時代において「官学」、李氏朝鮮では「国学」となり、日本の鎌倉時代に「宋学」として紹介され、江戸時代には幕府によって封建社会の基軸となりました。

朱子学は儒学の一派で、西洋では新儒教（Neo-Confucianism）と呼ばれ、朱熹《しゅき》（朱子）によって体系化されました。北宋の「二程子《にていし》」の思想を元祖とし、仁義礼智信の五常、君臣の上下関係と秩序を重んじ、特に「義」を尊びます。

「二程子」とは、洛陽出身の程顥《ていこう》と程頤《ていい》の兄弟のことです。その思想は宇宙の万物は一体で、陰陽の二気の交わりによってなるとし、様々な自然現象は陰陽の度合いによって左右され、自然の中で定まる法則を「理《り》」と考えました。

明道先生と呼ばれた兄の程顥《ていこう》は科挙に合格して進士となりますが、王安石とそりが合わず地方官として生涯を終えます。伊川先生と呼ばれた弟の程頤《ていい》は兄と同じ師について学びますが、科挙に失敗して在野で学問に専念します。54歳の時に司馬光の推挙により哲宗の学問アドバイザーに就任しますが、同僚から頑固者として嫌われて不遇のうちに生涯を閉じました。

この不幸な二人の程子に学び、朱熹との交流によって『論語』や『孟子』について新しい解釈を提示したのが、孝宗の信任厚い政治家の張栻《ちょうしょく》です。南軒先生と呼ばれました。

儒教においては、正しい行いを守る「義」と人間の欲するままの「利」は、対立する概念として考えられていました。この「義」と「利」の違いを明確にしたとして、張栻の言葉である本項フレーズは、南宋の時代に非常に流行ったそうです。

現代においても、組織全体のために使命感を持って働く者こそ、リーダーたる者です。

英訳 Thinking about a private interest is a benefit, but thinking about a public interest is justice.

98

硬直した組織を打開する最善策

一利《いちり》を興《おこ》すは一害《いちがい》を除《のぞ》くに若《し》かず。一事《いちじ》を生《い》かすは一事《いちじ》を減《げん》ずるに若《し》かず。

南宋理宗

新たに利益になることを一つ始めるよりは、従来からの弊害を一つ除いた方が良い。新たに事業を一つ始めようとするよりは、従来からの事業を一つ省いた方が良い。

如何なる組織においてもその発展的存続を模索した時、「改革」や「改善」によって組織の引き締めや立て直しが行われます。

「改革」や「改善」と聞けば、革新的手法や革命的なエネルギー、奇抜なアイデアといったものが必要に感じられますが、そんなことは必要がないと耶律楚材《やりつそざい》が説いています。

耶律楚材は、契丹族が作った王朝である遼の皇族の子孫です。遼が女真族の立てた王朝である金に滅ぼされてから先祖は官僚として仕え、楚材の父は宰相にまで昇り詰めました。名前は異民族風ですが既に何代か経て漢化した名門の出身です。

耶律楚材が官僚として仕える金も、やがて新興勢力である北方遊牧民のモンゴル族に滅ぼされてしまいます。降伏した金の役人たちの中で、長身で長髭を蓄えた堂々としている姿がチンギス汗の目に止まり、漢語の書記官として側に仕えることになります。

漢文 興一利不若除一害。生一事不若減一事。

チンギス汗の亡き後のオゴタイ汗に、ある時モンゴルの荒くれ将軍たちがけしかけます。
——**漢人たちを皆殺しにして、華北を草原にして遊牧地にしてしまおう。**
すると耶律楚材は、漢人捕虜を複数のグループに分けて戸籍を整備し、効率的に管理して税金を納めさせる方が、モンゴル帝国にとって大いに得であると進言をして、オゴタイ汗の信頼を勝ち取りました。

耶律楚材は以前から中国でも日本でも人気が高くありましたが、文献資料などから歴史的な検証を行った結果、その功績はかなり脚色されたものであり、それ程に高い地位にあった立派な人物ではなかったのではないかという評価が近年になって定着しつつあります。

しかしながら、耶律楚材の生涯を小説にした陳舜臣は、残された文章や詩から中国史上において第一級の読書人の一人であることは揺るぎがないと断言しています。

確かに詳細なる文献全てに目を通さなくても、本項のフレーズを一読しただけで、耶律楚材が傑出した人物であることが容易に推測されて納得することが出来ます。

何か新しい方策を行う際、新しく大きなことに手を付けようなどと欲張らず、まずは組織が抱える問題や不採算事業を一つ取り除くことが先決であると明快に指摘しています。

規模の大小を問わず硬直化しつつある組織において、**「着眼大局、着手小局」**に通じる手法は、最善の策であり、大きな労力や時間も金も必要がありません。

企業経営において**「ムリ・ムラ・ムダ」**を徹底的に省くという地道な改善活動、即ちトヨタ生産方式のエッセンスは、実はこの耶律楚材の言葉に凝縮されています。

英訳 To eliminate a harmful element is more important than to initiate a useful matter.

組織運営で最も重視すべきこと

99

国《こっ》家《か》の権《けん》を事《こと》とするは、兵《へい》、民《たみ》、財《ざい》の三《さん》者《しゃ》のみ。

南宋度宗

組織におけるマネジメントの源泉は、ヒト、モノ、カネの三つです。

本項フレーズは、元《げん》の世祖フビライが許衡《きょこう》を中書左丞《ちゅうしょさじょう》（宰相）に任じた時、許衡がフビライお気に入りの阿合馬《アフマド》というイラン系ムスリムの財務長官を批判した際の言葉です。

阿合馬《アフマド》は一族や腹心を地方の長官や徴税官に任じて、元の政治を握り、更に自分の息子を軍のトップにしようとしているのを見かねて、兵、民、財の三つの権力を握れば、国を乗っ取るのと同じという訳です。

この時、許衡の諫言をフビライは笑って退けましたが、後に専横を憎んだ漢人たちに阿合馬《アフマド》は暗殺されて不正が暴かれ、フビライは阿合馬《アフマド》の遺体を掘り起こさせて磔にします。

許衡は金の統治下の懐州《かいしゅう》（現・河南省沁陽市《しんようし》）に生まれた儒学者で、その評判は元の世祖フビライの耳にまで達して宮廷に招かれ、皇太子の家庭教師に任ぜられた人物です。

現代において「ヒト、モノ、カネ」は、国家や企業といった組織のマネジメントのために役立つ要素や資源を集約した言葉です。優れたマネジメントを行うためには、この三つをど

漢文 国家事権兵民財三者而已。

れだけ良質なレベルで確保できるかが組織競争力の源泉となります。

最近では、情報、技術、知恵といった要素もこの三つの経営資源に加えて、強調されることがありますが、どれも「ヒト・モノ・カネ」のいずれかに包含されるはずです。

兵も民と同じ人間ですが、戦略的な目的のために訓練され軍隊という組織を構成する人々ですので、本項フレーズでいう「兵」とは「人財」、即ち「ヒト」と言い換えてます。「民」を「モノ」と言い換えると誤解が生じるかも知れませんが、本項フレーズにおける「民」とは、国家という組織において、豊かさや強さを左右する基準ともなり得るという点から、その組織にとっての付加価値を生む手段たる「モノ」として置き換えることが出来ます。

何よりも「ヒト」が様々な活動を行うための様々な道具やサービスは、ここでは全て「モノ」として包括しても良いでしょう。

「財」が「カネ」に相当することは一目瞭然で説明の必要はないでしょうが、「カネ」は三つのうちの筆頭ではありません。「ヒト、モノ、カネ」の順番には理由があります。

企業経営において技術、設備、土地といった「モノ」は、それを使う「ヒト」が知恵を絞って工夫をしてこそ付加価値を生み出せる手段です。「ヒト」が「モノ」を有効活用して初めて「カネ」が生まれます。

まず「ヒト」があり、次に「モノ」があり、そして「カネ」の順番です。マネジメントは、「カネ」が先立つのではいけないという戒めが、そこにはあることに気付かされます。

英訳 The management in the organisation only consists of three basic elements:manpower, goods and capital.

100

天命に一生を捧げる

人生《じんせい》古《いにしえ》より誰《た》れか死《し》なからん。丹心《たんしん》を留取《りゅうしゅ》して汗青《かんせい》を照《て》らさん。

昔から人と生まれて死なない者は誰もいない。せめて自分の真心を歴史に名を残したい。

南宋帝昺

中国史上における忠臣の鑑《かがみ》と言えば、南宋時代に活躍した岳飛《がくひ》と文天祥《ぶんてんしょう》の名前がその筆頭を争うでしょう。本項のフレーズは、文天祥の辞世の詩の最後の部分です。

文天祥は20歳で科挙をトップ（状元《じょうげん》）で及第した優秀な人物で、清廉潔白で正義感に溢れていました。南宋へ侵攻する元との戦いでも活躍しますが、１２７６年に右丞相《うじょうしょう》兼枢密使《すうみつし》として和睦交渉の際に、元軍の総司令官である伯顔《バヤン》に捕えられてしまいます。

文天祥の名声を兼ねてから知る元の世祖フビライは、自ら帰順を促して側近にしようと何度も試みます。１２７９年に帝昺《へい》が広州湾で入水して南宋が滅亡すると、南宋の重臣たちも元へ帰順します。しかし、文天祥は独り国に殉じて死を賜うことを願います。

１２８３年、死を覚悟した文天祥の詩を詠んだフビライは遂に名誉の死を与えます。捕虜生活5年、47歳でした。文天祥は、実は『十八史略』の著者である曾先之の同郷（江西省吉安市）の先輩でもありました。

漢文 人生自古誰無死。留取丹心照汗青。

国家や会社などの組織に対する忠誠心といった言葉を使うと、日本では何か恥ずかしいと感じられるようになって久しくなります。忠誠心溢れる日本武士たちも使った「**丹心**《たんしん》」は、赤心《せきしん》、真心《まごころ》とも呼ばれましたが、これらの単語も最近の日本から消え去りつつあります。日本で「**丹心**」溢れる人物と言えば、一世代《ひとせだい》前までは西郷隆盛の名を挙げる人が多くいました。その西郷が学識、胆力、人格において尊敬した人物が、水戸藩士の藤田東湖《ふじたとうこ》です。西郷隆盛は水戸まで藤田東湖に会いに出掛け、お互い意気投合したと伝えられています。

藤田東湖は、『正気《せいき》之歌』という漢詩を作りましたが、元々は文天祥の『正気之歌』にインスパイアされたものです。吉田松陰が藤田東湖を水戸に訪ねた際、謹慎中で面談は叶いませんでしたが、吉田松陰の松下村塾では『正気の歌』などの藤田東湖の詩を教材として積極的に取り上げたことから、明治の志士たちの間で文天祥の名前は広まりました。

明治維新から１５０年を経た現在、武士道や忠誠心は日本人の心から忘れ去られつつあります。仮に忠誠心という概念が日本人の間から消滅しようとしても、人間である以上、「死」からは逃れることは出来ません。文天祥の「**丹心**」について今一度、虚心になって思いを巡らせてみることは、リーダーたる者にとっては実は必要ではないでしょうか。

国家や為政者などに対して強い忠誠心を持つ時代ではありませんが、自分の職務、ひいては天命に対して「**丹心**」を持てば、やり甲斐や生き甲斐も自ずから生まれるはずです。

使命感に燃えた人生には、後世の人々にまで熱い想いが伝わり、見知らぬ人たちの見本となり、大勢の人々を勇気付けます。リーダーたる者が忘れてはならないのは、「志《こころざし》」です。

英訳 Humans do not really die as they leave their true heart in history.

コラム　人物18

岳飛《がくひ》（1103〜1142）

字は鵬挙《ほうきょ》、相川湯陰の出身。南宋の軍人で、金に抗戦した武将。

貧しい農家に生まれたが、貧しさにめげず学問を身につけ、『春秋左氏伝』や『孫子』『呉子』の兵法書を学んだ。また、力に優れ、弓も百発百中という腕前だった。

１１２２年、19歳の時、真定の宣撫使《せんぶし》が、宋軍が契丹に敗れたため戦士を募ると、これに応じ、軍隊に身を投じた。以後、つぎつぎと戦功をあげ、頭角を現した。

１１２５年、金が遼を滅ぼし、その勢いを駆って宋に侵攻した。多くの将兵が逃げる中、副元帥の宗沢《そうたく》が都の開封へ救援に赴くが、岳飛はその部将となり、戦功をあげ、修武郎《しゅうぶろう》となった。しかし翌年、都の開封が陥落し、徽宗、欽宗はとらわれの身となった（靖康の変）。北宋はここに滅んだ。

１１２７年、高宗が即位する。これ以降が南宋政権となる。

１１２９年、一時小康を得ていたが、金軍が南下を開始した。

高宗は、自ら兵を率い、抗戦する。岳飛も金軍を迎撃するが、南宋の兵はことごとく降伏していった。高宗は紹興にとどまって行在所とした。この時、金に拉致されていた秦檜が、許されて行在所に出頭。以後、金との講和に全力を傾け、主戦派の岳飛と対立するようになっていく。秦檜が宰相の職を解かれた時に対応するかのように、岳飛は出世していく。

１１３１年、神武右軍副統制に任命される。

１１３４年、清遠軍節度使に任命される。

１１３５年、崇信軍節度使に任命され、武昌郡開国侯に封ぜられる。

１１４０年、金の大軍が四方面に別れて南下。岳飛は金軍を破り、追撃に移る。ところが、秦《しん》檜《かい》が高宗に奏上し、岳飛を後方に召還した。そして翌年、主戦派の重鎮を文官に任命。岳飛も枢密使の副吏に任命され、兵力を取り上げられてしまい、ほどなく罷免されてしまった。やがて岳飛は謀反のかどで、息子と共に誅殺された。

現在でも杭州の西湖のほとりに、「救国の英雄」を祭る岳飛廟があり、その前に、「売国奴」として、ひざまずく秦檜夫婦の像がある。かつてはその像に人々はツバや小便をかけたという。

しかし果たして当時の南宋政権が、金と戦い続けて勝利できたかは疑問である。

▲岳飛の像（安徽省亳州市・岳穆王廟）

おわりに

『十八史略』を初めて手にしたのは、中学一年生の時でした。小学四年生の頃から歴史に興味を持ち始め、ようやく大人向けの戦国武将の面白いエピソード本などを読み漁ることが出来るようになった頃です。

「歴史が好きなら、こういう本を読まないといけない」と突然に父親から、伊藤肇著の『十八史略の人物学』（プレジデント社）と『十八史略』全五巻（徳間書店）をもらいました。

得てして人からもらった本は面白くないもので、おまけに当時は中国の歴史などには興味が全くなく、源義経がジンギスカンになったといった説に興奮していた程度でしたので、その痕跡は『十八史略』の中を探しても記述されているはずもなく、直ぐに本棚の肥やしになってしまいました。

そもそも現代を生きる者として、13世紀末の南宋滅亡までしか記されていない歴史書の中途半端さに違和感があり、元、明、清、中華民国を経て現代の中華人民共和国まで一気通貫で書かれていないことに、なぜか無性に反発を覚えました。

福田恆存の名著『私の英国史』は、１６４９年のチャールズ一世の処刑までの英国の歴史が記されています。それ以降の英国史は意味がないと著者が語っていますが、近現代史の英国史の魅力を無視していることにも納得がいかない時期でした。

これはまさにフランツ・シューベルトの『未完成交響曲』やアントン・ブルックナーの『第9番交響曲』が、第三楽章までしかないことに対しての苛立ちにも似ています。

しかしながら、交響曲だけでなく何事もその未完さにまたその良き味わいがあり、意味もあるのだとして楽しめるようになったのは、満月より十四番目の上弦の月の良さが何となく理解することが出来るようになった大人になってからでしょうか。

そうは言いながらも、『十八史略』が南宋までの歴史であるからこそ良いのだと気付いたのは、ほんのつい最近のことです。もちろん明清時代や近代中国の歴史が、無意味だと言っている訳ではありません。

現代における日本と中国との関係を考える上で、両国の人々が共有することが出来る価値観や歴史の記憶というものは、実は南宋末元初、つまり、二度にわたる元寇をもって思い切って区切ってしまえば、現在の日中の人々が似て非なる状況にあることを良く理解することが出来るのではないかと気付いたからです。

つまり日本人が抱く唐や宋とは違った大陸の世界が、元の後半以降からの近代中国において培われたのであろうと考えてしまえば、今日の中国や中国人を考える上で、納得することが出来る点は多くあるのではないでしょうか。南宋までの中国は、日本にとっては遠いながらも親近感があり、その考え方の違いも許容範囲なはずです。

1972年9月の日中国交正常化以来の日中友好ブームの折に良く聞かれた「同文同種」という言葉とは裏腹に、全くの思考方法や行動原理の違いに、多くの日本人が不満と戸惑いを覚えましたが、それも『十八史略』を軸に考えれば納得することが多少なりとも出来るはずです。

倭寇の最終的帰結であった16世紀末の豊臣秀吉の朝鮮派遣軍と明の精鋭との激突、19世紀末からの日本の大陸侵攻の最終的帰結であった20世紀前半の日中戦争、20世紀末からの中国の大発展による日本との経済競争において、そこで出会う中国大陸の人々に対して、日本人は『史記』や『三国志』などの中国古典による先入観と、歴史的な記憶としてのアプローチによって分析や解釈を行って、裏切りに似た落胆を感じることが多くあったはずです。

日本人が昔からイメージしてきた中国人とは、この『十八史略』に記された時代に生きた人たちの記憶なのです。

『十八史略』は子供向けの歴史入門書という扱いを昨今では受けているようですが、「この一冊で分かる○○の歴史」といった類の早わかりの歴史本が売れる時代、何巻にも及ぶ通史より、短時間で概略を掴めるスピード感は現代にピッタリの内容です。

但し、『十八史略』を中国や中国人を理解するための入門書として読むことは意味がなく、この現代を生きる人間が処世術のエッセンスを学ぶ本として読むことには、大いに価値があります。

日本では漢文教育が一般庶民にまで盛んだった江戸時代と明治時代において、馴染み深い文章や逸話がこの『十八史略』にはちりばめられていました。アメリカのアジア研究学者によって、何故に日本において中国では廃れた『十八史略』が人気があるのかという論文が書かれている程ですが、その理由は平易にコンパクトにまとめられた歴史が、日本人に理解し易い漢文で書かれているからだと明確に指摘されています。

また何よりも優れた経済評論家や作家によって、日本の高度成長時代に『十八史略』を基にして、ビジネス本が多く書かれたことも人気の理由でしょう。実際に、私の父が私淑していた山口比呂志氏（当時、経営者向けの雑誌『財界』の主幹、発行母体の財界研究所社長及び会長、『味の手帖』代表、2010年に逝去）に、「息子が歴史好きなら、これを読ませろ。大人になって必ず役立つ。日産の鮎川義介が片時も離さなかった本だ」と薦められたそうです。確かに山口比呂志氏の言う通り、『十八史略』には歴史をベースとして実務に応用できるようなエピソードが満載で、社会人にとって大切なエッセンスが凝縮されています。

この点が少しばかり理解することが出来るようになったのは、陳舜臣の著作である『小説十八史略』を読みながら、その筆致と中国史の魅力に引きずり込まれるようになった頃です。『十八史略』は平易に書かれているとは言え、それを深く読み取るのは難しいものです。置かれている立場や状況によっても、同じ文章の解釈がそれぞれ違う味わいがある素晴らしい本でもあります。

本書を記すにあたり、唐の太宗やその重臣たちの有名な言葉のいくつもが選からもれています。こちらは『『貞観政要』に学ぶリーダー哲学』と内容が重複しないように思い切って削除しました。唐の太宗の時代を抜きに、中国史は成り立たないことは、良く認識しています。

本書内の廟号と諡号（または諡）の扱いについて、一言を申し添えておきたく存じます。高祖、太祖、太宗といった廟号は、亡くなった皇帝をお祀りするにあたっての管理番号みたいなものです。文帝、武王、桓公といった諡号は一部の例外を除いて、没後に国家が生前の業績を鑑みて皇帝、王侯、高官に贈られる称号です。皇帝や貴人の名前は神聖なものと見做されていましたので、死後であってもその実名を呼ぶことは長らく憚られていました。

廟号も諡号も死後に決められますので、本人は予想することは出来ても知ることがありません。ですので、漢の武帝劉徹は、崩御するまではあくまでも今上陛下であり、亡くなった後に「世祖」という廟号と「孝武」という諡号が定められています。

もしかしますとこの点について、違和感を随所で覚えた読者もいらっしゃるかも知れませんが、本書では人物の混乱を避けることと字数の限りから、即位した時点で廟号や諡号で記している箇所が複数ありますことをご了承願います。

「リーダー哲学」という立派なタイトルは、編集者の井坂康志氏の発案した絶妙なネーミングですが、本書は『十八史略』の中からしっかりとエッセンスを吸収し切れず、単に歴史に名前を留めたリーダーたちの事績を羅列した項目がいささかなりともあることを述べておきたく存じます。

100項目の英文については、アメリカのミシガン州立大学大学院で、今は亡きステファン・C・エイヴリル（Steohan C. Averill, 1945-2004）教授の下、当時博士過程に在籍されていて、現在ニュージャージ州立大学歴史学教授の職にある邵勤博士（Dr. Shao Qin, Professor of History at The College of New Jersey）に監修をお願い致しました。

中国古典と歴史に精通した米国在住の中国人学者による朱筆のお陰で、極めて立派な翻訳となっています。しかしながら今になって思い返せば、この「中国人姐さん」の助けなしに、修士課程を修了することなど非才の私にはとても出来なかったことを改めて思い返し、冷や汗をかく思いです。当時、膝の上に乗せて車を運転した女史の長男である傅松松（Andrew Songsong Fu）君は、今では立派な誇りある中国系米国人青年として活躍されていることに、時代の流れを感ぜずにはおれません。長年の交友に改めて深謝致す次第であります。

本書に掲載してある写真はほぼ自前のものですが、優秀な史跡ガイドの倪小軍氏の協力なしには撮影することは叶わず、ここに感謝の念を表したく存じます。

出版事情が極めて厳しい現状で、引き続きご快諾下さった東洋経済新報社の寺田浩氏、井坂康志氏の寛大なるご配慮があってこそです。改めて感謝を申し上げると共に、多くの編集とデザインなどにかかわって下さった方々のお陰と厚く御礼を申し上げます。

兄事している文筆家の石山順也氏の適切なアドバイスなしに、今回も本書を完成させるには至らなかったと明記致したく存じます。

平成31年4月28日

川﨑　享

十八史略 参考文献

『栄枯盛衰の論理』（山口 比呂志　KKベストセラーズ　1979年）

『十八史略　全５巻』（『中国の思想』刊行委員会　徳間書店　1975年）

『十八史略』（竹内 弘行　講談社　2008年）

『十八史略　上中下』（安岡 正篤　PHP研究所　2005年）

『十八史略　英雄の決断、名将の秘策』（守屋 洋　青春出版社　2002年）

『十八史略の人物学』（伊藤 肇　プレジデント社　1998年）

『十八史略の人間学』（守屋 洋　新人物往来社　1986年）

『十八史略のリーダー学』（風巻 絃一　三笠書房　1987年）

『小説十八史略　全６巻』（陳 舜臣　講談社　1992年）

『新釈漢文大系　十八史略　上下』（林 秀一　明治書院　1967年）

『新十八史略詳解』（辛島 驍／多久 弘一　明治書院　1989年）

『新十八史略　天／地／人の巻』（常石 茂　他　河出書房新社　1978年）

『中国古典名言事典』（諸橋 轍次　講談社　1979年）

『文白対照　十八史略　全５巻』(王明輝、郭鵬注訳　中国画法出版社　2017年)

【著者紹介】
竹内良雄（たけうち　よしお）
1945年8月、東京都生まれ。東京都立大学大学院中国文学科修士課程中退。慶應義塾大学、法政大学、学習院大学、中央大学などでの非常勤講師、慶應義塾大学経済学部教授（中国語）を務め、慶應義塾大学名誉教授。SBI大学院大学非常勤講師。著書（共・編著を含む）に『ビジネスの武器として使える中国古典の名言至言』（集英社、2013年）、『史記小事典』（徳間書店、1988年）、『三国志ハンドブック』（三省堂、1998年）、『『韓非子』に学ぶリーダー哲学』（東洋経済新報社、2017年）、『『貞観政要』に学ぶリーダー哲学』（東洋経済新報社、2018年）他。共訳書に『史記』（徳間書店、1972年）、『十八史略II』（徳間書店、1975年）、『三国志IV』（徳間書店、1979年）、『顔氏家訓』（徳間書店、1990年）、『離婚指南』（蘇童著、勉誠出版、2012年）、『アルグン川の右岸』（遅子建著、白水社、2014年）他。

川﨑　享（かわさき　あつし）
1965年4月、東京都生まれ。慶應義塾大学経済学部卒業。ミシガン州立大学大学院史学修士課程修了（中国研究・国際政治）。電機メーカー及びコンサルティング会社役員を経て、2013年5月より日本製造業一業種一社による業際集団「NPS研究会」の運営母体・㈱エム・アイ・ピー代表取締役社長。著書（共・編著を含む）に『英国紳士vs.日本武士』（創英社／三省堂書店、2014年）、『英国の幻影』（創英社／三省堂書店、2015年）、『GENTLEMAN VS. SAMURAI』（第三企画出版、2017年）、『リーダーたる者の極意』（プレジデント社、2015年）、『NPSの神髄』（東洋経済新報社、2017年）、『経営思想としてのNPS』（東洋経済新報社、2016年）、『『韓非子』に学ぶリーダー哲学』（東洋経済新報社、2017年）、『『貞観政要』に学ぶリーダー哲学』（東洋経済新報社、2018年）他。

『十八史略』に学ぶリーダー哲学

2019年7月25日発行

著　者――竹内良雄・川﨑享
発行者――駒橋憲一
発行所――東洋経済新報社
〒103-8345　東京都中央区日本橋本石町1-2-1
電話＝東洋経済コールセンター　03(5605)7021
https://toyokeizai.net/

装丁・ＤＴＰ…アスラン編集スタジオ
編集協力………渡辺稔大
印刷・製本……藤原印刷
編集担当………井坂康志
Printed in Japan　ISBN 978-4-492-96160-5